引论一

古者太平，万民和喜，瑞应辨至，乃采风俗，定制作。

——《史记·礼书》

观风俗，知得失，自考正也。

——《汉书·艺文志》

移风俗于王化，崇孝敬于人伦。

——《晋书·文苑传》

弘长名教，敦励风俗，宜加褒显，以劝将来。

——《旧唐书·孝友传》

清白畏慎，为政必先究风俗。

——《新唐书·王质传》

乐哉！天下安宁。道化行，风俗清。

——《宋书·乐志》

引论二

  本之天理，民彝之大，而并及夫衣服饮食之细，通乎古今治忽之微而不遗乎？簿书朱墨米盐之末，夫人得而观之，知山川如是，物产如是，风俗如是，人物仕宦文章如是，古如是，今如是，而岂无所思乎？观山川，思朝廷疆理之艰；观物产，思细民力作之苦；观人物，思前言往行之可法；观风俗，思故习转移之孰在；观仁宦，思旧政臧否之可鉴；观文章，思其人贤否何如，其世污隆何如。凡接乎目，必有动于中，而思为吾人所以为之之地，岂徒资见闻考索而已乎！

——明正德·周季凤《云南志·序》

  窃尝念日月星辰系于天，鸟兽草木系于地，君臣父子夫妇昆弟朋友之伦系于人，耳目口鼻系于面，喜怒哀乐系于情，金石丝竹匏土革木系于音，以奕系秋，以丸系僚，凡类此者，其所系殆无穷也……然而斯系也，发缠绵之隐，任杼轴之劳，生滇者观之，当兴经纶雷雨之思，吏滇者观之，当深桑土绸缪之计。

——清嘉庆·师范《滇系·自序》

  国家大经大法外宜兼详民事也。中国旧史，大都详朝廷制度，略于民间礼俗。《史记》独多言民事，千古称之，今宜扩而充之。凡民间礼俗之大，居处炊食之细，及一切日用之于风教有关者，良窳得失，灿然无遗。考其原委，上补前史之缺，明其变通，下征进化之美。庶几免一姓家谱之诮乎！

——民国·袁嘉榖《与清史馆馆长第一书》

  方志之作，其体史也，其用则政书也。一方宜详考历代文化递嬗之迹象，以为征文考献之资；一方宜备载民情风土之所宜，以为施政牖民之鉴。故收罗必广，记载必周，庶几彰往察来，可裨实用。

——民国·周钟岳《新纂云南通志·序三》

引论三

云南善地，朕所亲历，倘非天命有归，愿封于此足矣。
——元世祖忽必烈（见民国《滇绎》）

云南之地，稽之古典，气厚风和，人民尚兵。
——明太祖朱元璋（见明洪武《云南机务抄黄》）

气厚风和，君子道行之所系。
——明太祖朱元璋（见明·刘文征《滇志》）

士大夫多材能，乐事朝廷，不乐外宦。
——元·虞集《云南志略·序》

田无旱潦，米不传输，山泽之利，取之无禁，民至老死不相往来，他方乐土未必胜此也。
——明·谢肇淛《滇略》

人禀名山大泽之气，子弟多颖秀，科第显盛。民遵礼教，畏法度。士大夫多材能，尚节义，彬彬文献，与中州埒。
——明·刘文征《滇志》

云南府：自元明至本朝，人物科第，后先振起，服食器用，骎骎乎有中原之风焉。汉多彝少，风气渐开，士雅民淳，教化易入，耕织贸易，各安其俗。

昆明县：士多秀颖，素重名义。民性淳良，不好争讼。但近城市多习贸易而少事耕织，服食交际不无奢靡耳。
——清康熙《云南府志·风俗志》

  惟滇会区，西南要地，握两迤枢，应井鬼位，地灵所钟，物华所萃，昆水深凝，金碧高峙，秀谷苍峦，奔赴而至，疆域既雄，形势自异，时序既合，畜植自利，况尔民风，简朴易治，扶之育之，厥有其事，往哲前贤，茂迹不坠。

——清康熙《云南府志·地理志·序》

  兵民错居，闾阎栉比。野安耕凿，户习诗书。民无告讦之风，士有干谒之耻。

——清雍正《云南通志·风俗·云南府》

  滇南人心风俗，视他省独厚。兵将一心，忠义奋发。砥柱天南，军威一震，中原时势转弱为强，又不独全滇之幸，实天下大局之幸也。

——清·吴鲁《昆明县志·序一》

  惟滇首邑，西南乐土。君子攸宜，行道之所。

——清道光《昆明县志》

  吾滇人重去乡，昆明为尤甚。县中自士大夫之服官于外，惟乡举赴礼部试，乃出里门。否则，井田桑麻以终老田间为乐也。其他牵车牛远服贾者，百不一二见，以故淳朴之气较他处为优。然碍以见闻辄失之窒，漆园叟之所谓拘于墟者，信乎。

——清道光《昆明县志》

  世所称本籍人者，言之其性质纯善谨慎，息事泯争，各务生业，各守本分，且思想缜密，举措敏捷，在昆明县全境中当首屈一指，是其优点。惟富保守性，无冒险进取之志，又喜独立不羁，少合群美德，加以近年竞尚奢靡，中人之家，多属外强中干，是其缺点。至于业工者，间守成规，不思改进，业商者习于诈伪，罕见诚实，故市内凡有起色之工商业，皆操外省外国或外县人之手，尤为莫大缺点。

——民国《昆明市志》

云南地处极边之地,号为"山国",自古称奇。早在1700年前,西晋学者郭义恭写了本《广志》,盛赞云南为"天下之异地,海内惟有此"——天下奇异之地,中国独一无二。后至清乾隆年间,湖北人余庆远在《维西见闻录》中,也大赞云南"天地异而人异,人异而物亦异"——天奇、地奇、人奇、物也奇。清乾隆、嘉庆年间,江苏人吴大勋在《滇南闻见录》中感叹说,云南地处"极边地方","天地人物俱不依常度也"——天、地、人、物都与众不同,无一不奇。

　　昆明城在山国,天地奇,风土奇,人奇,物也奇。古人乍到云南,踏步昆明,马上惊奇,笔下志怪,留下不少记录。

老昆明 旧话旧照那些奇事

朱净宇 编著

云南美术出版社

图书在版编目（CIP）数据

老昆明旧话旧照.那些奇事/朱净宇编著.——昆明：云南美术出版社，2019.1（2024.6 重印）

ISBN 978-7-5489-0214-0

Ⅰ.①老… Ⅱ.①朱… Ⅲ.①地方文化－昆明 Ⅳ.① G127.741

中国版本图书馆 CIP 数据核字 (2019) 第 026540 号

选题策划：张文璞　肖　超

责任编辑：郑涵匀　孙雨亮　赵雪妮

整体设计：高　伟　昆明创境广告有限公司

责任校对：温德辉　王飞虎　沈正德　吴　洋

摄　　影：[法]奥古斯特·费朗索瓦（方苏雅）
　　　　　[美]伯特·克拉夫奇克
　　　　　朱净宇　赛　克　王　浩　孙家福　等

老昆明旧话旧照 那些奇事

朱净宇　编著

出版发行：云南美术出版社
印　　制：昆明美林彩印包装有限公司
开　　本：787mm×1092mm　1/16
印　　张：18.75
字　　数：340 千
版　　次：2021 年 6 月第 1 版
印　　次：2024 年 6 月第 2 次印刷
书　　号：ISBN 978-7-5489-0214-0
定　　价：88.00 元
电　　话：0871-64107562　64195028（营销中心）
社　　址：云南省昆明市环城西路 609 号云南新闻出版大楼 24~25 楼　邮编：650034
　　　　　（凡出现印装质量问题请联系承印厂调换。部分图片作者联系不上，望速与出版社联系）

序

叮叮糖,

叮叮糖,

吃了不想娘,

想起娘来哭一场。

还记得这首昆明儿歌吗?

如今一座座高楼平地而起,水泥钢筋,直插云天,势不可当,犹如夜场上的欢歌狂舞,灯红酒绿,甘之如饴,让人欲罢不能,恰似"吃了不想娘"的"叮叮糖"。

身后一间间老屋黯然离去,依稀故人,如烟往事,魂牵梦绕,又似月光下的二胡独奏,余音绕梁,乡愁涌来,让人情不自禁,"想起娘来哭一场"!

"糖"可养身,"娘"可安心,鱼与熊掌,"想"与"不想",如何兼得?——老昆明的儿歌一语成谶,不服不行。

一

来了城市化,正好寄存皮囊;走了老昆明,何处安放灵魂?600年的近日楼早就消失了,"九里三分"的城墙早就没有了。淡出昆明的还有五华山的瞭望塔、藩台衙门的菜市、得胜桥的桥头堡、象眼街的大象铺石、太和街的石板路、北门街的唐家花园、威远街的龙公馆、惠家大院的西南联大"教授楼"、塘双路的滇越铁路车站建筑群、巡津街东廊的法式楼院、文武官员到此下马的文庙大门、"一颗印"和"八面风"建筑成群的武成路、长春路和大观街,还有护城河、洗马河、金汁河、银汁河、玉带河、西坝河、篆塘河、明通河、采莲河、金家河、乌龙河、兰花沟、大小绿水河和新老运粮河,有的河段消失了,有的河段成了地下暗河、城市下水道……彷徨在后现代的门槛前,可叹"鸡鸣紫陌,马踏红尘,教弟子向哪头跳去?"

（明·陈用宾撰金殿楹联）

城市化突如其来，来势汹汹，昆明主城膨胀，人口锐增，"九里三分"骤然稀释，八方人潮迅速聚集。外则改天换地，内则脱胎换骨。当初逐鹿丛林，心无旁骛，此后利弊互见，触目惊心：江山依旧而城市变形，高楼林立而霸气侧漏，街巷划一而面目全非，不知此城为何城！邻里星散而乡情解体，人心不古而世风日异，个性消解而文脉错位，直认此城为他城——若有所失，满怀乡愁，又不知往哪里安放？

我们曾自以为离得开"老昆明"，听任它消解淡化，渐行渐远。但它总会悄然归来，或隐或现，无形无影，无声无息。但无形之中，它仍然会一飞冲天；无声之处，它仍然会一鸣惊人——夜半猛醒，乡愁袭来，扪心自省，清泪两行。原来"老昆明"无所在而无所不在，无所能而无所不能，它永远留驻在我们心中，渗透在我们的血脉里。

二

天佑昆明，让昆明得天独厚，四季如春；让昆明得地独秀，山奇水异；让昆明得城千年，史迹遍地；让昆明得人百族，风情别具。人说昆明，元世祖称之"云南善地"，明太祖谓之"气厚风和"，明代四川状元杨慎赞之"春城"，清代云南"状元"袁嘉谷称之"可恋可誉"。老昆明不仅在高原山水之间留下了一座美轮美奂的城池，还为我们留下了特殊的地方文脉，深厚的文化底蕴，鲜活的城市个性，独有的山国气质，传奇的历史记忆——这是昆明的灵魂，是昆明的精神，是昆明人的"娘"。

面对老昆明，我们应有敬畏之意、惕惧之心，然后可知昆明云彩独奇，月亮独大，堪称天下唯一；可知昆明"三山一水""五湖四海"，全是风水宝地；可知30000年前有"昆明人"，10000年前有"贝丘文化"；可知从庄𫏋而有滇国，从《史记》而有"昆明"；可知从南诏而有拓东路，从辛亥而有光华街；可知先祖多来自柳树湾，先人多出自高石坎；可知昆明人有容乃大，道、儒、释三教一体；可知山国有寡民，有"温吞水"性格，有"家乡宝"情怀，还有"不问能不能做，只问该不该做"的血性。

人常存敬畏之心，可以知礼，如做官之"修身齐家，正己化人"；可以知义，如"联大"八百壮士之从军，书生意气亦慷慨；可以知廉，如刘文征家两代清官，满城争睹"刘青菜",如严清之廉正,官至尚书而早朝无腰带;可以知勇,如钱沣之千字文弹劾和珅,如马毓宝之满腔热血独赴"一战";可以知用,如"黄包车"之押解日寇战俘,"闪扁担"之挑送斯诺行李;可以知荣,如战国青铜器沉淀之"南方丝路"信息,民国"工程碑"记载之中国最早水电厂;可以知善,如老中医之讲医德还要讲气节,老商人之"诚朴"经营而多积"阴德";可以知难,如禹碑"蝌蚪文"之怪诞,王官坟碑武则天造字"埊""圀"之奇僻;可以知源,如"吃馒馒""颠嘟嘟"都是"宋词","硬挣挣""恶嗷嗷"出自"元曲";可以知古,如清代开发过房地产,抗战时就有过"大昆明规划";可以知趣,如警察敲门而店铺开张,"邮政骑马"而"电报骑牛";可以知音,如街上有人喊"有旧衣烂裳么找来卖——",巷口有人叫"咳嗽、发烧呢买药啦——";可以知美,如杨慎之诗,如担当之画,如孙髯之联,如钱沣之字……

惕惧则可以知己之丑,有"见闻辄失之窒"(清道光《昆明县志》),"无冒险进取之心"(民国《昆明市志》);可以知人之耻,冯甦卖身搭着老娘卖,"贪官碑"上贪官贪得遗臭万年;可以知乱世之祸,吴三桂作乱天下而身败名裂,徐之铭巡抚云南而竟杀官越财;可以知无德之恶,"天盛当诱人上当,王安良丧尽天良";可以知"围海造田"之蠢,买官卖官之害;可以知城隍庙之神,东岳庙之鬼,善而有善报、恶而有恶报。

敬畏而惕惧更可以知足,知足者常乐,知乐者忘忧;可知汉唐宋元,伟烈丰功,卷不及暮雨朝云;可知天有常道,人有常志,后人须择善而从;可知"尽人事、知天命"而行大道;然后知可为,知不可为,知其不可而为之,达到从心所欲、不违天命的最高境界。

惕惧还可以知"龟蛇龙气"之谬,"金碧交辉"之误;可以知早年书圣更比孔圣"拽",西寺塔"跑"到东寺街;可以知城隍庙有宣讲"圣谕"的右厢房,南教场有砍头示众的大刑场;可以知"老将"于教场"祭霜降娘娘"之丑,考官于科场上演鹿鸣闹剧之陋;可以知科场如戏场,入场要搜身,封门要拜鬼;可以知官场如剧场,官印要避邪,坐堂要"排衙";可以知男女曾经不得同台演戏,不得同场看戏,大家闺秀出门脸上要盖一块蓝布;可以知婚前要赶"鞭猪",婚夜要造"捶门枣";可以知报丧不进门,磕头不值钱;可以知"女德"之害,那贞女、烈女、节妇、义妇,误了多少卿卿性命;可以知禁娼之奇,妓女要腰悬白绸,穿彩色短装,违禁嫖娼要罚款,还要打手心;可以知当年筑大烟囱要看"风水"的脸色,治大病要请"师娘"

来跳神,无端"开矢口"、有病"洒烂药"……

如今,这一切只能从历代史志、先人笔记、石刻碑传、耆老回忆、坊间传闻中去寻找了,这是一种遗憾,也是一种幸运。随着困惑不断显现,乡愁不断反弹,社会不断开放,资料不断积累,探讨不断加深,记忆不断扩展,影像不断涌现,让我们的老昆明寻觅有了更加多元的角度、更具内涵的深度、更为包容的广度。数年之间,沉浸其中,几次搁笔叹息,小小古城昆明,围城不过九里三分,人口最多不过10万,竟留下了如此厚重的精神遗产——说不完的历史往事、看不断的市井风情、数不清的奇人贤士、道不尽的本土文化,令人叹为观止。历史可畏,先人可敬,如果我们不进行盘点,不进行整理,不得之于祖先而传之于后人。那么,我们将愧对天地,愧对前人,愧对后代。

三

古人修史志而讲"实用",无非两条:一是"资治",所谓"施政牖民"是也;二是"资文","以为征文考献之资"(周钟岳《新纂云南通志序》)是也。其实还应该有一条,那就是"资民",即"资"百姓。"资治"是"肉食者"的事;"资文"是"串荤食者"的事;"资民"才是"草食者"的事。

我们可以充满善意地想象,早年如果了解清代和民国两次"泄湖涸田"的论争,"肉食者"们"围海造田"的蠢事或许会有所收敛;如果认真考辨过"春城"和"龟城"的由来,或许会改变一些"食串荤者"人云亦云的话风和文风;而"宾馆菜"和"名人菜"的开发,则很可能会让不少"草食者"大开"洋荤",大饱口福——以今天的眼光来看,许多往事未免可笑,"然后之视今,亦犹今之视昔"(周钟岳《新纂云南通志序》),自不必讪笑前人。读一书而可知前人如何生活、可思今天如何生活、可求以后如何生活,善莫大焉。

中国自古就有重视风土习俗研究的传统。《史记·礼书》称"古者太平,万民和喜,瑞应辨至,乃采风俗,定制作";《汉书·艺文志》说"观风俗,知得失,自考正也";《晋书·文苑传》说"移风俗于王化,崇孝敬于人伦";《旧唐书·孝友传》说"弘长名教,敦励风俗,宜加褒显,以劝将来";《新唐书·王质传》说"为政必先究风俗,所至有惠爱";《宋书·乐志》说"天下安宁,道化行,风俗清"。为此,就要"详考历史文化递嬗之迹象","备载民情风土之所宜",而且"收罗必广,记载必周","彰往察来,可裨实用"(周钟岳《新纂云南通志序》)。云南"状元"袁嘉谷认为:"中国旧史大都详于朝廷制度,略于民间礼俗。《史记》独多言民事,千古称之。今宜扩而充之,凡民间礼俗之大,居处饮食之细,及一切日用之于风教有关者,良窳得失,灿然无遗"。不但要"兼详民事",还要"考其原委,上补前史之缺,明其变通,下征进化之美"。此外,邮电、轮船、铁路均应列专志记述,"庶几免一姓家谱之诮"(袁嘉谷《与清史馆馆长第一书》)。

这里既不是"一姓家谱",不是"一方宦绩",也不是"一纸琐闻"。这是一次用心独到的采访,一次悲喜交集的重逢,一次真挚谦卑的致敬,一次诚惶诚恐的救赎。笔者不揣浅陋,试图以今人的视角、今世的眼光、今天的话语重拾记忆、重述历史、重访风土、重叙人情、重现民俗、重论传统、重返文化、重获个性——不敢妄说"成一家之言",亦求"究天人之际,通古今之变"(司马迁《报任安书》)。

公元1895年,列强瓜分中国大势已成,中国遭遇前所未有之巨变,当彼之时,启蒙思想家严复写了一篇《论世变之亟》,谈及中西文化传统,其有一番精彩的论述:"中国最重三纲,而西人首明平等;中国亲亲,而西人尚贤;中国以孝治天下,而西人以公治天下;中国尊主,而西人隆民;中国贵一道而同风,而西人喜党居而州处;中国多忌讳,而西人重讥评。其财用也,中国重节流,而西人重开源;中国追淳朴,而西人求欢虞。其接物也,中国美谦屈,而西人多发舒;中国尚节文,而西人乐简易。其于学也,中国夸多识,而西人尊新知。其于祸灾也,中国委天数,而西人之恃人力。"有意思的是,百年前的中西文化差异,如今多半演变成了现代昆明与传统昆明的文化碰撞,面对如此尴尬的"移风易俗",也只能如当年的严复一声叹息:"若斯之论,并存于两间,吾实未敢遽分其优绌也。"

滇人、昆明人爱国爱乡,都是"家乡宝"。清乾隆年间,云南进士周于礼在京为官多年,曾遥望西南,赋思乡诗曰:"神茫茫,思转长,彩云一片是吾乡"。云南"状元"袁嘉谷说:"吾中国人也,读中国书,应有光大中国之作以报中国。"又说:"云南者,中国之一部也。吾生云南,壮而游,老而归,六十年读云南书,应有光大云南之作以报云南。"他大声疾呼:"滇之人生滇、爱滇,将以保永久之滇,不得不考古之滇,以兴起将来之滇。"(《云南大事记》)

先贤教诲,言犹在耳。一介书生,得立于巨人肩上观察、叙写,幸而左右逢源、上下有据、俯仰有道、进退有方，尽管秃笔一支，乃能从心所欲，从容不迫，集古今之成，得一家之言，何其幸也。然而，这毕竟只是一次特殊的"采访"，资料浩如烟海，纲目千头万绪，人事众说纷纭，虚实百口莫辩，又何其难也。笔者勉为其难，博采各家之长，众人之说，以百姓为本，以民事为主，以风土为根，以文化为魂，以纪传体为纲、为目，以笔记体为文、为篇，分门别类，编纂成书。无奈学有不及，力有不逮，虽历时五载，日旰忘餐，反复修改，分辨真伪，考证谬说，仍然错误难免，若得高人指教，一一纠正，更何其乐也！

朱净宇

2020年5月4日于昆明虹山

目 录

"山国"风土多奇、怪

○ 山山水水倒着排　004
○ 彩云一出祥瑞来　005
○ 一年四季春秋派　007
○ 高原太阳天下"辣"　008
○ 月亮圆过山国外　009
○ "青石板"上星星矮　010
○ 四季日出时不改　010
○ 一年半载"雌风"来　011
○ 百姓房顶皇瓦盖　012
○ 游神喝酒求雨快　013

○ 挑来山雪沿街卖　015
○ 口含冰雹消热灾　016
○ 全城坐着个地热海　016
○ "旱蛟"劈得城门开　018
○ 一池清水敢称海　019
○ 奇洞藏在陡石岩　021
○ 祖先都从南京来　026
○ "款话"都有上古才　027
○ 男身观音立高台　028

○ 三教九流一堂拜　031
○ 卧佛躺在红石崖　032
○ 道观高挂佛匾牌　034
○ 城里城外铜世界　036
○ 准轨、窄轨"十字"排　039
○ 奇花异草都是菜　040

○石头成林树爬崖 041
○"蝴蝶大会"端午来 042
○西寺塔"跑"到东寺街 044
○自来水挑来门口卖 045
○警察敲门店才开 045
○香皂摆在糕点铺卖 047
○泥巴洗衣洗得白 047
○买来汽车让飞行员开 047
○民国大造清朝元宝小"半开" 048
○信件比电报传得快 049

古滇古人"神"难猜

○"滇王自大"想不开 052
○记史不用文字用铜盖 053
○"王印"殉葬墓中埋 055
○青铜绝技不传代 056
○"刻铜记事"够人猜 057
○"庄蹻开滇"蒙尘埃 058
○滇文化从楚地来？ 059
○脚趾套绳战不败 061
○锄头陪着滇王埋 063
○砍下人头当神拜 064
○脑袋飞走又飞回来 066
○拖条尾巴刨坑埋 068
○胸口打洞拿竹杠抬 069
○生个娃娃腰折坏 070
○刺破嘴巴染红彩 071
○禽蛋孵出"羽人"来 072
○耳朵割条肩上甩 073
○贝壳当钱做买卖 074

古城谜团解不开

○ 庄蹻是"盗"还是"帅"？ 078
○ "庄蹻王滇"乱记载？ 079
○ 滇池从成都"搬"过来？ 079
○ 倭文化源自滇池？ 081
○ 金马、碧鸡是神还是怪？ 082
○ "金碧交辉"何曾来？ 083
○ 阿育王子占滇海？ 085
○ 孔明、孟获会盟崧盟台？ 086
○ 东、西寺塔歪着盖？ 087
○ 滇池"海眼"有水怪？ 088

○ 关羽之子是"关帅"？ 090
○ "唐标铁柱"在哪个"海"？ 091
○ "宋挥玉斧"置云南于境外？ 092
○ "古长城"现身古村寨？ 093
○ 咸阳王墓真身在？ 094
○ 梁王孛罗为何受崇拜？ 096
○ 昆明中轴谁曾改？ 096

○ 西平侯沐英被毒害？ 099
○ 建文帝躲到昆明来？ 100
○ "马哈只碑"有篡改？ 102
○ 郑和为何回乡来？ 103
○ 郑和把苞谷传世界？ 104
○ 《滇南本草》谁篡改？ 105
○ 蛇山深藏"沐府"财？ 106
○ 李定国"四金"藏得怪 108
○ "藕池藏金"今何在？ 110
○ 猫狗"大义"水里栽 111

○ "皇陵"化身"圆圆梳妆台"？ 113
○ 陈圆圆墓探秘有雅才？ 114
○ "吴氏三宝"何处埋？ 115
○ 何方"孙髯"对联来？ 117
○ 双塔石碣无人解？ 118

○黑龙潭为何"变脸"快？　119
○"三潮圣水"定时来？　121
○无形"龙打坝"谁打开？　124
○潮音洞中"龙"作怪？　125
○打雷打出贪官来？　126
○上门女婿得青睐？　127
○"红水"防腐三百载？　127
○墓塔密封大祸害？　129
○火车开上大佛台　131
○"老外"形象上了罗汉台？　132

"山国"奇人个个"拽"

○书圣更比孔圣"拽"　136
○"马不登殿"姓氏改　138
○"快口御史"得宽待　139
○隐士献策安边塞　140
○官印高吊随你盖　142
○断案跑到大佛台　143
○进士统兵论"经改"　145
○"懒"得做官真奇才　147
○名士自葬石棺材　149
○"酒疯才子"心明白　150
○火烧乌纱表情怀　152
○"高士"老来露真态　154
○清早"点卯"先捆铺盖　155
○天子面前装痴呆　157
○布衣献策抗水灾　159
○钻进圈套出不来　160
○改联改成"软烟袋"　163
○瓦沟数出大钦差　165
○题联请长官莫使坏　168
○把卖国上司赶下台　169
○"特元"不比状元矮　171
○一品"钱王"红顶"歪"　172

○ 市长工资全部送"捕快" 174
○ "反动派"市长杀反动派 175
○ 自费"测天"拒收买 176
○ 敲醒"睡狮"免淘汰 178
○ 独赴"一战"抛忠骸 180

清官、贪官人人"歪"

○ 一贪边患起，一廉大治来 184
○ 豆干两块治腐败 185
○ 以阉治阉把贪官逮 187
○ 衙门洗净清官来 189
○ 尚书早朝无腰带 190
○ 巡抚舍身治腐败 191
○ 升不升官总挠腮 192
○ 廉洁刚直哪怕被人害 194
○ 两代清官"刘青菜" 196
○ 清官"迎贼"城门开 197
○ 卖身搭着老娘卖 199
○ "白地"巡抚遭兵灾 201
○ "两面总督"好名又好财 202
○ 清官断案有大爱 203
○ 清廉反被清廉害 205
○ "文盲"买官反腐败 207
○ 督、抚互咬被"双逮" 209
○ "能吏"监铜发黑财 210
○ 半夜辞官真痛快 212
○ 反贪才知贪财来得快 214
○ 不惧纨绔查国泰 216
○ "严都老爷"反贪死得怪 219
○ 清贫去来御史台 220
○ 制度反腐费安排 221
○ 贤妻倡廉离不开 223
○ 巡抚杀官又"越财" 224
○ "贪蚀帑库"编志来掩盖 226

古碑古字多异彩

- ○ "元封"年号刻陡崖　230
- ○ 王官坟碑"坔""圁"怪　231
- ○ 西爨王碑今何在　233
- ○ 回鹘文碑白话解　234
- ○ 马哈只碑罩雾霾　235
- ○ 凸字碑显现"长春"脉　237
- ○ 禹碑"蝌蚪文"解不开　238
- ○ 水利碑警告恶霸莫使坏　241
- ○ "三绝碑"一抹胡椒味来　242
- ○ 殉难碑"清官"有记载　242
- ○ "永历碑"告慰故国情怀　244
- ○ 贪官的"廉碑"刻高崖　245
- ○ 地震碑记载"毁屋倒宅"　246
- ○ 廉政碑规定鱼鸭都"免派"　249
- ○ "工程碑"决算证清白　250
- ○ 商埠碑见证"城门"主动开　251
- ○ 朱德诗碑自述心意徘徊　253
- ○ 联大碑"八百壮士"真慷慨　254
- ○ "贪官碑"全国唯一块　256

民间传奇排对排

- ○ 从"张三疯"到"张邋遢"　260
- ○ "提脚道士""爱铁道人""向和尚"　262
- ○ "徐文长卖呕吼,一卖就是一背篼"　264
- ○ "三大鬼巷"的灵异鬼故事　267
- ○ 滇版"杨状元"传奇　270

参考书目

后记

"山国"风土多奇、怪

元代的西台御史、商州（今陕西）人郭松年来云南做官，骑着马到了昆明，就吃了一惊：都说这里是极边之地，不料"南来作使驻征鞍，风景还惊入画看"（《题筇竹寺壁》）。元代河间（今河北）人李京到云南来做乌蒙道宣慰副使，才进昆明，也吃了一惊："未谙习俗人争笑，乍听侏僂我亦惊"（《初到滇池》）——两位大员都"惊"：郭松年惊的是昆明山水，李大人惊的是昆明民俗。

明代的万历年间，松江（今上海）进士冯时可到云南任职，更是大呼"滇南最

为善地",并一一列举说:这里"六月即如中秋,不用挟扇衣葛";"严冬虽雪满山原,而寒不侵肤,不用围炉服裘";"地气高爽,无霉湿";"花卉多异品";"花木高大有十丈余,其茶花如碗,大树合抱";"日月与星,比别处倍大而更明";"望后至二十,月犹圆满";"冬日不短";"温泉随处皆有";"岩洞深杳奇绝"等,更有"四季如春,日炙如初夏,稍阴如早秋,一雨遂如深秋"(《滇行纪略》)——后来有人把冯时可的这番话总结为云南的"十善十奇",更有人据此列出了"云南十九怪",近代广为流行的"云南十八怪",源头还在这里。无论是"十善十奇"还是"十九怪",全部都可以在昆明找到,堪称典型。

　　清代道光年间,昆明进士戴絧孙对故土的"奇"与"怪"另有看法。他在《昆明县志》中说:"冯时可的《滇行记》对我家昆明的日月之大、北斗之低感到惊讶,而我到了京城,也对那里冬天白昼之短、夏天白昼之长惊讶不已,原因在于籍贯地不同,习见的事物不同,所以会觉得奇怪。"——不识昆明日月大,只缘生在此城中。要看出、看清昆明的"奇"与"怪",还真离不开外来学者的慧眼。

○山山水水倒着排

螳螂川海口宽阔水域

螳螂川中游河道收束

昆明滇池自古有名。这个"滇"字为云南独有，只此一家，别无分店，带着神秘的色彩。清末云南"状元"袁嘉毂曾对"滇"做了一番认真的考证。他翻遍了秦代以前的古书，都没有找到这个"滇"字，直到打开西汉史学家司马迁的《史记》，这个"滇"字才冒了出来，说的就是"滇池"。袁嘉毂认为，这个"滇"就是"颠"，如同"巅"字，意思是"最高之顶"。东汉学者许慎的《说文解字》说"颠"的意思是"天"。综合而言，"滇池"的意思就是"天湖"。袁嘉毂还引证了云南民谣："一日上一丈，云南在天上。"——滇池意为"天上之湖"，可以得证矣（《滇绎》）。

不过，对滇池的"滇"字，南朝学者范晔在《后汉书》中另有一种解释。他认为滇池的出水河非常独特。这条河的上游（今螳螂川）又深又宽，下游（今普渡河）又浅又窄，整条河如同倒流一般，所以叫作滇池——范晔的意思很清楚：滇池的"滇"就是颠倒的"颠"。

其实，正因为滇池在天之"颠"，才有倒流之"颠"。

昆明山水之"颠"之"奇"，还远远不止于此：

——中国大陆山脉多半从西向东延伸，云南的山脉却多半从北向南伸展，如昆

下游普渡河谷狭流急

明城的主脉蛇山，这是一"颠"；

——中国大江多从西往东流，叫作"百川东到海"，云南的大江却多从北向南流，如昆明以东的南盘江，这又是一"颠"；

——云南北部的山脉北高南低，而山中的河流却多从南往北流，注入金沙江，如螳螂川等，这也是一"颠"；

——在众多北流的云南江河中，昆明坝子的河流又多半从北流向南，注入滇池，如纵贯昆明城东的盘龙江，这还是一"颠"；

——滇池的主源盘龙江向南流入滇池，滇池出水河螳螂川却掉头向北流入金沙江，这更是一"颠"。

一个湖竟有六"颠"，滇池不称"颠"，还称什么？

"山国"风土多"奇"、"怪"

○彩云一出祥瑞来

清末云南"状元"袁嘉谷以故乡号称"云南"而自豪。他在《滇绎》一书中说，中国各个省的名称都是按地理特点取名的，独有"云南"二字出于天文，堪称一奇。清代云南学者师范也说："滇南独以彩云称，为彩云现于南中。"（清嘉庆《滇系》）清乾隆年间学者、安徽人檀萃在《滇海虞衡志》中也不无羡慕地写道：这里以"云南"为省名，是因为彩云南现，非常独特。

云南是否因为"彩云南现"得名还有争论，但云南因"彩云"出名却毫无疑问。"彩云"算得上云南"特产"，自古有名。晋代文学家左思在《蜀都赋》中就提到今天的云南一带精气深藏，蔚为丹霞，号称"彩云"。清代学者、云贵总督阮元的《咏唐梅诗》有"春风先到彩云南"之句，让云南人很为"彩云"而自负。昆明近代气象学家陈一得就说云南以"云"为省名，"无月不有彩云"，"彩云美观，多于各省"（《大块文章》）。云南民间也有"彩云现、晴雨均"之说，把彩云当作风调雨顺的吉兆。每当云南出现了彩云，地方官就要派人赶到京城，向天子报告"彩云南现"，大吉大利。而"彩云"出现之地，立刻身价百倍。滇西有祥云县，弥渡旧有彩云城，昆明则有祥云街、庆云街等。

在清道光年间的《昆明县志》中，关于"彩云南现"的记载不少。如清康熙

滇池上空五彩祥云

四十四年（1705年）正月出现"彩云捧日"奇观；清雍正八年（1730年）九月初一有彩云出现，九月初三彩云再现；清道光五年（1825年）多次出现彩云；道光十一年（1831年）正月又出现彩云等等。

彩云一出，就有好事。道光《昆明县志》记了一条，说清康熙二十七年（1688年）七月二十一日，昆明东方出现彩云（"有彩云见于东"）。另一本清代史书《滇云历年志》说，这天官府正好平定一起兵变，彩云出现不久，叛兵就被杀了。道光《昆明县志》还说，清雍正六年（1728）十月二十九日，天空出现"彩云捧日"的奇观，这一天正好是雍正皇帝胤禛的生日。更奇的是，到第二天中午，彩云再次出现，而且比往日更加灿烂。而清代的《滇云历年传》又记载说，当时的云贵总督鄂尔泰兴奋不已，马上奏报雍正皇帝，雍正皇帝大喜，"赐云南文武大小官员各加一级"——因为彩云而升官发财，"云南文武大小官员"是何等幸运。据说1911年农历九月八日正午，滇池上空出现五色彩云，当夜就爆发了重九起义，第二天大功告成，清朝在云南的统治被推翻，于是昆明又有了一条庆云街，以示纪念。

不过，彩云出现之后，也有祸福难定之事。清道光《昆明县志》就说，清雍正二年（1724年）正月，昆明出现五色祥云，而且呈现出彩凤的形状，维持了一个时辰都没有散——看来是一大瑞兆。这年秋天，果然稻菽遍地，喜获丰收。但这年的十一月却突然发生地震，滇中百姓生命财产损失惨重，这又怎么解释呢？

1924年春，护国起义胜利8年之后，"云南王"唐继尧为昆明近日楼"再造共和纪念标"举行落成典礼。众人正举杯相庆，忽然"天出彩云"。唐继尧"眉开色喜"，"群众则欢声雷动"，中外嘉宾举杯"称贺"。不料当天夜里，近日楼前的忠爱坊就被大火焚毁。此后不到三年，因为部下联手相逼，唐继尧也垮台，"后而病死矣"

昆明大观楼有彩云崖　　　　　　　　昆明西山有彩云洞

〔罗养儒《纪我所知集》(《云南掌故》)〕。此之彩云，到底是吉兆还是凶兆，谁说得清？

○一年四季春秋派

浙江人朱国祯是明代万历年间进士，后来当到内阁首辅，相当于宰相了。此人见多识广，写了本《涌幢小品》，说滇中的气候，夏季不太热，冬天不太寒，白天还可以穿单衣，夜间就得换棉衣了，一年四季都如此，叫"四时一也"——这个"一"在何处？

清雍正年间的《云南通志》说云南府（今昆明一带）是省会所在，地势开阔，四季区别不明显，气候特别温和，叫"气候尤和"——此之"和"又在何时？

有人说这个"一"在春天，有人说这个"和"在秋季。

如今我们听到最多的是昆明"四季如春"。早在明代的嘉靖年间，充军云南的四川状元杨慎就说昆明"天气常如二三月，花枝不断四时春"（《滇海曲》），这就是"云南十八怪"中的"鲜花四季开不败"和"季季都产好瓜菜"。从此以后，"昆明四季如春"就成了定论。近代本土学者周光倬不无自豪地说："昆明不唯可以避暑，并可以避寒，四季干燥，蔚蓝色的天空，真是万里无云万里天，高爽的空间，增进人的健康，是全中国最理想的优越环境，何莫非气候的赐予。明末清初，我国大旅行家徐霞客流连忘返于这些地方，不是无因罢！"（《扩大昆明市区的一种建议》）

昆明的"四季如春"从何而来？探讨此中缘故，历来有"地列坤隅，得土冲气"之说——认为昆明虽然地处西南边地，却为"省会之区"，"地势开阳"，在五行中属土居中，位于春木、夏火、秋金、冬水之间，交旺四时，四时同行，于是"四时协序，气候尤和"（清嘉庆《滇系》），于是就有了"四季如春"。清道光《昆

昆明地处高原，近山靠水，四季如春

明县志》也说，昆明是云南省会，"冈峦环绕，川泽渟泓，沟渎通流，原田广衍"，更"夏无溽暑，冬不祁寒"，虽然也有"雨雪凝寒"，但只要天气一晴，马上回暖，于是"四时之气，和平如一"。

另有昆明"四季如秋"之说。那是清乾隆年间，安徽人檀萃在《滇海虞衡志》中写道，滇南的气候，四季都和秋天一样爽人，"最可读书"。但是，如果老天下雨，则天气骤冷，就得穿棉衣了。檀萃引古人言称："广东四季皆是夏，一雨便成秋；滇南四时皆是秋，一雨便成冬"。清代乾隆年间云南人杨戴星写的《观音山道中》可以为证：

雨入前村歇，秋惊六月来。

新凉侵客袂，袖底带烟回。

而早在西晋之时，郭义恭就在《广志》中说，当时的滇中气候平和，"冬不极寒，夏不极暑，盛夏如五月，盛冬如九月，天下之异地，海内唯有此"。明万历年间，松江人冯时可也在《滇行纪略》中说，滇中一带气候特别好，六月盛夏如同深秋一般凉爽，不必扇凉扇，也不必穿凉衣。严冬到来，即便山上山下都是雪，也不会寒气逼人，无须围炉烤火，也不用穿皮衣保暖。

冯时可还有更全面的说法，认为昆明虽然"四季如春"，"气候不寒不暖"，但太阳出来如同初夏，稍有天阴如早秋，而一旦下雨，则如同深秋（《滇行纪略》），加上"一雨成冬"之说——以一天而经历四季，于是又有了"云南十八怪"中的"四季衣服同穿戴"，又何奇也！

○高原太阳天下"块"

明代松江（今上海）人冯时可在《滇行纪略》中更有一语惊人，说滇中昆明的太阳、月亮和星星，有中原的两倍大。用昆明方言来说，就是昆明的太阳最"块"——块头最大。

滇池日出

草海日落

有专家认为,昆明地处云贵高原,海拔比上海、广州高出1900米,属于亚热带高原山地季风气候,受印度洋西南暖湿气流的影响,多有西风,又多晴日,日照时间长,阳光强烈,气候干燥,天高气爽,万里无云,天蓝如洗,空气通透,太阳看起来特别大,在外地人眼中则更大,这是可能的。

○月亮圆过山国外

在明代学者冯时可的《滇行纪略》中,滇中的月亮不但特别大,而且不仅圆在农历十五,就是到了农历二十,昆明的天上仍然是一轮圆月。比起他的"日月较他处倍大"论来,这个说法更让人称奇——有了冯时可的这句名言,有人说"昆明的

滇池月夜

月亮不但比别处大,还比别处圆",就有根有据了。

清康熙年间,另一位松江人倪蜕也发现昆明的圆月非同一般。他填了一首词,叫《南乡子·十二夜对月》。词中有话,自问哪里的月亮圆得最好?又自答曰:非昆明莫属。他写道,每到农历十二三日,昆明早早地就出现了圆月——"但肯常圆圆亦得","真个常圆岂足怜"。而到"霜天"之时,圆月更"移过梅花瘦影前",只是"未必有人知此意"罢了。

还有人认为,所谓昆明月亮特别圆、特别大,说的是滇池上空的月亮。湖上月夜,天净水平,月光清亮,月影相映,月亮就特别圆、特别大。明代昆明诗人郭文的《滇池夜月歌送郎》诗说:

长天无云山四青,白月在水遥虚明。
泠涵万象镜光里,乾坤一色秋冥冥。

清代诗人陈履和又有《重阳后五日侍家大人同诸公泛舟乘月登太华寺》诗:

圆月上遥空,初地敞虚牖。
万顷明玻璃,苍茫接海口。

○"青石板"上星星矮

明代学者冯时可提到昆明天象之奇,比内地更大的不但有日有月,还有"星"。而在昆明童谣中,夜空"青石板"上的星星早就见惯不惊了:

青石板,石板青,青石板上钉银钉。
青石板,石板青,青石板上小星星。

在古人眼里,昆明夜空深远,群星明亮,还有"星宿低"之感。明代的嘉靖年间,云南永昌(今保山)人张含游过昆明西山,写下一首《太华寺一碧万顷楼》诗,其中就有此一说:

滇国地形惟此最,青霄楼阁迥招提。
山围雉堞笼金马,海撼龙宫浴碧鸡。
云里鹤巢松树遍,风前仙梵雨花迷。
诸天不在藤萝外,中夜起看星宿低。

○四季日出时不改

清代学者檀萃的《滇海虞衡志》还说,从当时的历书看,昆明日出日落时辰有定,

滇池上空落日霞光

一年四季不变:日出都在卯时,即清晨五至七时;日落都在酉时,即下午五至七时,所以夏夜不是特别短,冬夜不是特别长。

明代学者朱国祯也说,昆明夏天白昼不太长,冬天白昼也不太短,二者相差无几,和内地大不一样(《涌幢小品》)。另一位明代学者冯时可的《滇行纪略》中,也有昆明"冬日不短"之说,并列入"滇南十善"之一。

○一年半载"雌风"来

刮西南风,明代学者朱国祯在《涌幢小品》中说,滇南的风总是成天成夜地刮

大风吹来,清末在北教场练兵的清军行进困难

个不停。另一位明代学者冯时可更说,滇中"惟风最多","无日无风",而春风尤其"颠狂",而且刮的都是西南风,如果刮起东南风,那就要下雨了。当时的志书上都有"风伯好滇"之说(《滇行纪略》)。

清代学者檀萃也说"滇南多大风",但不是一般的风,是恶风,是"雌风",是"败坏之风"。他说,昆明每年有半年刮风,半年下雨,"气候良为不正"。从每年的农历十一月到第二年的三四月间,昆明总是大风劲吹,飞沙走石,昏天黑地,人被风一吹,就会生出各种各样的病来,嘴唇会溃疡,眼睛会生疔疮等(《滇海虞衡志》)。

不同的是,明末昆明诗僧担当写了首《滇曲诗》,诗中的"昆明风"又别有韵味:

道入滇南迥不同,一年天气半西风。

杜鹃声里春犹浅,吹遍人家落叶红。

○百姓房顶皇瓦盖

清代学者檀萃在《滇海虞衡志》中说,每年冬春昆明的风特别大,不仅吹得飞沙走石,甚至能把昆明城里民房的屋瓦吹得落下来。檀萃还发现,昆明人建房和广东一样,屋顶覆盖的是筒瓦。檀萃自问:广东临海,海风很大,用筒瓦理所当然。而云南距海遥远,为什么风一刮起来,也和广东的风一样大呢?檀萃自答道:因为云南地处极高之地,如民谣所唱"云南高在天顶上"。"高则多风",这是地理条件决定的(《滇海虞衡志》)。

早在明万历年间,云南右参政谢肇淛在《滇略》中说,当时昆明的民房和官府建筑都比较矮,高度也就一丈左右,建盖屋顶"必用厚瓦",还必须用灰土砌牢,原因就是昆明风太大。清代学者师范在《滇系》中也认为,昆明官民建房高"不过丈许,必用厚瓦,而固以灰土",原因全在于"风高"。

提到清代的昆明民居,檀萃的《滇海虞衡志》用了"例得用筒瓦"五个字,意思是"依法可以用筒瓦"。据说筒瓦是皇家的专用品,百姓盖房子只能用板瓦,用了筒瓦就是逾制违规,图谋不轨,搞不好就是死罪。明天启年间,昆明进士刘文征在《滇志》中说,因为云南风大,板瓦一吹就飞,于是朝廷颁布法典,特许云南人用筒瓦建房,以示皇恩浩荡。于是天下百姓建房都必须用板瓦覆顶,而云南可以用筒瓦。清代康熙年间的《云南府志》也有记载,说建盖房屋,各省百姓必用板瓦,滇中得用筒瓦,原因就是云南经常刮大风,明初奉旨可用筒瓦。清雍正年间的《云南通志》也说,内地各省专用板瓦盖房,而滇中兼用筒瓦,相传是因为"滇中多风",明初朝廷"特敕许用"云云。

据《宋史·郭进传》记载,宋代的开宝年间,太祖赵匡胤为爱将郭进建造府第,

清末昆明洗马河边民居的筒瓦屋顶

下令全部用筒瓦盖顶。有关部门表示反对，说筒瓦只有亲王、公主才可以用——可见早在宋代，筒瓦就是皇室的专用品了。明代的嘉靖年间，福建沿海大风袭来，飞沙揭瓦，当地官员奏请朝廷，准许百姓建屋使用"瓶瓦"（即筒瓦）——可见明代也禁止民间用筒瓦（明·王世懋《闽部疏》）。清代的《大清会典》规定，只有皇亲、王公、贵族的府第才"得用筒瓦"。因为昆明风大，大到可能揭瓦，获得天子特批，平头百姓也可以用筒瓦建房，享受皇亲贵族的待遇，真是天恩浩荡。但是朝廷对"民用筒瓦"的颜色仍然有严格限制，规定只能用铁灰色，不得用黄色，必须和皇亲贵族的筒瓦有明显的区隔，以表示上下有序，尊卑有别。

○游神喝酒求雨快

昆明春夏多会出现旱情，早年天旱就免不了"祈雨"。说起"滇人祈雨"的方式，清代学者檀萃便觉得特别可笑：一是饮酒行钱，大肆作乐；二是把大大小小的神像抬到街上祝祷，弄得城里大街小巷都走不通。这样一来，全城疯狂，而官府也不禁止。待到酒喝完、钱行尽，众人散伙，全城街巷又空空如也（《滇海虞衡志》）。

檀萃描写的昆明求雨风俗早在明代就有了。更奇的是，那时昆明人抬着许多神像满城游行，"游"在最前面的竟然是一尊"半截佛"。据明代的《滇志》记载，

昆明棋盘山的雨神，据说可以求雨

棋盘山雨师神位碑，也是求雨的

昆明棋盘山的风神，据说可以求晴

棋盘山风伯神位碑，也是求晴的

这尊"半截佛"平时供奉在城南的觉照寺（大东寺），每逢大旱，昆明人就要请出"半截佛"，大家又是扛又是抬，簇拥着"半截佛"走在众多佛像之前。相传这尊佛像为"海马皮所作"，"请"出来曝晒一番，老天就会下雨了。但不知此佛"何时所制"，而早在明代的天启年间，这尊"半截佛"就没了踪影。

○挑来山雪沿街卖

昆明四季如春,虽然冬天也会下雪,但不会影响昆明的"春城"之誉——内地到春天不也下雪吗?不过昆明下的多半是小雪,大雪很少见。就因为稀罕,旧时昆明城里竟然有"雪生意"和"雪买卖",这就奇了。

明代四川状元杨慎久居昆明,曾写下《渔家傲·滇南月节词》十二首,其中提到五月的昆明有"双鹤桥边人卖雪"。清代学者檀萃在《滇海虞衡志》中又说,乾隆某年冬天,昆明下雪,清早出门,城里的平地并无积雪,而城外山上却积雪不少,一片银色。有山民收取山雪挑到城中叫卖。城中街坊男女,都拿着碗来争相抢购。

城里人买雪干什么?檀萃没有说。杨慎在《滇南月节词》中说,昆明人买来雪后,装在白瓷碗里,再点上蜂蜜,撒上酸梅汁,又凉又酸又甜,类似今天的冰糕、冰棒,都是别有风味的冷饮。另据明万历年间的《滇略》记载,五六月间的大理,满街都是卖雪人,家家户户都买雪拌着蜂蜜吃,称为"蜜雪",认为吃了可以滋阴降火。清人张泓的《滇南新语》也说,清乾隆年间,大理仍有"卖六月雪"之俗,每碗10文钱,加点红糖就可以吃了。这种"糖雪"还没有入口,就让人"寒沁心脾"。看来大理人和昆明人一样:盛夏吃雪,可以消暑;而隆冬吃雪,可以降燥。

冬日昆明西北郊玉案山"三碗水"积雪

○口含冰雹消热灾

雪后昆明冰雪世界

清代学者檀萃说,昆明冬天有霜,而且会结薄冰。昆明的娃娃总喜欢敲下冰块、冰条,在街市上敲打嬉戏作乐。昆明又多冰雹,大的如同鸡蛋,小的如同围棋子。下冰雹的原因很神秘,据说是因为滇中"龙池""龙穴"不少,有龙从中腾飞而起,则天降暴风雨,冰雹常常就跟着来了。每逢天降冰雹,昆明娃娃就争着捡来含在嘴里。这又有何用?檀萃这回说了:把冰块放在嘴里含化,据说可以消热。(《滇海虞衡志》)

○全城坐着个地热海

明代松江(今上海)进士冯时可把"温泉随处皆有"列为滇中"十善"之一,而昆明温泉其实尤多。据有关资料,滇池坝子的地下热水层分布面积达785平方公里,埋藏深度为20~700米,水温32℃~74℃,已探明的净储量达12亿立方米,约相当于滇池的蓄水量——可以说,整个昆明老城区就坐落在热海之上,成为天下一奇,被誉为"温泉城"。

滇池坝子的地下热水从四围山中渗透而来,据现代同位素采样分析,相关热水的生成年龄为5300年到17500年,即冷水从山中渗透到含水层,再缓慢流向滇池坝子深部,转化为地下热水,需要上万年时间。从这个意义上说,今天我们利用的温泉,都是"万岁"之物,其生成不易,在人类社会时间尺度上,几乎是不可能再生的宝贵资源(《云南100种自然景观》)。昆明热水资源埋藏较浅,开采方便,更清澈透明,没有异味,水质极佳,以之沐浴,有一定的治病之效,又可用于农林灌溉、改良土壤、工业生产,近年由于过度开发,以致水位下降,水质污染,各方正在治理当中。

昆明最有名的温泉不在滇池坝子,而在滇池出水河螳螂川安宁段东岸,人称安宁温泉。此泉又称碧玉泉,因其泉"色如绿玉,清鉴毛发"得名。安宁温泉属重碳酸镁型淡水,水质极佳。其可饮用,饮之甘美可口,消食化积;可沐浴,浴之身心一振,祛风祛病。

安宁温泉发现于东汉,开发于明初。明嘉靖年间,四川状元杨慎长住于此,感叹此泉不凡,但由于远离中原,又无名人品题,致使埋没。杨慎赋诗著文,列举碧玉泉种种优越之处,盛称其为"温汤之冠",力举"碧玉泉为天下第一汤",并称"温柔真此地,难老是何乡"(《温泉诗》),更为之大书"天下第一汤",至今有刻石留存泉上。明末大旅行家徐霞客也曾沐浴安宁温泉,盛称:"余所见温泉,滇南最多,此水实为第一。"(《徐霞客游记》)至于清嘉庆年间,学者师范更探讨过安宁温泉之妙的来历。他写道,滇中温泉,"安宁为最凡",一般"温汤皆有硫磺气,而安宁则无。旧有人见其窍出丹砂数粒,知其下有丹砂,故泉甲于他处"(《滇系》)。1962年,当时的国家副主席董必武为安宁温泉题联,更是不凡:

莫夸六国黄金印;
来试三迤碧玉泉。

滇池白鱼口的冷温泉

安宁温泉"天下第一汤"

○ "旱蛟"劈得城门开

曾被"旱蛟"劈开的大东门

　　清乾隆十四年（1749年）正月二十日晚间，昆明城风雨大作，电闪雷鸣，突然之间，霹雳一声，全城震动。城中大小官府，深院重门，从里到外，全被震开，灯火尽灭，一般民众房屋也被震得门窗全开，无一例外。几座城门被殃及，大东门、小东门巨大的销门横木被劈成几截裂木碎柴，大小城门洞开。官民房屋毁坏1600多栋，圆通山附近火药局的10多间仓房陷落成一个大坑，库中储藏的刀枪全都扭曲变形，抛撒到数里之外。大量箭翎飞落远近街巷，有的插在屋顶的瓦缝中。城墙上重达千百斤的大炮，竟被抛到城外，横七竖八地躺在田里。城南（今庆云街）的云南按察使衙门也化为一堆瓦砾。面对如此重大的灾情，被官府认定为"旱蛟"布雷所致，并以"起旱蛟"为由奏报朝廷，竟也得到朝廷批复，让地方官府赔偿各方损失。

　　清人檀萃的《滇海虞衡志》记载了此事，并大叹道："滇雷之巧，不可思议！"历史上有记录的雷灾不少，但损害如此大的雷灾，确实罕见。在清道光年间《云南通志》、清嘉庆年间的《滇系》、近代《新纂云南通志》都有关于这次雷灾的记述。综合来看，应该是雷电击中火药局，造成火药局仓库猛烈爆炸，波及全城，才造成如此严重的后果。道光《云南通志》说灾害起因是火药局内"起蛟",毁坏官署、民居,如果把"起蛟"理解为雷击,此次灾难的前因后果就清楚了。火药库建得离城太近,雷击引起爆炸,祸及全城,后果严重,官府怕负责任,推说"旱蛟",如此而已。

○一池清水敢称海

明代浙江学者朱国祯在《涌幢小品》中说,云南有不少海子,如天造地设一般,滋润着这片"极高之地"。自古至今,这些"海"既不会崩溃塌陷,也不会淤塞埋没,堪称一奇。在老昆明人口中,滇池不是湖,是"海",叫"滇海",叫"滇池海子"。滇池北部的浅水区叫"草海",滇池的中部、南部叫"外海",靠近晋宁的湖面又称"水海"。在昆明城的南边,还面向滇池建了座"镇海楼"。滇池既然是"海",用滇池藻类做成的肥饼就是"海粪",滇池水生植物就是"海菜"。就是昆明城里小小的翠湖,早先也叫"菜海子",又因为被湖堤一分为四,还有"四海"之称。这里的湖中亭称"海心亭",湖边之地称"南海子边",还有"北海子边"。昆明城东南有个小湖叫"王宝海",城北的莲花池也有一个别名,叫"莲花海"。

明嘉靖年间,充军云南的四川状元杨慎就惊呼云南人不得了:"一泓秀水敢称海,万仞高山只算坡!"他在诗中写道:"云南万山颠,得水皆称海。汉代昆明池,古迹依然在。盘龙为之源,九十九泉汇。万顷含清冷,一碧照崔嵬。"(《太史升庵遗集》)这里说的就是滇池。明万历年间,福建人谢肇淛在《滇略》中也说云南蓄水为池,称为"海子",而把山岭叫作"坡子"。这让他十分困惑,这些湖都叫"海",但"海水"却一点儿也不咸——天下海水都咸,唯独云南的海水不咸,怪哉!

历代都有人对云南称湖为"海"想不通。清末云南"状元"袁嘉穀站出来解释说:云南人把湖称为"海",听起来有所不妥。但是,《汉书》称滇池为"池",以三百里水面而称"池",是不是也有问题?中国第一大湖是洞庭湖,但枯水季节就大为缩水,成为一丫"小川",如唐诗描写的那样,"绿杨花扑一溪烟",比起滇池的"四时如一"就差远了。除此之外,四川、贵州、广东、广西更没有什么湖泊可与滇池一较高低。因此,滇池堪称西南第一大湖(《滇绎》)。袁嘉穀此话有弦外之音:滇池称"海",也是有道理的。

清乾隆皇帝弘历曾对昆明人的"海"字大为不满。那是乾隆四十八年(1783年),乾隆皇帝接到云南地方大员关于治理滇池的奏折,看到其中有上游的"海源河"、下游的"海口""海口大河"等,当即御笔痛批道:自古只有"海纳百川"之说,哪有"海水灌河"之事,真是岂有此理。乾隆皇帝判定,如此措辞,"殊为失当"(《清

早年的滇池草海

实录·乾隆朝实录》）——如果袁嘉穀撞上了这位乾隆爷，那就是"状元"遇皇上，有理讲不清了。

在云南人眼里，"湖"就是"海"。至少在明代，滇池就被称为"滇海"，俗称"滇池海子"。杨慎为滇池写的一首诗就是《滇海曲》。昆明之外，滇西有洱海，滇西北有程海，滇中有抚仙湖，明代也称"澄江海"，其进水口叫"海门"，出水口叫"海口"，出水河叫"海口河"。由此看来，称滇池出水口为"海口"顺理成章。更不用说"海口"是个约定俗成的地名，早就为明、清两代官府公文所用，不仅地名称"海口"，滇池出水河螳螂川的上游也叫"海口河"。除了那条让乾隆皇帝困惑的海源河外，昆明还有一条海河，也是流入滇池的。海源河的源头还有海源洞，有海源寺，岸边还有海源村等。

在昆明，有"海"字的地名不少，大多和湖池、水塘有关：一般的叫"海子"，小的叫"小海子"，大的叫"大海子"，干涸了还叫"干海子"，还可以简称"海"。昆明东郊、北郊、东南郊、西南郊各有一个海子村，东郊还有干海子、水海子，西南郊则有扶海（今福海）村。滇池北岸有海埂，滇池南岸也有海埂。北岸有干海村，有星海乡，有水海子；西岸有海丰村，有禄海村；东岸有海东村，有海晏村；南岸也有海晏村，还有海宝山、海龙村、余家海、干海村等。稍远一些，安宁市有海湾村、干海子；嵩明县有水海村、苏海村、海子村、小海子、干海子；富民县有海子村、干海子、海子垭口；宜良县有苏海村、小海子；石林县有海邑村、海宜村、海子村、东海子、干海子、塘山海子；禄劝县有干海子、海子头、草海子、烂海子；东川区有姑海村、洒海村、海子村、干海子、草海子、小海子、海子头上、毛角海子、石牛海子、海子底梁子。"海"字地名最多的是寻甸县，有海东村、海子村、北海村、草海子、小海子、干海子、老海子、宽海子、海子屯、阮家海子、海子底、陷塘海子、洗牛潭海子等——一查地图地名，这"海"字还真多了去了。

当年乾隆爷教训臣下时，竟然忘记了自己身边的京城就有北海、中海、南海、前海、后海、什刹海；内蒙古有乌梁素海、居延海；西北有青海……都是湖泊，大小不同而已。一说"海"是元代蒙古语，意思是"有水的地方"——自古满蒙一家，怎么就没个人给乾隆爷提个醒呢？而据考证，昆明地名中的不少"海"字则来自彝语，意思也是"有水之地"。如石林县有海邑村和海宜村，村名都出自彝语，"海"意为水塘，"邑"或"宜"意为居住、蕴藏，合起来的意思是水塘边的村子。东川区的姑海村名也出自彝语，"姑"意为山脚出水处，"海"意为水塘，合起来指的是山脚出水、积水之地等。

蒙古族和彝族，一北一南，却异口同声地称"有水之地"为"海"，此中有何奥妙，值得研究。

话再说回来，历史上有乾隆皇帝对滇池称"海"不满，近代又有学者对滇池称"池"有异议，认为滇池本是大湖，岂能称"池"？云南"状元"以此质疑司马迁，又有人质疑是边地民族不能辨别，才把"湖"叫作"池"，出现"滇池"之类的称呼（《蛮书校注》）。殊不知，早在明代，昆明人就称滇池为"滇海"了——说"海"也不是，称"池"也不是，岂不让滇人为难？

○奇洞藏在陡石岩

明代冯时可的《滇行纪略》列举云南奇妙之处，其中一条就是岩洞深不可测，奇绝天下。清代檀萃的《滇海虞衡志》开篇就是"志岩洞"，说云南到处是悬崖峭壁，岩洞幽深，没有哪座山没有岩洞，简直都是"中空"之山——这就是今天所谓熔岩地貌的特征。昆明城后枕蛇山，城中有螺峰山、五华山，东边有金马山，西边有碧鸡山，都有岩洞。据说金马山系的岩洞特别大，多藏在林壑深处，大得容得下数万人。碧鸡山系的山林岩洞特别美，昆明人到山中游洞，往往一个多月都游不完。两山之中还藏有"金马之神"和"缥碧之鸡"，都是神奇之物。西汉宣帝刘询曾慕名派人前来迎求，谏议大夫王褒曾撰词而祭祀，西晋文豪左思曾作赋而称赞，就是桂林山水也无法媲美。

檀萃还提到，昆明城中螺峰山下有东、西两个岩洞：东洞称"潮音洞"，西洞称"云津洞"，两洞早已淤塞。明万历年间，云南巡按御史李本固喜爱搜胜探奇，听说云津洞中有仙府神龙，妙不可言，便带着随从去探洞。但见洞口丹水悬流，苍虬横卧，摸黑入洞，更见石笋排列，酷似戈矛，别有天地。李本固吩咐随从点燃火炬，深入探险，但见钟乳石相接，如同"千丝璎珞悬灯球，琪花瑶草纷相摎"。他们一直走到"洞天深处"，被积水挡住去路，才不得已而返回（《游云津洞》）。早年昆明民间"故老相传"，有人游四川岩洞，竟从此洞钻了出来，官府唯恐藏匿奸人，便将此洞封闭——"则洞之不幸也"。

檀萃所记昆明奇洞不少。他说，太华山下也有一个巨洞，可容数万人。当年地方动乱，友人曾邀请檀萃到此洞避难。早在明崇祯年间，地理大家徐霞客游历昆明时，在太华山下发现一个山洞，有泉水流出，又有小鱼溯流而入，人称金线鱼。（《徐霞客游记·游太华山记》）此洞也被称为金线洞。清道光年间的《昆明县志》也有类似记载。民国《昆明县乡土教材》补充说：金线洞山泉可饮，"水味清甘"。

檀萃的《滇海虞衡志》还记载道，昆明筇竹寺后玉案山有个龙淙洞（今花红洞），有一股龙泉泻入其中，又从另一洞口流出，汇成龙潭。清代学者师范的《滇系》中说此洞发现于清初，当时的云贵总督范承勋曾为

昆明圆通山盘坤崖下的潮音洞口

西山脚下的灵光洞已成为寺庙的一个部分

其作记称，"筇竹寺后四山嵲屼中得平地如掌，龙泉一泓入岩洞，又出奔别洞"，成为一条地下河，水声隆隆，十分吓人。此洞还洞中有洞，"石楼窈窕，若蜃气吹

空，幽折靓峭，别有天地"。师范称此洞为清康熙年间的"兰谷和尚溥畹所开"，旁有佛寺，得康熙帝"御赐法界寺额，御书墨迹甚多，俱藏于寺"（《滇系》）。清雍正年间，云贵总督尹继善曾到花红洞一游，赋诗称"仙源流洞口，石乳垂山房"（《法界寺雅集》）。民国《昆明县乡土教材》称花红洞"在法界寺前，就是龙淙洞。宽三丈，由山北通山南，曲折约半里。洞内岩石奇离，如笋、如柱、如鸟兽，状态各异。洞中水流约里许，入落水洞。又有听瀑楼、石香桥、大龙淙、小龙淙诸胜"。

早在明万历年间，谢肇淛在《滇略》中特别提到了昆明城西北聚仙山下的海源洞，说此洞容得下数百人，四壁削立，石乳倒垂，凝成幻象，千状万态，不可数计。

昆明聚仙山中的西华洞

昆明西山脚下巨大的无名山洞，曾被修为防空工事

更奇的是，洞内还有河溪、龙潭，流水清浅，四时不竭，遇到水灾旱灾，昆明人到这里来求晴求雨，无不灵验。明天启年间的《滇志》也记载道，早年海源寺旁"有石洞甚深奇"，洞前有龙潭，为求雨之地。此之石洞，今又称大龙洞；此之龙潭，为今天的海源龙潭。水从花红洞潜流而来，由此流出为海源河，最后注入滇池。按明代曾到此探游的大旅行家徐霞客的说法，此洞可谓海源下洞。

徐霞客还游过"海源上洞"，即"西华洞"。徐霞客笔下的西华洞十分神奇，其"洞门东向，高穹轩迥"，高、宽、深都在六七丈上下，而"顶穹成盖，底平如砥，四壁围转，无嵌空透漏之状"。洞口有巨石突起，高一丈多，周围石隙婉转。此后洞

昆明聚仙山蝙蝠洞，据说抗战时这里就是重要的防空洞

昆明棋盘山下的花红洞，如今是一家酒庄的藏酒洞，洞中潜流又是海源龙洞暗河的源头

壁"嵌而下坠"，深入两丈多，前洞又深又黑，透过石缝，可见"有小水自后壁滴沥而下，至底而水不见"，但光线暗处却渐渐明亮起来。洞外有砍柴人看见徐霞客入洞，就在洞外等着，直到徐霞客出洞，砍柴人才离开。徐霞客还发现，"洞中野鸽甚多"，把巢筑在洞顶，"见人飞扰不定"，当地人在洞里设下机关，捕捉野鸽（《徐霞客游记》）。民国《昆明县乡土教材》也提到这个西华洞，说其"高宽约五丈，顶上石乳嵌结，状似芙蓉"，并有前人的摩崖题刻"五色芝房""瑶岛奇观""西华玄岛"等。近人罗养儒在《纪我所知集》（《云南掌故》）中说："城西海源寺山上有西华洞，名胜处也。"此洞奇在洞口，"顶若悬棚，高至二丈余。顶之当中，有一五色云盖下垂，且略似一簇蟠桃，此乃千年前石浆结成也"。明万历年间，云南进士、诗人王元翰作《游海源洞》诗：

乱石崚嶒一窍深，新秋我辈复登临。
五华一抹烟浮黛，双塔相悬颖卓簪。
洞里碧云常款客，潮头皎月似知心。
年来处处成清赏，莫叹神仙不可寻。

此之海源洞有登高望远之势，应为海源上洞的西华洞。

另据罗养儒《纪我所知集》（《云南掌故》）所记，距沙朗若干里远，更有一更深更大、更为幽奇的山洞。其洞分数层，类似于三进房屋。曾有一西方来客，得到一个村人相助，引导进洞一游。到达两层洞内，已经走了两公里多。因为随身携带的火炬告急，不敢再前进，只好退出。这个西方来客在洞口照了两张相片，并记下其所见所闻，送给富民的一个县官。县官召集沙朗村民询问此洞，村民都说不知道。似乎那位西方来客的向导，并不是沙朗人。一些好游者得知此事，都跑到这里来穷奇选胜，但最后都摸不着洞口，只好"废然而返"云云。

罗养儒所说之洞为昆明城北的天生桥洞，其洞中有洞，洞分数层，下洞有沙朗河穿洞而过，在民国《昆明县乡土教材》中记为"沙浪洞"。此洞"在北乡天生桥

昆明海源龙洞和大龙潭，这里是流入滇池的海源河源头

下，洞口悬崖百尺，石乳嵌结，内有石缝，透光。又有石人四：三人披树叶，戴箬帽，并肩危坐；一人似农夫，披蓑戴笠，跣足荷锄，独立塘边。塘宽六尺许，中铺细沙，夏日清水满注。塘下有石田九十九丘，阡陌沟渠皆全，渐进渐窄，怪石越多，有像鸟飞的，有像走兽的，万象罗列，可称奇观"。

再查资料，早在明崇祯年间，徐霞客就沿沙朗河而来，攀游过此洞。当时听乡人说此洞"不可入，有虎狼，有妖祟"，徐霞客不为所动，坚持前往。行至北崖，仰见危岩高悬，"石壁盘突"，荆棘丛生，数洞并列，无路可上。徐霞客"攀跃而上""倒悬"入洞，因上洞太浅，又出而改探下层水洞。这边是进水洞，"高十余丈"，阔五六丈，有河穿流其中，"下嵌成潭"，"水鸣鸣其中，作冲击声"。徐霞客借着若明若暗的微光，蹚水前行，一路"昏黑不可辨，但闻水声潺潺"，后来河水渐深，光线全无，"上不可见"而"下又不可测"，徐霞客才悻悻出洞。后来听说此洞可穿山而过，徐霞客自恨没带火把，半途而废，却又于心不甘，于是翻山而过，从另一侧的出水洞口溯流而上，借着洞河反射的光亮，再探此洞。开始时洞中流水"散而不深"，忽遇礁石当前，不能行矣。徐霞客仰见洞上有洞，于是使出浑身解数，或倒攀而行，或婉转而达，或腾跃而上，待入上洞，景象果然不凡：两侧乳石"为龛为窝，为台为榭，俱浮空内向"。俯视洞底，则"波涛破峡，如玉龙负舟"，洞顶乳石如同"垂幄悬帔"，刚才仰望时隐隐约约，此时"如璎珞随身，幢幡覆影"，立身其中，"与蹑云驾鹤，又何异乎？"徐霞客在此端坐良久，"听洞底波声，忽如洪钟，忽如细响"，大呼"令我身移志易"，其妙无穷（《徐霞客游记》）。

除此而外，檀萃的《滇海虞衡志》所记昆明城附近奇洞，还有富民的飞翠岩、河上洞，宜良的红石岩、仙人洞，昆阳的三元峰等，都是奇洞。

○ 祖先都从南京来

清代学者师范在《滇系》一书中写道，当时的云南土著居民都说"我来自江南，我来自南京"。近代有学者在云南各地做过调查，考察了不少碑记、墓志、家谱，访问了许多老人，最后的结论是：云南多数汉民都自称"老祖宗是从南京充军来的"。昆明一带的汉族更十有六七说自己是"南京人"，而且多半来自南京的柳树湾、高石坎。明初朝廷派大军征滇，士兵中有不少南京人，后来多半留守云南。明太祖朱元璋又迁来几万户南京居民，到云南后仅存半数，也多留在昆明，于是昆明的南京人最多。明万历三十七年（1609年），松江进士冯时可升任云南布政司右参议，来到昆明，但见"城郭壮丽，街衢整洁"，而"士女装束、言语皆如金陵"——都和南京一样（《滇行纪略》）。

直到清末，人们还可以在昆明找到不少南京市井习俗。罗养儒在《纪我所知集》（《云南掌故》）中说，昆明很多方言都和南京相同，最明显的是与人谈话，不离"你家（读 jiē）"两字。昆明烹调、鞋铺、钱铺、甜浆馆的门面，还有不少产品、银铺和银器的行色等，都与南京相似。

抗日战争时期，南京《朝报》迁到昆明，当时有昆明人写信打探南京柳树湾所在。《朝报》的答复是："柳树湾在今南京城东南隅，后来因扩建城墙，把这一小村庄迁走了，现今已没有痕迹。"

早年在昆明制作、销售铜器的商号老板大都是江宁（今南京）人

据考证，柳树湾就在今南京城东南隅的蓝旗街一带，高石坎和柳树湾相隔仅一道城墙和一条护城河，今有石门坎路。这里原来是一片荒郊，有小溪，有柳树，所以叫柳树湾。明初朱元璋在柳树湾以北建皇宫，以南设东城兵马司，在柳树湾设宗人府和吏、户、礼、兵、工五部，据说还有监狱，并驻扎了大批亲信部队。经过此番大拆大建，拆迁户不少，大多被迁移到云南，这是移居昆明的最正宗的"柳树湾人"。此外还有受命讨伐云南的柳树湾驻军、在柳树湾校场集结接受朱元璋检阅后出征云南的军卒、到皇宫领旨谪戍的罪官、到刑部领旨流放的罪人等等，其中不少人的祖籍实际上是江苏、安徽、浙江、江西、湖南、湖北、河南、河北、山东、山西、陕西、四川等地，但因为柳树湾地处皇城之下，自称"祖籍柳树湾"，自然皇恩浩荡，好处不少，于是人人攀附，"祖籍柳树湾"者就遍及云南特别是昆明了。清代学者师范还认为，滇中少数民族不堪歧视和迫害，见沐英移民云南，便浑水摸鱼，冒充移民，谋取好处。以至明亡150年后师范写作《滇系》时，云南土著居民还心存畏惧，坚持说自己的祖籍是南京。近代《新纂云南通志》也认为，明初征讨、镇守云南的黔国公沐英"威德震俗"，官员要谋职，下民要谋利，都不得不说自己是江南的南京人。

至于一些本土民族成员自称祖籍柳树湾，还可能有两种情况：一是他们本身就是融入本土民族的内地移民，一是本土民族和汉族联姻，有移民血统。直到民国时期，昆明还有以石门坎命名的巷道，潜意识中，仍然有很深的故土情结。

○ "款话"都有上古才

清代嘉庆年间，山东曲阜进士桂馥到云南做官，此人精于考据，留下一部《滇游续笔》。当时昆明人称死为"坏"，爹妈去世也叫"坏"，有人听了非常奇怪。桂馥对此考证了一番，在东汉学者刘熙的《释名》中找到了这个"坏"的出处：诸侯死叫作"薨"，汉代读作"坏"。而早在先秦之时，《礼记》就说天子死叫"崩"，诸侯死叫"薨"。这个"薨"就是"颠坏之声"。另一位东汉学者何休的《公羊解诂》也说："崩"是"大毁坏"；"薨"是"小毁坏"。由此可见，昆明人把老年人去世称为"坏喝了"，原来是汉代的古音、上古的词语——是从先秦到魏晋（约公元前10世纪～公元5世纪）时期的词语。

昆明有一种野菜叫"灰藋菜"，这个"藋"出自先秦的《庄子》，其中有"藜藋"一词，也是上古字，指一种藜类植物，嫩叶可以吃。

昆明方言称小雨为"蒙淞雨"，水滴不断叫"滴沰"，被雨淋叫"沰雨"——这里的"沰"和"滴沰"早在汉代的《说文解字》中就有记载了，都是上古词，出自汉代学者崔寔的《农家谚》中"上火不落，下火滴沰"之句。近代昆明坊间仍有儿歌唱道：

媒婆媒婆，两边说和。

下几颗蒙淞雨，沤死沤活。

昆明官宦人家老少女眷闲坐聊天

○男身观音立高台

在汉传佛教寺庙中，大慈大悲、救苦救难的观音菩萨大受尊崇。昆明善男信女有事就念"菩萨保佑"，求的就是观音——观音成了菩萨的总代表。这位观音总是呈女相：头戴宝冠，足踏莲台，身披璎珞，锦衣绣裙，左手托净瓶，右手拿柳枝，法像端庄。昆明佛寺也多供奉女身观音，慈悲祥和，笑若慈母，民间称之为"观音老母"。但与众不同的是，昆明不少佛寺又供奉不乏"威猛"之相的男身观音，如昆明城东的昙华寺和昆明城南的观音山等。而昆明城南晋宁盘龙寺则兼有男身观音和女身观音：其观音殿供奉女身观音；大悲殿则供奉男身观音。在昆明主城区的圆通寺，同一座八角殿里既有女身观音，又有男身观音，二者一北一南，一刚一柔，相背而立，同享供奉，成为天下佛寺一奇。

值得研究的是，这些男身观音均为千手观音。有人引佛经解释说，观音本来就有"三十二应身"，出现男身并不奇怪。还有人据佛经称，观音从印度传入中土时就是"勇猛丈夫""善男子"，在古印度佛教雕塑和中国早期观音造像中，观音都

昆明圆通寺八角楼千手观音檀木雕像

昆明圆通寺八角楼的净瓶观音白玉雕像

是男相,还长着两撇小胡子。因为观音在中土不但能救苦救难,还被赋予"送子"的神力,引得闺中女子竞相参拜,为避免尴尬,观音就以女身出现了。内地寺庙中也偶见男身观音形象,唯昆明地方文化包容,既能"容"女身观音,也能"容"男身观音,更以一寺、一殿而兼"容"二者,浓缩了一部观音形象发展史,实属罕见。

不过,昆明佛教源头不止于中原,最早是直接从天竺(今印度)经洱海地区传过来的,兼有骠国(今缅甸)以及唐代的中原、吐蕃(今西藏)的佛教文化,又融和了本土的原始宗教,形成了独特的阿吒力教。阿吒力教主

昆明圆通寺的弥勒塑像

要供奉的就是观音菩萨,称为"阿嵯耶观音",为男身观音。唐南诏国势力扩张到滇池地区,在滇池北岸建拓东城(今昆明),修补陀罗寺,兴观音道场,所立观音塑像就是男身的"阿嵯耶观音"——昆明佛寺的男身观音形象,一个重要的

源头就在于此。

此外，在昆明还见得到端重庄严的"女身弥勒"像，和通常所见袒胸露腹、笑口常开的弥勒佛像大不一样。查了一下资料，弥勒佛也有各种化身。早在东汉之时，

昆明观音山的观音塑像

昆明昙华寺的千手观音塑像

滇池边盘龙寺观音殿的观音塑像

盘龙寺大悲殿观音塑像

中原就有《弥勒为女身经》流传于世，今存部分经文，称弥勒菩萨曾受女身并为佛所度化。有学者认为，此说"体现了弥勒信仰对女性的宽容，是大乘佛教时期女性地位提升的表现，获得了较多的女性信仰者"（唐嘉《弥勒为女身经探微》）——这女身弥勒虽不多见，却也是有来历的。

○三教九流一堂拜

老昆明是座移民城市，随之"移"来的还有各方宗教、各地神佛，三教九流，无所不包。旧时昆明城乡家庭都供有"天地君亲师"牌位，把万物之灵、原始宗教和儒、释、道三教全都包括进去了。昆明的"小火车"不仅"不通国内通国外"，还悄悄"开"到寺庙里，成为西山华亭寺佛座上的神物。这大概也是天下"仅此一家，别无分店"，

滇池边石龙寺大殿供奉有佛教的释迦牟尼、道家的玉皇大帝、本地的土主龙王、儒家的书生等塑像

早年在寺庙烧香拜佛的昆明妇女

说起来，恐怕也和许多坐着小火车经滇越铁路来到昆明的移民有关。昆明西山、盘龙山、螺峰山、凤鸣山，都是儒、释、道三教兼容之山。盘龙山万松寺以一寺而容纳三教，圆通寺则以一寺而敬奉佛教的汉传、南传、藏传三大家，又以一殿而供密宗的格鲁、宁玛两大派，为世所仅见。圆通宝殿之内，容得下佛教诸佛、菩萨罗汉，容得下道教仙官、护法天君，还容得下帝王将相、凡夫俗子，三教九流俱全，可谓"有容乃大"。昆明筇竹寺的五百罗汉形象来自贩夫走卒、农人樵夫、市井小民，据说还有外国人！老昆明城东有东岳庙，主神为八面威风的东岳大帝，两旁各塑青年儒生，却是孔丘的弟子——全是老昆明人"三教九流一堂拜"的杰作。

罗养儒在《纪我所知集》（《云南掌故》）中说，《论语》所说"祭如在，祭神如神在"。孔圣人能做到，昆明人也能做到。他又说，孔子讲过"未能事人，焉能事鬼？"而"往昔之昆明人是能事人而又能事鬼"——足见老昆明人的智慧。

○卧佛躺在红石崖

宋代大理国时期，"王家"段氏在"东京"鄯阐城（今昆明城）西边建了一座佛寺，叫法华寺，旧址在今天的安宁市小桃花村东洛阳山中。法华寺毁于清咸丰年间，寺后红砂石崖上的24个石窟遗迹尚存，留下了大理国时期的石刻佛像群雕，还留下了云南唯一的释迦牟尼涅槃雕像，成为云南省重点文物保护单位。

法华寺石窟造像有4处，一处在东崖下层，并排雕有两尊菩萨，左为观世音，右为地藏，是石窟主神，一管生，一管死。拜过此窟，生死两安，造神者的构思，不可谓不周妙。从此往上，又有十八罗汉窟、释迦牟尼苦行造像窟、牧女献乳造像窟等，都出自佛经故事。罗汉窟下层正中有清代安宁知州高珍题刻的"晚照"两个大字，离此百米之外的南崖又有释迦牟尼涅槃雕像，为云南全省唯一的古卧佛雕像。雕像长4米，安枕而卧，恬静超然。距卧佛不远有宽4米、高2米的明代"禹碑"摩崖石刻，因字形神秘莫测，民间称之为"蝌蚪碑"。千年之间，法华寺屡修屡毁，寺后红砂崖易于风化，"禹碑"和"晚照"早已剥蚀莫辨。20世纪六七十年代，石窟造像全被"斩首"，唯有卧佛雕像得保全身。民间相传，抚摸卧佛后脑，可以医治失眠，或许正是如此，卧佛得免大难，但亦身凿坑洞，遍体划痕，头部被摸得又滑又亮，让人长叹之余，又哭笑不得。

法华寺的神奇在于霞光。据清康熙《安宁州志》记载："（法华）寺朝西北，每阴雨晴明，佛殿昏暗，忽清光满室，四壁佛像，须眉毕现，顷复暗。""日照石窟"更是一奇：卧佛壁在南，罗汉壁在东，日出照卧佛，日落照罗汉，霞光之中，佛像披金挂彩，熠熠生辉，神奇动人，"法华晚照"由此成为旧时安宁八景之一。

清代安宁诗人段昕有《法华寺晚照》诗云：

> 我亦无心转法华，
> 红光紫气忽横斜。
> 经翻石上鸟留影，
> 偈说崖前天雨花。
> 玉相毫呈香海月，
> 慧灯焰吐赤成霞。
> 西来大意谁解得，
> 对景频浇赵老茶。

而民间传说，"法华晚照"还有更高的版本：太阳落山而晚霞折返，法华寺上下生辉，层林尽染，石窟雕像如驾红云，降于东崖。据说如此奇观就出现在清代安宁知州高珍题写"晚照"二字的康熙乙酉年（1705年），此后每隔60年，适逢乙酉年的春分节令都会重现一次，还有人称曾在某个乙酉年目睹此景，果然壮丽无比云云。

安宁法华寺释迦牟尼涅槃雕像

被"斩首"的安宁法华寺石窟造像

法华寺石窟前有佛祖苦行造像，百米之外又有佛祖涅槃雕像，有专家认为，造窟人显然计划打造释迦牟尼修行全过程，但由于某种原因，只留下一个开头、一个结尾就结束了。卧佛像旁有若干空窟，似可为证。明景泰《云南图经志书》、明李元阳《云南通志》、清雍正《云南通志》和清康熙《安宁州志》都说法华寺为大理国王室段氏所建。段氏以崇佛著称，22个段氏国王就有9个避位为僧。法华寺距大理国"东京"鄯阐城不远，会不会是某个长住鄯阐的大理国王自建的出家之地呢？大理国中期以后，昆明地区成为大理权臣高氏的领地，高氏甚至一度取代大理段氏，自封"大中国"皇帝，在这种情况下，法华寺石窟建造中断，就势在必行了。明代谪滇状元杨慎曾在法华寺红石崖留下了"禹碑"，还留下了一首《卧佛》诗，其中就有"退位"二字：

> 金仙疲津梁，云卧姿天行。
> 菩萨叹退位，未尽区中情。
> 二谛凭谁解，松风与水声。

○道观高挂佛匾牌

昆明东郊鸣凤山上有座铜铸"金殿"，供的是道教的真武大帝，奇的是这座道观铜殿大门之上，却高悬着一块铜匾，上面铸着"南无无量寿佛"6个大字——明明是一座道观，为何悬起一块佛匾？

这还得从明清两代的兴亡说起。明代后期，天下多事，云南盛产的铜运不出去，巡抚陈用宾就用留下的铜在昆明起造铜殿，于明万历三十年（1602年）建成。陈用宾所铸铜殿的蓝本是武当山湖北天柱峰铜殿，那座铜殿是明成祖朱棣铸的，据说坐镇铜殿的真武大帝是照着朱棣的模样铸成的，而真武大帝又是道教中的战神。陈用宾此举，大概也想借铸铜殿、供战神来镇压一方，稳住明王朝在云南的统治。陈用宾虽然也有些作为，但大厦将倾，独木难支，最后把自己的性命也搭上去了。后来到了明代的崇祯年间，国将不国，而世代镇守云南的黔国公沐氏又作恶多端，家势日衰，岌岌可危。造孽者沐氏以为罪过全因这座铜殿而起。因为铜属金，而金克木，"木"与"沐"谐音，克"木"即克"沐"也。当时的云南巡按张凤翮正在修宾川鸡足山，沐府将计就计，要张凤翮把铜殿搬到鸡足山去。不料金殿拆运到鸡足山后，镇守滇西北的木土司又不高兴了，理由是同一个："金"既然会克"木"，往西边一搬，岂不克了我木家？于是放出风声，要出兵鸡足山问罪。直到崇祯十一年（1638年）十二月二十七日，著名旅行家徐霞客到了鸡足山金顶，还见"铜殿具堆积迦叶殿中，止无地以竖，尚候木府相度"（《徐霞客游记》）。后来铜殿到底还是移建于鸡足山顶，直到300多年后的1966年被毁。

清初吴三桂灭了南明政权和沐家，坐镇昆明，受封平西亲王，又想起重铸鸣凤山铜殿了。这回重建的蓝本还是武当山金殿，据说吴三桂把真武大帝的模样换成了吴氏自己。朱棣早先受封燕王，以藩镇在北方起事，最后坐上龙座，吴氏以藩镇亲王的身份学着朱棣铸造道家战神，其心思可想而知。新的铜殿于清康熙十年（1671年）建成，康熙皇帝此后两年就下令撤藩，据说也和吴三桂对这座铜殿的寄托不无关系。

金殿道观上的佛匾牌

而吴三桂果然兴师造反,也证明康熙帝判断不虚。

平定吴乱之后,朝廷派来的巡抚王继文也没有忘记鸣凤山铜殿,题铸了一块"南无无量寿佛"铜匾,高挂在铜殿正门上方——此举也有典故,据说是出自铜殿"祖地"武当山的一个传说:早年天柱峰修建真武铜殿之时,山上已有无量寿佛殿,供奉阿弥陀佛。后来佛道相争,阿弥陀佛式微,便与真武帝君达成妥协,阿弥陀佛"让地不让佛",真武金殿必须悬"南无无量寿佛"匾,但有朝拜真武帝君者,也须念"南无无量寿佛"。但今天的武当山金殿并无佛匾,陈用宾和吴三桂的铜殿也没有高悬佛匾的记载。而据史志记载,早在登基之初的康熙五年(1666年),康熙皇帝就委派钦差大臣,给武当山道观送去真武圣像和万岁龙牌、匾额、供器等,让道士们"永远供奉",这本来就有镇压前朝皇家战神的意思。后到康熙四十二年(1703年),康熙皇帝又为武当山书写了5块匾额,其中"金光妙相"一匾被特意悬挂在金殿真武大帝上方,历经350多年,至今犹在,通体装饰龙纹,并刻有康熙御印,以示不假——有意思的是,此中"妙相"为佛家语,说的是佛相庄严。天子题匾,自然无须寻个由头,直接以佛匾镇压前朝战神,用意一目了然,十分清楚。

由此反观王继文在昆明铜殿上高挂"南无无量寿佛"匾,用心良苦,无须再说。

昆明人的情怀本来就是"三教一体",无论是吴三桂的道家战神,还是王继文的佛教大匾,都被包容下来,成就了一道"道观挂佛匾"的昆明文化奇观。

除此之外,金殿道观里还有两个深深的佛教烙印,一是金殿紫禁城下棂星门前后所雕青狮白象各一对,分别高踞于大门左右石台之上。青狮白象是佛教里的吉祥物,其中青狮是佛教四大菩萨之一的文殊菩萨的坐骑,白象则是另一位大菩萨普贤的坐骑。佛经里有"青狮献瑞,白象呈祥"的说法,用"青狮白象"雕像表示鸣凤山为祥瑞之地,显然用的是佛教的建筑语言。另一处就在铜殿四周的门栏上。门栏分上下两段,上段布满"寿"字,更多的却是"卐"符。"寿"是道家的追求,棂星门上方正中就有一个巨大的"寿"字;这"卐"符却是佛家语言,一般读"万",意思是"吉祥万德所集"。佛家万字符可左旋,也可右旋。汉传佛教多为左旋,藏传佛教则以右旋为正规。金殿门栏上的铜铸万字符图案则先右旋,转个回头弯再左旋过去,串联成大片图案,再包围若干"寿"字,表现了昆明人的智慧和包容。

"南无无量寿佛"大匾镇住了铜殿顶铜梁之所铸"大清康熙十年岁次辛亥大吕月十有六日之吉平西亲王吴三桂敬建"二十八字铭文,而"南无无量寿佛"的"寿"字,还镇住了金殿紫禁城下大牌坊上大书的"寿"字,镇住了铜殿四周门栏上铸满的"寿"字,里里外外,上上下下,把吴三桂铸的金殿"镇"了个严严实实。

○城里城外铜世界

清乾隆年间,安徽人檀萃在滇为官,因铜获罪,却又对滇铜情有独钟,在他的《滇海虞衡志》的《志器》一章中,首先记的就是滇铜。他认为天下铜器,云南第一,值得首先记载。

檀萃认为,云南盛产铜,出产的铜器、铜具也特别多。昆明的太和宫有铜瓦寺(今金殿),玉皇阁(在今螺蛳湾)有铜像,大东门外有铜牛,宣化楼上有铜钟,城内外大大小小的神庙也有铜钟、铜磬、铜香炉。无论官民,昆明人家家都有铜香炉,烧香多年,表面泛起奇纹,叫"野鸡斑",更显得古色古香,酷似"夏鼎商彝"——鬼斧神工,妙得天然。据民国《续修昆明县志》记载,昆明"城西南摆渡村有弥勒寺",寺内有"铜铸弥勒佛像",其"跌坐莲台,高二丈余",大殿高达三丈,而"佛顶及梁",此佛"面目丰满,作大观喜状,奕奕有神",头要抬得很高才能"瞻其眉宇"。作者感叹,铸造如此大的佛像,"不知需铜若干","当年产铜之盛",可以想见。

昆明"敷泽门（大东门）外十里"更有"鸣凤山太和宫"，其中真武殿"不惟神像是铜，一切梁栋、楾桷、檐梲、窗户、墙瓦"和"神龛瓶炉"，无一不是"铜铸成者"，而"其结构之工，制造之巧，几如鬼斧神工"。

在檀萃眼中，昆明的白铜脸盆最是天下第一。他在《滇海虞衡志》中说，虽然昆明所制白铜产品不少，但称得上独有一绝的唯有脸盆，被海内民众视为贵重之物、名优产品。这些白铜脸盆大多出自江宁（今南京）匠人之手，铺子集中在昆明城里的四牌坊以上，即今天的正义路北段。当时云南盛产铜，却不能自制大小铜锣，要从江宁进货。有的江宁铜匠把滇铜带回老家打制铜盆，但不管如何用心，打出的铜盆也没有在昆明打出来的好。檀萃认为此中原因全在"水土"二字。也许就因为这个"水土之故"，江宁铜匠不得不集中在昆明四牌坊打造名牌白铜脸盆。直到近代，白铜脸盆还是昆明家家户户必备的日用品。钱局街江南宝号的白铜盆用整块铜皮打制而成，形状圆

昆明城南东寺塔顶有铜制"金鸡"

昆明城东盘龙江边有铜牛

昆明城北有金殿铜房

早年昆明城西大观楼有唐继尧铜像

正,色泽光洁,图案精美。昆明大户人家嫁女儿,嫁妆里都少不了"江南宝号"的铜脸盆,这样才算得上体面。后来江南宝号歇业,新铜盆得不到了,昆明人就千方百计找个旧铜盆来做陪嫁,只要有"江南宝号"标记,照样脸上有光。直到20世纪六七十年代,搪瓷脸盆早已在昆明普及,昆明人仍然称之为"铜盆"。

檀萃还记载了昆明出产的红铜脸盆。这种脸盆很薄,制作粗糙,昆明街边的热水店用来装热水供人洗脸。由于天天擦洗,红铜脸盆被擦成了金黄色,十分可爱。当时昆明还出产铜锣锅,圆形如箩,形似小盆,有卷口,两旁有耳,耳上缀环,上有锅盖,能用来做两三个人的饭菜,便于携带出行。清代道光年间的《昆明县志》说军中把这种小铜锅叫作"罗锅"——大概军队里常用这种小铜锅。檀萃则说,昆明街头的叫花子也会背上铜锣锅去讨饭,叫作"背罗锅"。

直到清末民初,铜制品仍然是昆明人居家过日子不可缺少的家私,有白铜的脸盆、茶壶、手烘炉、烟锅头、水烟袋(壶),有黄铜的汤勺、香炉、烛台和文房用品,有红铜的炊具、佛像,有紫铜的佛像,有斑铜的花瓶、文房博古、佛道神像,有乌铜走银的墨盒、笔筒、花瓶、烟斗、水烟壶,还有杂铜打制的小锅、罗锅、帐钩、研臼等。其中大的铜制品多半在中和巷石屏会馆里熔铜铸造;小的铜制品是用铜皮锻打制成的,铜铺大多在文庙街、万钟街、二纛街(今民生街)、三纛巷(今民权街)一带,又多半是前店后坊,不下百家,能工巧匠,比比皆是,当年叮叮当当的打制铜器声,从清早一直响到深夜——从昆明人家中到街上,真乃铜世界也。

○准轨、窄轨"十字"排

"云南十八怪"中有两"怪"与火车有关,一是"火车没得汽车快",一是"火车不通国内通国外"。这两"怪"说的都是滇越铁路。这条铁路是云南的第一条铁路,从昆明直通越南,而当时昆明到内地连公路都没有,所以说"火车不通国内通国外"。而滇越铁路沿途多是高山峡谷,坡度大、弯

昆明西郊有全国唯一的准轨、窄轨铁路十字交叉道口

道多,速度特别慢,还跑不过后来的汽车。如今这两"怪"早成为历史。但云南铁路的另一"怪"却留存至今,那就是"准轨、窄轨'十字'排"。此"怪"在社会上知名度不高,但在铁路交通界名气很大。至今仍是铁路院校师生、国内外专家研究的对象。

云南的铁路轨距有三种:寸轨、米轨、准轨。最早修建的滇越铁路是米轨,轨距为1米;后来云南人自建的个碧石铁路是寸轨,轨距仅0.6米;现代修建的铁路是准轨,轨距为1.435米。昆明则有准轨和米轨,民间称后者为窄轨,又称在上面跑的火车分别是"大火车"和"小火车"。有意思的是,准轨铁路和窄轨铁路还在昆明西郊的眠山下交叉而过,而且是"十字形"平面交叉,形成了一个特殊的"铁道十字路口",一个"中国铁路之最"乃至"世界铁路之最"。

在这个铁道十字路口上,自东向西的窄轨铁路是始建于20世纪30年代的滇缅铁路昆明段,现仅存从昆明北到石咀近15公里的线路;由南向北的准轨铁路是通往云南冶炼厂的专用铁路,建于20世纪五六十年代。两条铁路交会时,由于地形、施工条件和资金的限制,加上来往列车较少,被设计建成一个经济便捷的平面十字交叉口。

中国的铁路平面十字交叉口极少,据说仅有三处,另两处一在桂林、一在唐山,但都是两条准轨相交。而昆明的铁道"十字路口"由准轨与米轨平面交叉而成,不仅在全国独一无二,在世界上也绝无仅有。

如今每天上午会有一列米轨小火车从这个"十字路口"驶过,而准轨列车则没有固定的通过时间。这里设有管理站和值班人员,列车临近时,列车员都会提前报告通过时间,值班员会预先关闭另一条铁路,保证来车安全通过。这里还有一条备用岔道,万一有两列火车各从一条轨道上同时开来,也可以让其中的一列错道停留。这个铁道"十字路口"的管理站还有一台法国产的"钥匙路签机",用来控制准轨,以保证列车在运行区间的安全,据说是如今举世绝无仅有的一台。

投入运行50多年以来,眠山"铁路十字路口"从未发生过任何事故,至今仍然通行无误,可见其技术的成熟,在铁路交通界颇有些名气。常有铁路学院师生和国内外专家慕名而来,专程参观考察,有的还带上测量仪具到现场勘测。

○奇花异草都是菜

旧时昆明菜摊上必有野菜

明代学者冯时可大赞滇中到处是花木,品种繁多,名花异木不少,堪称一奇。茶花和优昙花植株高达数丈,树径足有一人合抱之粗(《滇南纪略》)。昆明更是一座花城,早在清代和民国时期,名花异木载入典籍的就有180多个品种。清道光年间,昆明进士戴絅孙在《昆明县志》中说,昆明草木之花,不但品种繁多,花也开得早。才到冬十月,梅花先就开了。春季风起,桃花、杏花、梅花、海棠花都可以采来插花瓶了。天下最好的红梅在云南,如昆明龙泉观的唐梅,夭矫离奇,极人间所未有。昆明城隍庙又有雪柳一株,树龄达数百年之久。天下最美的茶花,就在昆明城东的云安寺——可谓"花枝不断四时春"。

山茶、杜鹃、报春、百合、玉兰被誉为昆明五大名花,而五大名花都是昆明人的药和菜,都是可供"进口"的山珍。五大名花为首的山茶是昆明的市花。清代学者檀萃在《滇海虞衡志·志花》中说:"滇南茶花,甲于天下。"山茶之所以称"茶",

就因为它可以饮用。明代学者李时珍的《本草纲目》就说，山茶的叶子与茶叶类似，可以做饮料，所以叫山茶。报春花可以作药，用水煎服，有清热、燥湿、泻肝、止血之效。杜鹃、百合、玉兰是昆明人餐桌上常见的"花菜"，吃得最多的是大白花杜鹃，还有绣叶杜鹃、粗柄杜鹃、厚叶杜鹃等。至今昆明街头还有卖"大白花"的，买回家后要先烫煮、冷浸而后炒食，味如鸡肉，堪称佳肴。昆明人还吃玉兰，下锅前处理如杜鹃，做菜有"樱桃肉烧玉兰"，做副食有煎玉兰饼，做零食有玉兰蜜饯等。百合鳞茎是昆明宴席上"八宝饭"中的一宝，还可以做百合肉圆子、清炒百合，还有冰糖蒸百合，是夏天的清凉饮料，而蜂糖蒸百合又可以补中益气。

开了花就要结果，花果也是昆明人的菜。果实结在树上有宝珠梨，是呈贡水果名品，汁多肉脆，香甜可口，若上餐桌，可做成"珠梨炒鸡丁""扒丝宝珠梨""水晶酿宝珠梨"等，都是名菜。果实结在地下有土瓜，肉白多汁，多作水果，解渴降暑，也可做成土瓜炒肉丁，又是一道时令佳肴。

吃花之外，昆明人还吃野菜，其中最有名的是蕨菜，又称"龙爪菜"。蕨菜据说就是《诗经》中"言采其蕨"的"蕨"，是商代贵族伯夷、叔齐隐居首阳山"采薇而食"（《史记·伯夷列传》）中"薇"的一种，堪称名草。近代《新纂云南通志·物产考》说蕨菜"根部有粉质，可制蕨粉，备救荒之用"。按此说，伯夷、叔齐当年食蕨而生，也是有根据的。檀萃的《滇海虞衡志》说滇中季节一到，蕨菜长满群山，高到三四尺，十分肥大。但当地人只知道蕨菜的嫩芽味美，而不知道蕨粉还可以度荒，甚为可惜。至于吃法，《新纂云南通志》说每到农历二三月的春天，蕨嫩芽新出，卷曲如同小儿的拳头，此时采摘，和豆泥拌在一起，味道鲜美。可惜昆明餐桌上多见"酱爆龙爪"，不见豆泥拌蕨菜了。清初花红洞法界寺兰谷和尚也曾采蕨而食，其有歌云：

披云曾斫脊山根，负薪还把《楞严》读。

摘薇蕨，采首蓿，谁识两餐和薄粥？

○石头成林树爬崖

昆明东南有石林，万顷灰岩，石峰攒聚，陡然耸起，竞相呈秀，如剑戟排空，如千树耸起，森然如林，浩渺如海，是典型的熔岩地貌，有"天下第一奇观"之誉。早在明末清初，学者顾炎武在《肇域志》中称，路南州（今石林县）以西方圆十余里的平坡上，石笋像森林一样密集，高达百仞，"参差不齐，望之如林"——"石林"得名，大概就从此开始了。

清康熙年间的《路南州志》记载，石林岩高数十仞，要攀爬才可进入，其中怪石林立，如千队万骑；奇岩高耸，崖洞深邃，如陌巷纵横；岩色铁青，玲珑纠结，难以穷尽；下有暗河，清冷如雪——群岩奇绝，此为一奇。

清康熙年间举人孙鹏有《石林歌·序》又称，从前严冬之时，有人进入石林深处，仰望崖上，发现几棵李子树，果实累累，十分诱人。此人想登崖摘取，但天色已晚，第二天再到崖下，李子树却已消失，原来不过是仙人幻术而已。后来就把这里叫作"李子箐"——传说神奇，此又为一奇。

石林幽沉深邃，神秘莫测，令人生畏，早年不仅外人罕至，就是当地牧人也怕迷路，不敢轻易进入。民国初年的《路南县志》叹道："这里虽然距省城不远，但十分偏僻，虽有天然胜迹，堪称游览胜地，但并非大邑都市，又无名流来游，以致长期埋没，默默无闻。"偶有文人雅士一游此地，便惊叹不已。清代晋宁人何彤云的《石林》诗云：

民国时期的路南（今石林彝族自治县）石林

入望忽森森，苍然石气深。

插天青玉笏，堕地碧瑶簪。

长讶镡千尺，低犹笋一寻。

不逢元镇画，狮子独名林。

○ "蝴蝶大会"端午来

清代昆明端午前后，螺峰山（圆通山）会出现大规模的"蝴蝶会"。清人檀萃的《滇海虞衡志》记载说，早年蝴蝶会每年都有，蝴蝶飞来，总会停满圆通寺的墙壁。后来消失了20多年，到乾隆五十六年（1791年）四月，蝴蝶会又不期而至。昆明人扶老携幼，争相围观，红男绿女，相挤于道，阻门塞路，人不得行。清人张泓在《滇南新语》中说，清乾隆年间，每逢初夏，昆明城北的螺峰山会飞来无数蝴蝶，大的如转轮，小的如铜钱，随风翻飞，五彩缤纷，锦色烂然，停满房屋树枝、岩石沟壑。群集山中3天之后，蝴蝶才陆续飞走。乾隆年间昆明诗人万钟杰曾赞叹圆通山"五月五日，则群蝶飞来，不计百万"，并赋诗道：

华胥蝴蝶尽聚此，振影翩翩高蔽空。

早年的圆通寺水院还在树林掩映之中

大如车轮小如扇，如丸如弹俱相从。
鸦鹊鹰鹞何敢来？猿猱狐鼠潜藏踪。
伏阶鼓翅雄于虎，五色鲜明流彩虹。
满城士女拥成市，肩摩履接香气浓。
忽然惊动达官府，车来流水马如龙。
三日两日杳然去，寂寂剩得青芙蓉。

清道光年间云南进士何彤云的《赓缦堂矢音集》称，当时昆明城内螺峰山前后，常有数万蝴蝶飞集树林之间，大小连缀，五色迷目，如同一片锦绣，散布山中。大群蝴蝶飞来之后，要几个月才离去。蝴蝶来时，昆明人认为是祥瑞之兆，都争着去看稀奇。尽管观者如堵，那蝴蝶却一点儿也不怕人。有人故意惊动蝴蝶，蝴蝶才散去，但马上又聚拢在一起，真算得上是蝴蝶盛会。直到清代的咸丰、同治年间，张士廉题写昆明"八景"诗，其中《螺峰叠翠》一首中有"蝶走胜仙踪"一句，写的也是螺峰山的蝴蝶会。

螺峰山"蝴蝶会"从何而来？有专家认为，"蝴蝶会"由于雄蝶四处翻飞，寻求雌蝶交尾，互相追逐嬉戏，"婚飞"而成。蝴蝶偏爱湿度较大、林草幽深之地，早年螺峰山一带正好青霭松崖，苍苔路滑，绿云封径，凉翠浸衣，螺山滇池，山水相映，于是就出现"蝴蝶会"奇观。清中叶以后，螺峰山一带环境开始恶化，"蝴蝶会"就离昆明而去了。但据檀萃的《滇海虞衡志》所记，早在清乾隆年间，螺峰山蝴蝶会曾消失20多年，后又不期而归。而且早年昆明林草幽深、湿度较大之地不少，为何"蝴蝶会"忽去忽归，对螺峰山情有独钟，亦为一谜。

由于螺峰山蝴蝶会扑朔迷离，老昆明人只好用神话来解释：元代有昆明兄妹砍柴为生，妹妹长得很美，元梁王带人来抢，兄妹逃到螺峰山，走投无路，跳南崖而死，化为蝴蝶。后来兄妹每年在螺山相聚，成千上万的蝴蝶都赶来祝贺，于是就有了螺峰蝴蝶会。

○西寺塔"跑"到东寺街

如今的东寺街和西寺塔

昆明西寺塔在东寺街，东寺塔在书林街，被称为昆明一怪：东寺街没有东寺塔，西寺塔"跑"到东寺街。

早年昆明城南有觉照寺，又称大东寺。觉照寺前有常乐寺，又称小东寺，寺中有塔，称常乐寺塔，又称东寺塔，原址在今东寺街。觉照寺西侧有慧光寺，称西寺，寺中有吉塔，称慧光寺塔，又称西寺塔，在今东寺街西寺巷旁。

双塔原来相距不远，都在今天的东寺街附近。清道光十三年（1833年）七月二十三日，昆明大地震，东寺塔倾塌，直到半个世纪后的光绪九年（1883年）才兴工重建。因为原来的塔址地势低洼，基础不实，便另外选址，向东移数百步，仿照西寺塔的式样、规模重建。东寺塔原来在东寺街旁，这一来就移到今天的书林街以东去了，距东寺街有数百米之远。东寺街只剩下一座西寺塔，形成了"东寺街上西寺塔"的奇事。

○自来水挑来门口卖

1915年,昆明引进全套法国自来水厂设备,抽取翠湖九龙池清水,建立自来水厂。1918年5月,水厂建成供水,因为当时水价太高,用水的不是机关、学校、公共场所,就是官绅人家,一般市民喝的仍然是井水。

抗日战争时期,内地的机关、学校、工厂大量搬迁到昆明,昆明市区人口骤然增加,自来水用户随之暴增,自来水供不应求。当时昆明地势较高之处,距水厂稍远之地,供水都十分困难。有挑水工人就到能供水的地方接取自来水,再挑到自来水供不上的地方,送水上门,卖给居家住户,解决市民"无水可喝"之忧。昆明民间有歌谣唱道:

自来水,水不来;
自来水挑来门口卖。

昆明步行街上的早年自来水送水人造像

○警察敲门店才开

古代昆明的街子要到中午才会热闹起来,这叫作"日中为市"。用中国古代典籍《易·系辞》的话来说,自古以来的"日中为市"可以汇聚天下之民,招致天下之货,相互交易,各得其所。在明代天启年间的《滇志》中,所谓"日中为市",就是中午群聚于市,进行贸易,到傍晚散去。这种习俗一直延续到了民国初期,当时昆明街上店铺的老板、伙计慵懒疏闲,好睡懒觉,早上晏起,除早市外,一般到九十点钟都不开铺门。冬季更是畏寒怕冷,要到九、十点钟才慢腾腾地起床洗漱,十一二点

老昆明的水盘铜雕,上面的鱼龙浮雕标志据说还是法国人设计的

老昆明街头的警察，是在观察哪家店铺还没开门吗？

在老昆明街头巡逻的警察

钟才开门做生意，已成积习。当时的巡警局就发现"省城内各街铺户，积习相沿，每日早晨开铺时间，七、八、九点钟不等，甚至有延至十点余钟始行开铺者"。为了繁荣市面，警察早上总要去敲门，催叫店铺开门营业。成为老昆明一大稀奇事，贻笑后人。坊间有童谣讽刺道：

一更一点，懒汉洗脸。

两更两点半，懒汉起来热冷饭。

三更人静，懒汉得病。

四更狗叫，懒汉死了。

五更鸡叫，懒汉抬到龙王庙。

到了1912年8月28日，民国建立已快一年，昆明城内店铺大多仍然我行我素，"日中为市"风气不改，要警察天天敲门催店铺开门。巡警局不胜其烦，向省商会总局发了个文件，说此种陋俗，与民国建立后的新气象不相容，不但阻碍商业发展，在卫生上也有弊端，应当赶快革除。与此同时还拟定简明规则，张贴告示，并每天派警察认真查究晚开店铺者，处以罚金，张榜公布，以示惩罚，以儆效尤（《昆明城市史》）。如此一来，昆明城"日中为市"的旧习才逐渐改观。

○香皂摆在糕点铺卖

肥皂、香皂在昆明话中叫"胰子",是"鹅油胰子"的简称。其名为"鹅油胰子",却与鹅油无关。它的主要原料是猪胰子。杀猪时取出胰子,用石臼舂成脂膏,再放进土碱、麦面和豆粉,加上一点樟脑、甘松、山柰之类的香料,糅上一阵,趁滋润时分成几块,每块状如米糕,晾干后颜色灰黄,略有香味,这就是老昆明人的自制"土香皂",可以用来洗头洗脸。

有意思的是,老昆明最早售卖"胰子"的不是杂货店,而是名声很大的合香楼糕点铺。此中原因大概是糕点要用大量猪油,猪胰子得来容易,而且做"胰子"和做糕点的工艺也有类似之处。"合香楼"的"胰子"生意不错,其他糕点铺也争相制作"胰子"销售,昆明城就出现了"糕点铺卖香皂"的奇特景象。

○泥巴洗衣洗得白

早年老昆明人洗衣不用"洗衣粉",而用"洗衣泥"。那是一种白泥,可以自己出城去挖,也有农民会挑进城来卖,分粗白泥和细白泥两种。白泥含碱,切下一块来,如同一块肥皂,在衣服上抹几下就可以搓洗了,早年很受欢迎。也可以把白泥捏碎,装在筲箕里滤水,或者泡在水里,待澄清后将水倒出,就成了"洗衣液"。白泥含碱,有一定的去污能力,洗出来的衣物会发白,看上去很干净。

当初还有一些老昆明人到翠湖挖湖泥来洗衣。湖泥也含碱,但颜色太深,堪称"黑泥"。挖来后搅化在水中,经过沉淀,倒出水来就可以用了。但沉淀后的湖泥水仍然发黑,洗衣物要"摆"干净很难。一般搓洗后要把衣物挑到井口,反复打水漂洗,很费力气,但得来容易,而且不花钱。直到20世纪五六十年代,因为肥皂要凭票供应,年前家里大扫除,肥皂不够用,还有昆明人到翠湖挖湖泥来洗衣服被子,洗出来的衣物也较白净。

○买来汽车让飞行员开

近代昆明交通与众不同,走的是一条"先难后易"的路子:先建铁路,后建公路;先有火车,后有汽车;先有飞机,后有汽车;先有飞机驾驶员,后有汽车驾驶员。

而最早的本土汽车驾驶员,还是由飞机驾驶员担当的,最早的汽修工也是飞机修理工,其中甚至还有一位法国留学生。

1926年,全长16公里的昆碧公路通车,这是昆明的第一条公路,从小西门直达碧鸡关。有了这条公路,昆明才出现了汽车,比火车进入昆明晚了整整16年,比飞机进入昆明也晚了4年。

昆碧公路通车时,当局向美国福特公司买来载重1.5吨的货车底盘4架,运到昆明后自己装配车厢。因为运输要走法国人控制的滇越铁路,法国人乘机要求当局向法商购进"恒诺"轿车2部、蒸汽压路机2台,还随车调来3名越籍驾驶员和修理工,供"云南王"唐继尧专用。

后来,当局辞退了越南人,但云南本土无人会开车,于是从当时的云南航空队抽调6名飞行员和机械师充当福特汽车的驾驶、维修人员,其中一名机械师还是留法学生——要说"怪",这也可算是昆明一"怪"了吧。

○民国大造清朝元宝小"半开"

20世纪40年代末,国民党统治区经济崩溃,物价飞涨,流通不久的金元券迅速贬值,信用迅速归零,商家拒收,买家拒用,而此前被"淘汰"的银圆又在市场上流通起来。当局也不得不网开一面,准许公开使用银圆。这一下市面的银圆供不应求,又让云南银币铸造所开工赶铸。铸币所也乱了手脚,"病急乱投医",拿出

清代云南"光绪元宝"

清代云南"光绪元宝"背面,环铸英语

旧存的清代模子，铸出大量"光绪元宝"团龙半开银圆，以应市场急需，创出了民国赶铸前清银圆、"光绪元宝"复辟的奇观，很有点儿时空倒错的意味。"光绪元宝"首发于清代的光绪三十三年（1907年），每两枚抵一枚大银圆，被称为"半开"——距民国"重铸"之时已经40多年了。

○信件比电报传得快

20世纪二三十年代，云南军阀混战不已，省内土匪横行，昆明通往省内外有线电报线路设施多被破坏，电杆、电线被盗，甚至随修随砍随盗，有线电报实际上已处于半瘫痪状态。为应付这种局面，电报局只好开办"邮转电报"业务——将电报派发到尚能通达之地，然后转交邮政传递到目的地。

早年昆明城里的邮差送信

"邮转电报"开通，省内电报只能派发到曲靖、楚雄、宜良，然后交邮局转运投递。而派往内地和国外的电报就更费周折，得通过滇越铁路的火车邮送到越南的河内，再由河内的法国、英国、丹麦、挪威电报公司通过海底电缆转发香港、上海。反过来，省外、国外电报也得先发到河内，再通过滇越铁路邮送昆明，由电报局抄送收报人。由于抄寄等环节常常出现延误，有时信都寄到了，电报还没有到，受到社会的责难，被讽刺为："邮政骑马，电报骑牛。"（杨润苍《云南电信的发生和发展》）

古滇古人"神"难猜

据西汉历史学家司马迁的《史记》记载,从2300年前的战国后期到西汉中期,滇池地区的滇国生活着劳浸、靡莫等部族,而同族"同姓相扶"的小国还有10多个。这些部族聚众而居,头上盘着锥形高髻,从事农耕为生。就因为这"椎髻"二字,"劳浸""靡莫"被许多学者认为是古百越民族的一支,和后来的僚人、濮人、僰人、夷人、蛮人、越人都有关系。

历代僚、濮、叟、夷、蛮、越人所在之地僻远，极少见诸文字记载。千百年来，中原文人单凭道听途说，猜测想象，演绎笔记，敷衍成文，多有猎奇之说，如"飞头""埋尾""穿胸""儋耳""鼻饮"等等，无神不有，无奇不在。不少奇说横栽到滇地、滇人头上，尽管荒诞不经，却言之凿凿，谬种流传。明代云南学者董难实在看不下去，写了篇《百濮考》，对各种谬说逐一驳正。此文一出，影响甚广，先后被明代万历年间的《云南通志》、明代天启年间的《滇志》、清代康熙年间的《云南通志》全文收录，以证事实。从1955年到1960年，更有50座滇国王族墓葬在滇池东南岸的石寨山现身，云南考古学者从中发掘出近5000件青铜器，《史记》记载的"滇王之印"也重见天日——鲜见文字记载的古滇国社会风貌、民俗民情由此浮出水面，让我们有了更实在的物证，为历史上饱受误解的僚人、濮人、叟人、夷人、越人、蛮人拨乱反正、讨回说法了。

○"滇王自大"想不开

据《史记·西南夷列传》记载，汉武帝为寻找通往身毒（今印度）的道路，派使者来到滇国，被滇王尝羌留下。尝羌天真地问大汉使者："汉朝有我们滇国大吗？"后来汉使到了夜郎国，夜郎侯也问了一句："汉朝有我们夜郎国大吗？"司马迁嘲笑这两个小国之君辖地不过一州之主，不知道大汉天朝地域之广。此事流传后世，造就了一个成语——"夜郎自大"。

让人疑惑的是，滇王问"汉朝有没有滇国大"在先，夜郎王问"汉朝有没有夜郎大"在后，为什么也不分个先来后到，不说"滇王自大"而偏说"夜郎自大"？有学者不服，认为即使按照《史记》的记载，西南夷数以十计的"君长"中，就数"夜郎最大"。当时的古夜郎国东至湖广，西及黔滇，北抵川鄂，南达东南亚各国，地广数千里，与西汉初期的版图不相上下，还真有资格问一句："汉孰与我大"，并非"自大"之言。

屹立在滇池东南岸晋城的滇王庄蹻塑像

从《史记》来看，此中原因，大概是滇王问了"汉朝有没有滇国大"后，马上自惭形秽，于是善待使者，帮着使者探路。而夜郎王问了"汉朝有没有夜郎大"之后，端起的架子还放不下来。使者回到朝廷，只说滇王的好，还美言滇国是真正的大国，而且有归附之心，足以信任，很可能连滇王"汉朝有没有滇国大"那句话也没奏报汉武帝，只把夜郎王的那一问奏了上去。可以想象，当时朝堂之上，会是怎样的一片哂笑。那班文臣唯恐天下无事，无以证明其才干，一个不知天高地厚的夜郎王撞到他们的笔杆下，岂不倒霉，何人倒霉？

其实，滇王"自大"还是有点资本的，古滇国也并非因"道路不通"而坐井观天的小邦国。有学者考证石寨山出土青铜器称，其中的铜戈和铜矛是中原兵器的仿品；铜桶、靴形铜斧有东南亚文化的影响；动物纹扣饰和成套马饰与欧亚草原文化有关；铜铠甲、翼虎带钩又和中亚、西亚文化有关；彩色琉璃珠和蚀花肉红石髓珠则可能来自南亚（张增祺《滇国与滇文化》）——西南丝绸之路带到古滇国的文化因子不少，滇王问一句"汉孰与我大"，还真不奇怪。

○记史不用文字用铜盖

司马迁在《史记·西南夷列传》中说庄蹻在滇池地区"变服从俗"称王，而他"变"的什么"服"，"从"的什么"俗"，却一个字也没有提。滇人也没有留下只言片语的文字记载，让后人困惑不已。

春秋战国时期，楚国已普遍使用文字，屈原的《离骚》就是文字创作的极品。楚国大将庄蹻入滇，麾下数万兵将，必有断文识字之人。按楚地习俗，庄蹻做了滇王，当用文字立碑、刻书、勒石、铸铜器，以记其功绩，显其威德，甚至还会在一定范围推广文字。但是，在早期滇国青铜器中，滇王金印上有"滇王之印"四字，是汉武帝赐给的，另有5面铜镜，有几十字的铭文，也是朝廷送的。其余堆积如山的近5000件滇国青铜器上，竟找不出一个字的历史记录来。由于没有文字记载，滇国历史几乎一片空白：其何时诞生？如何发展？又如何消亡？其王城何在？疆域何处？制度、王权、社会形态如何？完全没有文字可考。有的学者困惑之余，甚至怀疑这个滇国到底存不存在。若不是滇王金印出土，与《史记》的记载不谋而合，那滇国的存在还真成了问题。不过，滇王既然有王印，必然要盖王印，要有盖了王印的"文

古滇国青铜器上所铸战争场面

件"；有"文件"则必有文字——那些"文件"、文字藏到哪里去了呢？

万幸的是，滇国统治者另辟蹊径，把一部古滇国史铸在青铜贮贝器的盖子上，铸在几千个形象逼真的青铜人物造像上，记录了当年"诅盟""战争""上苍""报祭""孕育""纺织""藉田"的宏大社会场面，记录了古滇人农耕纺织、干栏住房、孔雀图腾、生殖崇拜、猎头祭祀、贵重贝币等社会生活习俗。这些铜盖上有结髻的滇族人和编发的昆明族人，和《史记》的记载完全相符。学者们还从中发现了北来的氐羌人、南来的越人、西来的濮人，甚至有南亚和西亚人等。这些人又有贵有贱、有苦有乐、有喜有悲、有奴隶、有奴隶主、有武士、有俘虏、有平民、有巫师、有商人等——这部"从地下挖出来的历史"足以证明，早在2000多年前，滇池地区就是各民族融合、发展的大熔炉、大舞台。

古滇王国用青铜铸像记载历史的方式，在中国青铜器文化中绝无仅有。古人多用文字记录历史，简洁明快，得来容易，而滇人却拒绝文字，而费心尽力地去雕铸铜像，制造一部无字史，让后人匪夷所思——不过，滇王既然有印，必然有盖了印的"文件"；有"文件"就必然有文字，或许，只要我们有耐心，终会发现那些盖了"滇王之印"的"红头文件"……

古滇国青铜器上所铸祭祀场面

○ "王印"殉葬墓中埋

晋宁石寨山出土的"滇王之印"是汉武帝的恩赐还是滇王自制的殉葬品？

历史上关于庄蹻的记载前后矛盾不少，让一些学者困惑之余，甚至怀疑滇国、滇王的真实性。直到 1956 年，昆明晋宁石寨山古滇墓中出土了一枚金印，上面用古篆文清清楚楚地刻着四个字——"滇王之印"，与司马迁在《史记》中的记载不谋而合，滇国和滇王才得到了承认。然而，说到这枚"滇王之印"的出身，仍然有不少争议。

早在"滇王之印"发现之初，就有学者从金的成色、纽的蛇形和字体等方面做了考证，认为此印非汉武帝所赐之印，而是滇王自制的殉葬品。他们认为，汉代文侯及文职官印上一般都是铸字，"滇王之印"四字却是凿出来的，很可能是仓促之间制成的殉葬品。

有意思的是，早在 18 世纪，日本九州志贺岛就出土了一枚"汉委奴国王印"，为东汉光武帝刘秀所赐（《后汉书·东夷列传》）。此印和"滇王之印"惊人地相似：同为纯金铸成，同为蛇纽，同为阴刻篆体字，同为方形，大小相同——方都是2.3厘米，高都是 2 厘米。

这就奇了，两印相距百年，除刻字不同外，质地、外观、尺寸、字体竟完全一样！

唯一的解释只能是：东汉继承西汉的制度，赐给"奴国"国王一枚和"滇王之印"制式完全一样的金印。换句话说，"滇王之印"为汉武帝所赐，也可以确认了。

当然，关于"滇王之印"的谜团仍然不少："滇王之印"是哪个滇王之印？既然是"赐印"，代代滇王都要用，就应该代代相传，为什么会成为一代滇王的殉葬品？与此相关还有个问题：滇国和滇王是何时、是怎样在历史上消失的？

还有，王印是用来"签发"王国"文件"的，但古滇国并无文字留存，仅有一些原始的图画文字，"滇王之印"难道会盖在用图画文字写成的"文件"上？

石寨山古滇国墓葬中出土的滇王金印

○青铜绝技不传代

古滇国金器

晋宁石寨山青铜器在中国先秦两汉文化中非常独特,在整个中国青铜文化中也自成体系,空前绝后,独树一帜。在它的"独家"铜鼓形贮贝器盖上,铸造了数千个栩栩如生、精美绝伦的人物形象,铸造了规模宏大的祭祀、劳动和战争场景,让人叹为观止。

晋宁石寨山青铜器工艺精湛,古滇国工匠技艺高超。据研究,他们不但能按照器物功能进行不同的合金配比,并采用了复合范铸造、地坑范铸造、夯筑范铸造、填范铸造、接套铸造、分铸焊接、分铸熔接等铸造技术,其中"蚀蜡法"精密镂空铸造技术,代表了当时精密铸造的最高水平,极有可能是滇人的发明。表面处理工艺则有锻打、模压、鎏金、镀锡、金银错、镶嵌、刻线等,还有神奇的"黑漆古"青铜器,无不漆黑光亮、抗蚀拒腐,有学者认为,这也是经滇国工匠处理的杰作。这些青铜器造型优美,纹饰典雅,堪称绝代精品。(张增祺《滇国与滇文化》)

然而,到西汉后期,滇国青铜文化就和滇王国一起不明不白地在历史长河中蒸发了,成为滇国历史和滇文化发展的一个巨大的"黑洞",这是云南文化史上的一个难解的悬案。更让人困惑不解的是,滇人在两千多年前已经能制造出如此精美的青铜器,而许多滇人后裔民族直到两千多年后还不能冶炼金属,这又是为什么?

○ "刻铜记事"够人猜

偌大一个滇国，与屈原故国有渊源，与大汉王朝有来往，又接受封号并入了汉朝疆域，还驻有西汉官兵，创造了高度发达的古滇文明，创造了举世罕见的青铜文化，然而却没有文字——不但自己没有文字，也拒绝使用汉字，这实在说不过去。多年来，专家们在滇国出土文物中苦苦寻觅，终于在一块铜片上找到了滇国原始文字的蛛丝马迹。

这是一件长方形刻纹的薄铜片，出土于晋宁石寨山13号墓，是这座西汉中期大墓的300多件随葬品之一。铜片下半段残缺，残长42厘米，宽12.5厘米，用线刻的绳纹将铜片分为5格，每格内都用发丝般的线条刻出不同形状和内容的图案，经专家考证有孔雀、玉璧、背箩、带枷奴隶、缚手奴隶、长辫人头、牛头、马头、虎头、豹头、绵羊头、海贝、牛角、钱篮、钱袋等。

有专家注意到，在这些图案一侧或下部，多刻有圆圈、短线等，认为这应该是计数符号。有的认为表示计数，有的认为表示计价。有的专家更大胆推测短线和圆圈之间还有进阶关系：以一条短线为一，以一个圆圈为十。若此说成立，则铜片第一格之画图可表达为：1只孔雀、1块玉璧、1个竹箩（粮食、田地）、12个奴隶、70头牛、20匹马、1只虎、1只豹、23头绵羊、3枚海贝——这在逻辑上似乎是说得过去的，但此格下部画了3枚海贝，不像其余图案以短横或圆圈计数，似乎有问题。细观图案，其一贝刻于虎头下，二贝刻于豹头下，如果把海贝图形也视为计量进阶单位之一，1个海贝图案为20或100，则此问题可迎刃而解，逻辑上更为通畅。

专家们把这些图案判定为早期的图案文字：绘人、兽、物为图是"象形"；以人头、兽头代表人、兽是"省笔"；而以竹箩表示粮食或田地，以钱袋、钱篮表示

昆明石寨山出土的古滇国图画文字铜片

云南省博物馆展示的古滇国图画文字铜片临摹图。

古滇古人「神」难猜

钱财，以牛角表示酒或权力，又有"表意"功能。而其中短线和圆圈之类，已成为计数或计价符号，进入了原始记事、计量范畴。

显然，这是一份"刻铜纪事"的清单，而为何随葬地下？历来各说不一，或说是死者生前的买卖单据，或说是随葬品清单，或说是替代随葬品的标志，或说是巫师的记事本，或说是盛放弓箭的漆木箭箙的铜背板——还有专家认为这是一块"纪功铜牌"，所刻人、物都是死者生前征战得来的战利品，有抓获的俘虏，有斩获的首级或猎获的人头，还有掳掠的牲口、猎杀的野兽等，都刻铜为记，随葬入墓，以显其功绩。

"刻铜纪事"铜片出自石寨山13号墓，同墓还出土了一个贮贝器，器盖上有"战争"铸像群，似乎可以为"纪功铜牌"作旁证。这个铸像群由13个人物组成，正中铸有一个佩剑主将，其披甲戴盔，手持长矛，纵马直前，其身手高大，通体鎏金，当为墓主。其马上悬挂人头，麾下士兵有人头到手者、有正砍敌头者、有正捉俘虏者。当时的战争，无非就是为了掠夺人口、财富，索取贡赋。一组有名的"纳贡"贮贝器盖铸像也出自这座13号墓，纳贡者或背竹篓，内装木箱，或背布袋，内有兽腿，或牵牛、马，奉献贡物等。这两组铸像和"刻铜纪事"牌显然是有联系的，"刻铜"所记，就是铸像之事——铸像表现的就是墓主建立战功的场景，"刻铜"记录的是墓主建立战功的成果，二者互为补充，成为墓主的纪功铜碑。

从逻辑和常识上来说，"纪功铜牌"说显然更有说服力。但石寨山现身的有50座滇国王族墓葬，出土了近五千件青铜器，大墓中也不乏铜片出土，而"纪功铜牌"却仅此一块，是葬俗还是特例？《史记》说建立滇国者为楚将庄蹻，当知楚国文字，为何又重头来创造这等含糊不清的原始图画文字——其"变服从俗"如此彻底，把屈原使用过的中原文字都"变"得无影无踪，而"从"了这等原始的图画文字，显然说不过去。而滇王臣服西汉王朝后，地属益州郡，与中原朝廷和当地郡县官员必有文书往来，难道上面书写的都是图画文字？以滇人在青铜文化中表现出来的智商，就不能近水楼台，从汉官汉人处"拿来"汉字，或者学其造字方法，自创一套成熟的"滇字"，以示"跨越式发展"？为何滇人非要坚持从原始的图画文字起步，另创文字？——一连串的问号，一连串的难解之谜仍然摆在我们面前。

○ "庄蹻开滇"蒙尘埃

不少学者考察滇文化，必从庄蹻开始。他们认为，庄蹻把先进生产技术带到滇地，揭开了西南边疆开拓的历史序幕，推动了当地社会经济的发展，称之为"庄蹻开滇"。这让一些云南本土学者难以接受。有学者称，庄蹻一介武夫，要期待他在文化上有所建树，实在是一种奢望。《史记》说庄蹻是"变服称王"，对云南文化还会有什么影响呢（杨志玖《庄蹻入滇考》）？

所谓"庄蹻开滇"，是虚是实？

从出土文物看，滇池东岸的天子庙出土的3000多件青铜器的断代比庄蹻入滇早了500年，洱海地区剑川海门遗址出土青铜器的断代更比庄蹻入滇早了整整1000年，就是云南出土的铜柄铁剑的断代，也比庄蹻入滇早200多年。中原地区出土铜器中，最有名的是殷墟"妇好墓"铜器和西安铜鼎，而经鉴定，这些铜器都是用云南铜铸造的，而铸造之地，也可能是云南。当时云南青铜器的"蚀蜡铸造法"，祥云县大波那遗址出土的"木廓铜棺"和"双豹铜权杖"，水平都在中原或楚地之上，为世所罕见(张增祺《云南青铜文化研究》)。

战国时入滇"变服称王"的楚将庄蹻刻像

庄蹻率军入滇，铜剑铁戈必然不少，但在如今云南出土的1万多件青铜器中，却没有一件可以确认为楚兵的"折戟沉沙"，这实在不可思议。这些专家据此得出结论：所谓"庄蹻开滇"，在出土文物方面找不到任何物证(张贡新《滇史散论》)。

看来，"庄蹻开滇"之说要尘埃落定，还得有更多的考古发现才行。

○滇文化从楚地来？

也许是由于庄蹻的缘故，一些学者对滇文化和楚文化的联系情有独钟。他们把湖北的七里河文化与云南的石寨山文化、江川李家山文化、楚雄万家坝文化进行了对比，在土坑葬、腰坑、猎头、戴手镯等方面找到了类似之处，因为七里河遗址年代比石寨山文化早了2000年，他们以此推论，是"江汉之濮"的一支"滇濮"迁移到滇池地区，创造了云南文明（林邦存《试论濮人先人与南方铜鼓的关系》）。

滇文化的源头真是楚地七里河遗址吗？有学者认为，研究两种文化时仅拿几个点来对比是没有意义的。七里河遗址的断代也就是4000多年，这些学者忽略了云南有170万年前的元谋猿人和元谋旧石器文化，新石器文化时期又有丽江人、蒲缥人、姚关人、昆明人、西畴人、蒙自人等，都比七里河文化要早得多。一些学者更考证

前无古人、后无来者的古滇国青铜器

造型独特的古滇国青铜器

说,在一万年前的新石器早期,云南森林茂密,气候温暖,湖泊遍布,是"一片生态环境相对优越的乐土",而那时的中原还是一片河流交错,布满砾石的沼泽,后来风成黄土越积越厚,才形成肥沃的大平原。这时中原四周的人类部落正好有了早期农业,便向中原地区迁徙,找寻适于耕种的土地。因此,云南的"创世纪"可能要比中原地区早,至少也不会比中原地区晚。(见张贡新《滇史散论》、陆复初《云南历史活水源头辨析》)

有学者认为,庄𫏋率士卒上万入滇,必然带来大量铜、铁武器和其他用具,但如今云南已出土了1万多件青铜器,却没有一件可以确认为楚兵的"折戟沉沙",这实在不可思议。战国时期,楚国都城在湖北江陵一带,而滇国都城在晋宁一带。云南著名考古学家张增祺对两地出土青铜器进行了对比研究,结论是:无论是兵器、容器、乐器、装饰品、生产工具,还是人物发型服饰、风俗习惯、宗教信仰等,"均无共同之处"。张增祺认为,"从云南大量考古发掘成果来看,从战国至西汉初期,滇池地区青铜文化的来龙去脉和上下因袭关系都十分清楚,丝毫看不到楚文化的影响,更不用说有楚文化遗物发现"(《滇文化》),那种认为云南青铜器"无不受楚人青铜文化的濡染"的说法,"完全是对云南青铜文化的无知"(《云南青铜文化研究》)。

于是,有学者得出结论:"云南古代文化具有很长的延续性,从石器文化、青铜文化到铁器文化,都有众多遗址墓葬出现。考古研究证明,其文化发展一脉相承。云南文化的开创者,是云南各族先民而非外来者"(李昆生、黄德荣《论云南早期铜鼓》)。

○脚趾套绳战不败

马镫是中国人的一大发明,被西方学者称为"中国的马靴",有人甚至认为马镫的出现改写了古代战争史,有"中国古代第五大发明"之说。2016年,中国科学院公布了一份"中国古代发明创造清单",马镫赫然在列,但发明的年代被定为"不晚于4世纪初"。

其实,早在公元前100多年的古滇国墓葬中就出现了马镫的形象。从晋宁石寨山13号墓出土的一个青铜贮贝器上,在一组"战争"铸像中央,一位滇国主将纵马向前冲杀,那马膘肥体壮,鞍辔俱全,将军稳坐马上,双脚前伸,脚拇趾蹬在马鞍前垂吊下来的两个绳套中,左手控缰,右手持矛,已取得一个敌人首级,悬在马颈之下,更势不可挡,冲向残余之敌。

一般认为,中原最早的马镫形象出现在长沙出土的晋代陶马身上,那是在西晋永宁二年(302年)的墓葬中发现的。2004年西安晚期汉墓壁画形象中被认为出现了马镫,但由于画面不完整并且模糊,还有一些争论。而石寨山13号古滇墓断代为西汉前期,约为公元前100多年,比长沙陶马镫早了四个世纪,比西安汉墓壁画马镫也要早一个半世纪。在以后的滇国青铜铸像中,还有不少这样的"脚拇趾绳套马镫",

在这组古滇国青铜器造像中,两个骑马人的大脚趾上都套着"绳镫"

可见其作为骑兵装备，已在滇国普及。这些马镫是绳套，两侧都有，长沙马镫是三角形，仅在左侧鞍桥下吊了一只，显然仅仅为方便上马而设，还不能算真正的马镫。

绳套马镫发明的关键是滇国的山、滇国的马和滇人的脚。滇为山国，道路险恶，非良马不能行走。滇地良马，自古有"金马"之誉。东晋《华阳国志·南中志》更称之为神马，"俗称之曰'滇池驹'，日行五百里"。滇马善走山道，但骑马上山下坡，不易保持平衡，稍不留心，便可能人仰马翻，摔下悬崖深沟。这就逼得滇人在马鞍两侧各拴一绳圈，将双脚大拇指套进绳圈，上山时往后蹬，下坡时朝前蹬，以防前倾后仰，失去平衡。因为是绳圈，用脚拇趾操纵更方便，也更安全。而只有山国滇人，才能练就出如此脚趾，能强蹬绳套，能操纵战马，能克敌制胜。

在学者眼里，看似简简单单的两个绳套，不但便于骑者保持平衡，易于上下，便于进退，骑马作战而脚蹬绳套，更能人、马一体，放开双手和上身，骑射冲刺、左劈右砍，无不灵活自如，随心所欲。这样，绳套就成了战斗力，战争结局也可能由此改写。中国科学院专家认为，马镫制造技术并不复杂，但对人类的战争方式产生了革命性影响。没有马镫时，骑兵在马上一手要拉缰绳保持平衡，只有一只手可以拿武器，使用远距离杀伤能力最大的弓箭受到很大限制。马镫的出现让骑手与战马组成了一个全新的战斗单位。有了马镫，骑手拉弓射箭之时，不再需要勒停战马或减速，就能保持平衡，提高射箭的准确度。而骑手挥刀砍杀时也无须直接发力，只需要引导打击方向，马镫会把战马奔跑的惯性传递给骑手，瞬间放大砍杀力度，大大加强战斗力。正是马镫的出现，让游牧民族纵横欧亚，统治战场近千年，对世界文明进程产生了深远的影响。

从古滇青铜器铸像看，当时的滇人梳着锥形的发髻，定居在村邑里，从事农耕生产，西边的昆明人编着头发，居无定所，过着游牧生活。滇人和昆明人争战激烈，而从事农耕的滇人能与从事游牧的昆明人相持数百年，偏居滇地而长治久安，和这两个小小的绳套不无关系。可以想见，面对强势的游牧民族，当年的滇国也组织了自己的骑兵，以"骑"对"骑"，积累了丰富的山地骑战经验，绳套马镫就是其中之一，这使得滇人成为世界上最早使用马镫的民族，"滇军"则成为世界上最早使用马镫的军队。

古代滇池地区以产马著名，三国和南宋之时，滇池乃至整个云南地区都是蜀汉、南宋的战马供应地。东晋《华阳国志·南中志》说："长老传言，滇池有神马，或交焉，即生骏驹，俗称之曰'滇池驹'，日行五百里。"唐代《云南志》（《蛮书》）也记载道，云南马"尾高，尤善驰骤，日行数百里"，而云南产马之地，以"滇池尤佳"。宋代《桂海虞衡志》说："大理马，为西南蕃之最。"中原王朝与云南地区实行"茶马互市"，马镫也随着"滇池驹"传入中原，再经不断完善，成为中原王朝骑兵的"标配"，补上了农耕民族不善于骑射的短板，有效地抵抗北方游牧民族的侵犯，"这当然是最早发明和使用马镫的滇国民族没有想到的"（张增祺《滇国与滇文化》）。

但也有人说，严格意义上的马镫包括两大组成部分，一是由骑者踏脚的镫环，二是将马镫悬挂在马鞍两侧的镫柄，如同那个"金"字旁，二者都是金属的。而石寨山青铜器上只有一根"脚趾套绳"，最多只能算马镫的"前世"，而不是严格意义上的马镫。而中国科学院把马镫的发明年代定为"不晚于4世纪初"，显然也不认同石寨山青铜器的"脚趾套绳"为马镫。

○锄头陪着滇王埋

两千年前的滇国多用青铜制作农具，晋宁石寨山就出土了不少铜斧、铜锄，还有铜铲、铜镰、铜爪镰等，据考证，大多为实用农具。商周两代，青铜在中原是稀缺物资，多用来制作礼乐器皿，十分贵重。古滇国却用青铜农具挖地种田，可见青铜在滇国并非"贵金属"。但石寨山古墓为古滇国王族专有，其中竟出土了大量青铜农具，甚至在出土"滇王之印"的6号墓中，也发现了铜锄、铜铲——以农具为滇王陪葬，让人不可思议。

古滇国贵族墓葬中出土的"豪华"青铜锄，尖部已明显磨损

有专家注意到，古滇国出土铜锄形状美观，有梯形、有尖叶形、有六边形、有半圆形、有荷叶形、有曲刃形等，不少铜锄质地较薄，刻有双孔雀纹、孔雀牛头纹、云纹和波纹等，制作精细，工艺精致，线条精美，有的还镀了一层锡。诸如此类的青铜农具，在滇池地区的晋宁、江川、呈贡、澄江等地出土了100多件，在楚雄万家坝也出土了100多件，数量之多，为全国之冠，而以农具陪葬，又为全国仅见。

有的学者认为，这些青铜锄头是滇人实际使用的农具，用铜锄陪葬体现了滇国农耕的发达和滇人对农耕的重视。但因为不少青铜锄头装饰得太精细、太华丽，于是又引出了其他说法。有学者认为，这些青铜锄并非

在古滇国青铜器图案中，青铜锄是这样用的

一般的挖地农锄，而是一种奢侈品，或是祭祀用器，如"祈年""播种"等农业祭祀特制的仪仗品和道具，或是专为滇王室特制的随葬冥器。又有学者考证，古滇王室墓葬出土的青铜农具大多还是实用铜器，不少农具刃口还有磨损的痕迹——这又让人困惑不已：难道古滇国的王室贵族要带着这些农具到地下开地挖土？另有学者解释说，当时的青铜器仍然是贵重之物，青铜农具的磨损是在农业祭祀中使用造成的，被滇王室贵族用来陪葬不奇怪，只是分有等级，为少数王室高级成员陪葬的是精制品，为一般贵族陪葬的是普通品罢了。还有学者来了个折中，说古滇国青铜锄本来用途就不少。那许多没有装饰的青铜锄，应该是实用农具，而刻画着孔雀、牛头的"华丽"青铜锄，就可能是祭祀用品或贵族的随葬品了。

有的专家更大胆推测，这些斧形、锄形和镰形的青铜器制作如此精美，有可能是古滇国特制的青铜货币，作为财富的标志，这才随着王室成员甚至滇王入葬。战国时中原流通过刀币，似乎可作为此说的根据。不过刀币一般长约18厘米，宽约3厘米，而石寨山出土铜锄长度可达27厘米，宽可达20厘米，看那青铜器铸像中扛在妇女肩上的尖叶形锄，比人头还要大。用这种青铜锄来做钱币，似乎大了点儿。古滇国通用的是贝币，石寨山出土了近15000枚，可以为证。

细读《史记·西南夷列传》，当时滇池地区"平地肥饶数千里"，滇人在此"耕田，有邑集"——农业本来就是古滇国的最重要的产业，以农具甚至普通农具随葬，是不是古滇王国的"重农"传统在"彼岸"的延伸呢？

○砍下人头当神拜

晋代《永昌郡传》说云南土著民族中有个"尾濮"，还保存着"易老相食"之俗——有交换老人作为食物的风俗，作者好像也觉得此说不靠谱，又加了一个说明："古人所说，非目见也"——是传说而不是亲眼所见。唐代学者杜佑的《通典》更借题发挥，照抄"尾濮"之说，还说"尾濮"住在树上，会吃人，甚至有吃自家老人的习俗，家里来了宾客，就交换老人拿去厨房做菜。家里大宴宾客办喜事之时，老人都躲在一边哭泣。作者大加演绎之后，对《永昌郡传》中"古人所说，非目见也"的八字说明也不提了。

《永昌郡传》记的是传说，杜佑《通典》写的是演绎。空穴来风，其源有自——即便是传闻，我们也可以从石寨山青铜器上找到一些线索。如其中一个贮贝器铜盖上铸了34个人，其中有坐轿主祭的女酋长，旁边是一大班卫士、随从，那边一人横躺地上，脑袋已被砍走，还有一人被捆在木桩上，即将被砍头，一个妇人在其前抱头痛哭，更有人跪地呼天。最引人注目的是三个铜鼓矗立在中间——此景被石寨山发掘报告称为"杀人祭铜鼓场面"。

另一个贮贝器盖上又有"杀人祭铜柱"场景，上铸人物达44人之多，其中待杀之人有4个：一个捆在砍头牌上，一个反捆跪地，一个枷足而坐，一个更被分别捆住双手、双脚，被前后两人拉成"一"字，放在长木板上，似乎有即将被肢解之状。

仔细观察，被杀者和痛哭者都是编起头发的昆明族人，而杀人者和监杀者则是挽着发髻的滇族人，这显然是一个杀俘献祭的场面。铜鼓、铜柱，祖灵所依，杀俘祭鼓、祭柱就是杀俘祭祖。中原各族交恶，擒得世仇，总要凌迟处死，献祭太庙，与滇人之砍头献祭铜鼓，都是一回事。

但有学者认为，这几组青铜铸像表现的是祭农神，现场砍下人头，以"血祭"的方式恢复地力，以求五谷丰登。又有学者认为，这里表现的是取人头供养的仪式。铜盖上有一具无头尸，人头却不知去向。这人头哪儿去了？同是石寨山出土的一件铜饰铸像上，有干栏式小屋，前开一窗，可见其中供有一个人头，屋前凉台上男女杂沓，笙歌乐舞，又有铜

古滇国青铜器上的祭坛造型

古滇国青铜器上的建筑造型

古滇国青铜器上的又一个建筑造型

鼎烹食，木案供品，显然是一个隆重的祭人头仪式——所谓"易老相食"，大宴宾客，很有可能就由此附会而来。直到20世纪中期，云南有边地民族仍保留"猎头祭地"之俗。猎头不取本村，专取别寨，所猎人头，以毛发多者为上品，青壮年人头难得，就取老人之头。因此，猎头季节一到，寨中老人也不能大意，以防"被猎"——猎头之俗，部落互砍，而且要砍毛发多者，祭人头要全村大宴，"易老相食"之说，极可能与此有关。但辗转传言，全属演绎，有根之言，无稽之谈。即便按《通典》之说，"尾濮"所居之地，出产粟米稻谷，犀牛大象，还有不少盐井，帽子头巾都装饰着锡珠、翡翠——富裕如此，吃喝不愁，何以食人？

回头来看石寨山青铜器上的杀人祭祀场面，无论是祭铜鼓、祭农神还是供养人头，都有道理，但又都有费解之处：若是杀俘祭祖，那砍下的人头为何不知去向？若是杀人祭农神，那三面高高叠起的铜鼓，那虎踞、蛇盘、鳄绕的铜柱又作何用？如果以铜鼓为农神，那么祭铜鼓与祭农神还有何区别？如果是取人头供养仪式，那为何这里砍的是编发的昆明人头，那边供的是椎髻的滇人之头——"猎头"猎的是其他民族的人头，这里怎么把自己人的头"猎"来供养上了？

○脑袋飞走又飞回来

古滇国青铜器图案中的划船者很有"飞头"相

晋人张华在《博物志》里写道，有个民族叫"飞头僚"，一到晚上，他们的头就会离身飞走，天快亮时又飞回来，再接回脖子上。唐人段成式在《酉阳杂俎》中重复了张华讲的故事，但又加了一条：那飞头脱身而去之后，就在河边捉螃蟹、蚯蚓吃，天亮飞回，如梦醒来，"其腹实矣"——肚子还饱着呢。宋人欧阳修的《新唐书》堂而皇之地把"飞头僚"记入《南平獠传》中。说"飞头獠"的头会飞，老婆儿子都守着他，但一到夜里，他的头一下子就飞跑了，到天亮才回来。欧阳修对"飞头"的贡献是加了一笔："周项有痕如缕"——其人脖子上有一圈缕痕。明代学者邝露在《赤雅》中也复述了此事，而且比欧阳修的说法更具体，说那脖子上的一圈痕迹是"红缕"，更有声有色，活灵活现。

"飞头"当然是假事，但"飞头族"又从何说起呢？还得到云南来找答案。

有学者认为，所谓"飞头"，不过是僚人披散头发，遇风飞扬罢了（民国·刘锡蕃《岭表纪蛮》）。今云南佤族少女起舞，确实有"披发如飞"之势，但要演绎为"飞头"，似乎还有点勉强。还有学者认为，"飞头"之说与民间"游魂"之说相关，有浓厚的"巫蛊色彩"，那就更神了。

靠得住的有两说：一说"飞头"之说是僚人"猎头祭"的一种扭曲的反映。此俗在《魏书》中就有记载，直到近代，

昆明郊区彝族妇女的鸡冠帽

景颇族目瑙纵歌领舞者的鸟冠帽

有的边地民族还保留着"猎头祭谷"的习俗，与《魏书》之说不谋而合。此说还可以从石寨山出土青铜器铸像中得证。其中有青铜贮贝器盖上所铸"猎头祭神"的场面，还有供祭人头的干栏式小屋等，前面提到的"刻铜纪事"牌上，还有戴枷、缚手的俘虏跪像，面前则是一个长辫飘飘的人头——所谓"飞头"，会不会是从这组"图画文字"中附会而来的呢？有学者还认为"飞头"就是云南李家山出土铜鼓上少数民族的鸟冠，边地民族头上的鸟羽或鸟头装饰。清代滇中少数民族还有男顶"鹊帽"、女戴"鸡冠"之俗。直到现在，德宏景颇族跳目瑙纵歌的领舞人头上要戴犀鸟头冠，昆明附近的彝族妇女天天要戴"鸡冠帽"。如此一来，传说的"飞头"暮去晨归就有了着落——人戴冠帽，谁不是晚上取下而晨起戴上呢？

○拖条尾巴刨坑埋

　　古代学者对云南边地民族的记述很怪：黑牙就是黑齿蛮，金牙就是金齿蛮，银牙就是银齿蛮，文面就是绣面蛮，文脚就是绣脚蛮，穿鼻蛮必有铁环穿鼻，长鬃蛮必鬃黑而长——尾濮则必长尾！

　　按东晋《华阳国志》的说法，这个"尾濮"之"尾"十分奇怪，形如龟尾，长三四寸，坐下时要先在地下打个洞，把尾巴放进去。否则，一不小心弄断了尾巴，此人"便死"。晋代《永昌郡传》也有"尾濮"掘地置尾的说法，并说这个"尾濮"就在云南。唐人杜佑在《通典》中照抄"尾濮有尾"之说，说他们在地下挖个洞，用来安放自己的尾巴。否则，尾巴会折断，人会死去等等。

　　这些近乎搞笑的描述当然不可信。明代云南学者董难对此大为不满，著文反驳《通典》之说，认为"尾濮"之"尾"，不过是一种服饰罢了（《百濮考》）。董难之说有理，"尾濮"之"尾"，就是一种"尾饰"。在3000多年前的沧源崖画中，人物图像近千，多数也有尾饰，有的尾饰还很长，足有崖画人物身高的一半还多。石寨山古滇青铜人物铸像上也可以看到尾饰，还有"一人六尾"的形象，何等了得。这些尾饰或者短及臀部，或者长可垂地——"刨坑埋尾"说大概就是从这里来的。有学者考证，此中垂到地面的尾饰，就是后衣襟或披巾；而下垂臀部的尾饰，应当是滇人所披毛皮拖下的兽尾——至今云南彝族、白族、纳西族都有披羊皮的习俗，往往还带着短短的羊尾巴，《通典》所谓尾濮人有尾巴，长三四寸等等，当从此而来。

古滇国青铜器人物图案上的尾饰和坐地像

还有学者认为，古代云南民族的"尾"是巫师祭司的神物，至少也是一种动物崇拜的表现。据清代《滇海虞衡志》记载，禄劝的少数民族巫人把扫帚拴在身后，据说就可以变形为象、马、猪、羊、猫、狗之类，大行其巫术。而彝族崇虎，双柏彝族至今仍过虎神节，到时精壮小伙身披草衣草尾起舞，或披黑毡扎出大耳大尾为虎，挨家挨户驱邪除秽——看来八成是古中原文人看走了眼，把这"草尾""毡尾"看成了"尾濮"的"人尾"。

○胸口打洞拿竹杠抬

先秦的《山海经》说有一种人"胸有窍"——胸部有大洞。西汉的《淮南子》说这些人叫"贯胸民"或"穿胸民"，胸洞贯穿前胸后背。东晋的《华阳国志》说"穿胸民"就在滇西，是东汉时的哀牢夷，"皆穿胸"——身上都有穿胸大洞！

人真的会有"穿胸洞"吗？竟有古代学者说完全可能。元人周致中说穿胸国民的胸部不仅有个大洞，这个洞还有大用：穿胸国里的尊贵者上路之时，常常脱去外衣，让手下人取来竹木大杠，从胸洞中穿过，抬将起来，上路也（《异域志》）！

古滇国青铜器中的圆形胸饰

但也有学者认为，"穿胸"并非胸有穿洞，而是哀牢夷的"贯头衣"和"桶裙"之类的衣服，这种衣服在《后汉书》中就有记载，刚好穿到胸部，被称为"贯胸"或"穿胸"。至今滇中、滇西一带，在彝族、独龙族、傈僳族中，也还见得到"贯头套穿"的"贯头衣"。不过，如果"穿胸"真是一种衣服，"胸有窍"又如何解释呢？

有学者认为，所谓"穿胸"，不过古代滇人系在胸前、腰间的青铜扣饰，死后则多放在胸前入葬。云南出土的青

如今少数民族还有佩带胸饰之俗

古滇国青铜器上显示滇人这样坐滑竿,铜饰在胸,远远望去,酷似"穿胸"抬行

铜器中,不少铸铜人像胸前也有铜扣饰,或方或圆。由此传来传去,就附会出所谓"穿胸蛮"来了。在昆明和江川的博物馆有不少诸如此类的青铜扣饰,有圆形,有方形,也有不规则形状,背面还有矩形的铜扣,小的像个大碗,大的像个大盘子,多为镂空铸品,也是一种"洞穿"——滇国贵族身系如此扣饰,乘坐两人或四人抬的肩舆出行,如石寨山青铜器上的"播种"场面,那肩舆酷似今天的"滑竿",抬舆的竹竿正好对着乘舆者的胸背,远远看去,还真有几分"穿胸抬人"之相。

○生个娃娃腰折坏

古滇国青铜器上的"折腰"铸像

晋代学者郭义恭的《广志》说南方有个"折腰濮",按照他们的风俗,儿子生下来都要"折腰",意思是把腰折弯。唐人杜佑的《通典》照抄此说。明代云南学者董难在《百濮考》中辩称,所谓"折腰濮",不过是濮人见到尊长要鞠躬行礼,仅仅是一种风俗而已。

在石寨山出土的滇国青铜器上,不少铸像都可以为董难之说作证。在贮贝器盖

古滇国青铜器上的这个祭祀场面中,"折腰"的人更多

上所铸祭铜鼓仪式中,不少人对贵族鞠躬甚至下跪,有不敢仰视之状,显然是一种礼俗。在祭铜柱仪式上,除鞠躬者和下跪者外,还有一妇女身背幼儿,面对贵族而跪——郭义恭和杜佑视此为"生子皆折其腰",眼力差矣。再以常识而论,"生子皆折其腰"——一个也不少,这个民族还能生存吗?

○刺破嘴巴染红彩

有意思的是,在流行黑齿风俗的古百越民族地区,还有一个民族叫"赤口濮"——那算得上是最早的"红唇族"了。赤口濮的"赤口"从何而来?晋人郭义恭的《广志》说"赤口濮"的风俗是"刾其唇使赤"——把口唇刺破,让它变成红色。此说的问题是:刺唇出血,血染唇红,但血不能总沾在唇上吧?即使总沾在唇上,一杆岂不紫了黑了?到了唐代,杜佑又跑出来说,赤口濮在永昌(今云南保山)以南,其风俗是要折断牙齿、剥开嘴唇,将嘴染红(《通典》)——这话说得显然比郭义恭更不合情理。

对此,明代云南学者董难的解释是:"赤口濮"的"赤口"实为"吃口",意思是"口吃"。因为赤口濮舌头别扭,如鹦鹉学舌,说不清楚,所以叫"赤口"(《百濮考》），与"断齿""刺嘴"染唇无关。若董难此说成立，更有可能是外人听不懂少数民族语言，反说人家口吃——哪有一个族群全都口吃的道理？

近代又有学者认为，古代"赤口濮"的"赤口"是吃槟榔的结果。战国时的滇国主体民族是古越人中的一支，也有嚼槟榔的习俗。在晋宁石寨山和江川李家山墓地出土文物中，发现过一种长方形或扁圆形的小盒子，盒子正、反两面都有精致的花纹，高6~7厘米、宽8~10厘米，很可能就是墓主随身携带装槟榔或石灰的小盒。

其实，吃槟榔对口腔的上色作用有两个：一是把牙齿染黑，一是把口唇染红。今天的傣族、佤族老人长期嚼食槟榔，结果就是嘴唇被染成赤色，牙齿被染成黑色。基诺族的新娘出嫁之前的功课，也是"染黑牙齿，擦红口唇"。如此看来，不管是嚼槟榔还是用草染的，历史上的"黑齿"和"赤口"不都是一回事吗？

○禽蛋孵出"羽人"来

古滇国青铜器图案中的"羽人"形象

"羽人"最早出现在《山海经》中，据说南方有"羽民国"，国人身上都长着翅膀。《吕氏春秋》和《淮南子》也说南方真有"羽民"。后来一些好事者穿凿附会，又生出不少稀奇古怪的故事来。《礼记》说羽人用羽毛做衣服，本不足为奇，而《山海经》说羽人都长着羽毛，还能下蛋，就有些搞怪了。西晋张华著《博物志》、东晋郭璞注《山海经》，都说羽人能飞上天，后来更有人说羽人是卵生之民,又吃鸾卵,还能长生不老,是"飞仙"一族,那就完全离谱了。

"卵生羽民"之说不值一驳。仅说"羽人"生活之地,《吕氏春秋》说是交趾,也就是今广东、广西大部和越南北部和中部,好像和云南关系不大。但近代的一系列考古发现,却使云南成了"羽人"的故乡。在战国、秦汉时期的青铜器和滇西南小黑江流域的崖画中,都出现了不少"羽人"造像。从这些造像上看,"羽人"确实有,就是用羽毛装饰起来的原始巫师、舞蹈者和武士。这些人物造像的头、颈之间插有好几支或十多支羽翎,或为扇形,或为条形,有的插在头顶四周,又像羽冠,有的脑后还插两支很长的羽翎。沧源崖画中的"羽人"甚至还有羽毛翅膀,被称为"羽人"。在居住在崖画附近的少数民族中,至今还有一些"羽人"习俗,如傣族小伙子的头帕和毡帽上也要插孔雀羽毛等,僾尼人姑娘小伙的帽子上总有一束染色鸡毛等。耿定傣族至今还跳孔雀舞,要戴孔雀帽,背孔雀长翅,做展翅欲飞之状——所谓"羽人"飞天,会不会就是从这里衍生出来的呢?

○耳朵割条肩上甩

据说中国古代有个长耳朵国,在《山海经·海内南经》中叫作"离耳国",全国的人都是长耳朵。这些长耳朵又都是做出来的。晋代学者郭璞注解说,长耳族人会把耳朵镂刻分开成条,分别下垂,作为装饰。东汉学者杨孚觉得仅仅割耳朵还不够,要连头皮耳朵一起割,割成几行,像鸡肠子一样,一条条从脸上一直垂到肩上,而且要一生下来就割(《异物志》),如同一些民族的"割礼"。《华阳国志》和《后汉书》也提到,云南哀牢夷人不是"穿鼻"就是"儋(垂)耳",一般族人的耳朵只垂到肩上,但部族首领的耳朵会长到肩

古滇国青铜器图案中的头部装饰,颇有"割耳垂肩"之相

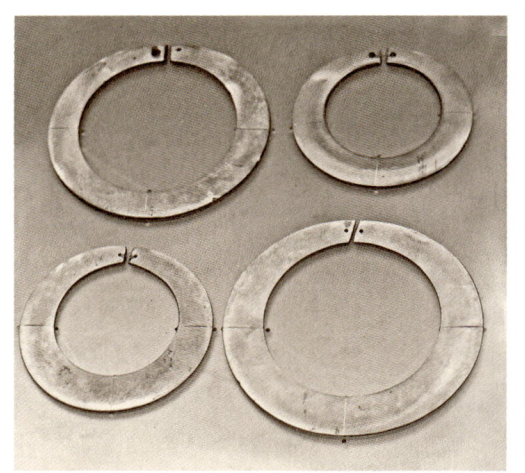
古滇国墓葬出土的白玉耳环

以下三寸——如此等等,难以想象,于是学者们的各种解释就来了:

有的学者说,"儋耳"真是长耳朵,办法是用耳环之类的饰物把耳朵拉长,近代海南黎族妇女还有这种习俗。

有的学者却说,"镂耳"实际上是文面的一种,从脸上一直文到肩上而已,也可以在近代海南黎族中找到案例。

还有学者认为,古人所谓"耳朵下垂到肩"或"耳朵垂到肩以下三寸"等等,其实就是戴了个大耳环,下垂到肩部或肩部以下,如此而已。

在石寨山古滇墓葬中,出土了不少玉石大耳环,大的直径约6厘米,小的也有2～3厘米,再加上系挂耳环的绳索,可以长到9～10厘米左右。戴上这样的大耳环,自然要下垂至肩甚至肩部以下。同地出土的不少青铜器人物铸像就戴着这种大耳环,其长可下垂到肩部。按这种说法,《后汉书》称哀牢夷的"儋耳"族民耳朵垂到肩部——所戴的是小耳环;酋长的耳朵垂到肩部以下三寸——所戴的就是大耳环。如此于情于理,似乎更说得过去。

○贝壳当钱做买卖

古滇国青铜器文化有明显的"贵重贝币"之俗。晋宁石寨山出土的铜鼓形贮贝器不少,贮藏的海贝极多,贮贝器上又铸有"国之大事",而为"国之重器"——用"国之重器"来装海贝,可知海贝之贵重,不同寻常(李昆声《云南考古材料所见百越文化考》)。

据统计,石寨山古滇墓葬中共出土14.9万多枚海贝,总重达400多公斤。这些海贝背有黄圈,经云南大学生物系鉴定为"环纹货贝",原产于太平洋和印度洋,当为东南亚和南亚的输入品。有学者认为,海贝堪称蜀身毒道(南方丝绸之路)上流转量最大的商品,并且是充当货币的特殊商品。

据测定,石寨山古墓群的年代约为春秋战国至西汉,海贝流入的时间必在此时或此之前。公元前3世纪后期,秦始皇统一中国,统一货币,"废贝行钱",但滇池地区相对独立,贝币照用不误。此后,历经汉、晋、南北朝、隋、唐、宋、元、明及清初,海贝仍然源源不断地大量流入。直到明清之际,大西军政权才强行"废贝行钱"。但直到清嘉庆年间,云南民间还有贝币流通。当时的学者师范在《滇系》中说,"滇中用贝,今已渐少",用贝币购买小物品,"可得数十种","夷民便之",长期禁之不绝。直到清道光年间,当时的《昆明县志》才说昆明"昔多用贝",而"今无矣夫"。

古滇国墓葬出土的贝币和贮贝器

海贝作为云南主要的法定货币,比中原地区多流通了两千多年,堪称金融史上一大奇观。

古城谜团解不开

　　滇人历史，神秘莫测；滇土文化，玄妙莫辨；滇域地理，奇幻莫名。你见过滇池湖边的西山吗？那天驻足湖边，但见它是睡女；伫立高山，远眺它又是卧佛。女兮？

佛兮?一大谜也!倏时大悟:滇谜与生俱来,俯首皆是,无须苦寻,亦不必强解。

看天下之谜,昆明何其多也!大观楼长联品评历史,笔下四题,四题皆谜:"汉习楼船",有何处昆明之谜;"唐标铁柱",有白国禅位之谜;"宋挥玉斧",有划河为界之谜;而"元跨革囊",又有世祖止杀之谜。读滇史:其兴,有庄蹻王滇之谜;其亡,有永历死国之谜。看滇人:其忠,有薛大观之谜;其悲,有担当出家之谜;其耻,有冯甦卖身之谜;其荣,有阚祯兆出山之谜。行走昆明:天高,有彩云南现之谜;地阔,有滇东长城之谜;山峻,有横断昆仑之谜;江险,有金沙沉宝之谜;道远,有西南丝路之谜。阅读昆明:寺有曹溪之谜;碑有峋嵝之谜;"文圣"有王羲之之谜;"武圣"有关三公子之谜;长联有孙髯翁之谜;犹太有李光座之谜。求证昆明,生有"折腰"之谜;死有"祭头"之谜;喝酒有"鼻饮"之谜;佩饰有"穿胸"之谜;冠帽有"飞头"之谜……

○庄蹻是"盗"还是"帅"？

战国时在云南称王的庄蹻是"楚将"还是"楚盗"？

中国历史学家司马迁在《史记》中记载说，战国时楚威王派将军庄蹻沿长江而上，一直打到今天云南的滇池地区，正要回国报捷，不料归路被秦军切断，庄蹻只好占据滇池，变服易俗，自称滇王。这就是"庄蹻王滇"故事，在历史上已成定论。

然而，司马迁在《史记》中几次提到庄蹻，前后不一，矛盾不少，留下许多悬案。在《西南夷列传》中，司马迁称庄蹻是楚将，但在《游侠列传》中，庄蹻又成了楚盗。而庄蹻究竟是"将"还是"盗"？秦汉历史典籍也是各吹各打，说法不一，难坏了不少人。

明代的正德年间，云南的巡抚大人准备祭祀庄蹻，有人说庄蹻只不过是个"大盗"，就把巡抚吓得连忙收手，再也不提此事。说庄蹻是"大盗"的人还有个证据，"蹻"的意思就是草鞋，将军怎么会穿草鞋呢？庄蹻肯定就是"草鞋大盗"。毛泽东的《贺新郎·读史》一词中有这样两句："有多少风流人物？盗跖庄蹻流誉后。"这里把庄蹻与盗跖并提，显然也以庄蹻为"盗"了。但又有人转了个弯，说庄蹻原来确是"楚盗"，后来被楚王招安，就成了"楚将"。

西汉《史记·西南夷列传》记载庄蹻为楚威王之将军

还有学者认为，说庄蹻"先盗为将"，没有历史依据。历史上楚国应该有两个庄蹻，同名同姓，一个是楚将，一个是楚盗。这种说法在宋代就出现了，说一个庄蹻为楚国大盗，是春秋时期的人；另一个庄蹻是楚将，是战国时期的人。云南清代"状元"袁嘉榖也认为，"二人同名"，都叫庄蹻，"是也"——没错（《卧雪堂文集·庄蹻考》）！

○ "庄蹻王滇"乱记载？

《史记》记载的"庄蹻王滇"是真是假？

由于史书上关于"庄蹻王滇"的记载矛盾的地方太多，越考证越说不清楚。到了现代，不少学者认为，庄蹻入滇之事本来就子虚乌有，不过是个没有根据的传说而已。他们质疑的理由不少：

其一，在云南出土文物和碑刻中，至今没有发现"庄蹻王滇"的历史物证。

其二，史籍记载的庄蹻一会儿是楚盗，一会儿是楚将，历来一塌糊涂。

其三，《荀子》《韩非子》《商君书》和《吕氏春秋》成书都在《史记》之前，只说庄蹻"为盗"，没说庄蹻"王滇"。

古滇国墓葬出土的"滇王之印"能不能证实《史记》的记载？

其四，按《史记》的记载，庄蹻从出师到报捷相隔了50多年，岂有出征获胜50年后才报捷之理？

其五，庄蹻出师时楚国内外交困，早已无力远征。

其六，庄蹻出师时秦国控制了长江上游，《史记》说庄蹻取道长江入滇，已不可能。

但是，不少学者仍然坚持云南历史上确有"庄蹻王滇"之事。他们认为，庄蹻王滇之事，虽然地下发掘尚无任何发现，但《史记》《前汉书》《后汉书》和《华阳国志》都言之凿凿，近代袁嘉穀认为这些资料足以证明"庄蹻王滇，确有其事"(《卧雪堂文集·庄蹻考》)。

○ 滇池从成都"搬"过来？

司马迁的《史记》中记载的滇池在昆明还是在成都？

正因为《史记》记载的矛盾和模糊，有的学者不但怀疑"庄蹻王滇"，甚至怀疑"庄蹻王滇"的滇池也不在云南，不在昆明，而在今天的成都平原。他们说，《史记》里的滇池"方三百里，旁平地肥饶数千里"，周长可换算为今天的122.5千米，面积大体在700多平方千米，湖畔还有数千里的肥饶平地，小小的昆明滇池坝子怎么容纳得下？滇池坝子受到周围山体的局限，除了东北面一带略微开阔，几乎完全被起伏的高山环绕。今滇池旁发现的新石器文化遗址离今天的湖岸只有1~5千米，

滇池岸边随处可见古代人类利用后的螺壳层堆积，成为滇池在云南的有力证据

既谈不上曾经有个面积700多平方千米的大湖，也谈不上湖畔平地"数千里"。因此，从地理学的角度看，上述《史记》《汉书》上的滇池绝不可能是今天昆明的滇池。

《史记》中的"滇池"在哪里？"成都滇池"论者认为，古滇池只能处于西南地区最大的"平地"——成都平原。在这里，古地质时代形成的断陷湖一直延续到两晋南北朝，那就是汉代"方三百里"（《史记》）、"周回二百余里"（《汉书》）的"滇池"，即两晋南北朝的"万顷池"（《水经注》）。从战国以前成都平原上古城遗址的分布情况看，成都平原的"滇池"面积完全可能达到700平方千米以上，虽然秦国李冰治水时曾大举泄湖，但到了汉代，这个"滇池"仍然有"周回二百余里"（《汉书》）大小，即面积450平方千米左右。另外，成都雾大，渺渺茫茫，无边无际，自古有"沃野千里，号为陆海"之说。《史记》中提到成都平原，有"滇蜀""田池"等词，还有《汉书》中的"江沱（池）"，指的都是滇池。晋代文学家左都的《蜀都赋》中有"第如滇池，集于江洲"之句，直指"滇池"。《水经注》说当时成都城旁有个"万顷池"，则是古滇池在两晋南北朝时的孑遗。

既然"滇池"在成都平原，昆明坝子的"滇池"从何而来？"成都滇池"论者说，这都是"古代蜀人南迁"的结果，公元前316年，秦人灭古蜀国，进占成都平原，蜀部落被迫南迁到云南高原地区，大多集中在今天的滇池、抚仙湖一带，蜀部族在这里把"蜀文化"发展为"滇文化"，顺便把"滇池"的名称也带到了昆明坝子。

不过，这种"滇池大挪移"说遭到了另一些学者的质疑。他们以古地理学研究成果为依据，认为成都平原确有一个断陷湖泊，但早在距今上百万年的第四纪中更新世以前就逐渐被淤平了，而在数十万年前的第四纪，成都平原地层中并没有发现湖相沉积，只有很厚的河流及洪水冲积物堆积。因此，成都平原不可能长期存在大型湖泊，也不可能有湖泊残存到战国中期。再从考古的角度看，成都平原的古人类遗址只会随河迁移，而不会"随湖迁移"。与此相反，云南滇池区域的上古时期傍湖人群居住遗址中，发现有大量人类对湖泊资源利用的遗存即螺壳层的堆积，而在成都平原的古遗址内却没有发现。因此，结论只能是："滇池"不可能在战国中期以前的成都平原存在。（郭声波等《"成都平原'滇池'说"商榷》）

不知从此以后，"滇池"是不是可以安安心心地留在昆明城边了？其实，古人所谓"方三百里""数千里"之类，不是约数，就是形容词。滇池的面积，西汉的《史记》说"方三百里"，东汉的《汉书》说"周回二百余里"，明代的《滇略》说"方广三百里"；清代的《滇考》说"周回二百余里"；民国的《续云南通志长编》说"周约三百里"。如此等等，上下两千多年，记的都是大小不一的约数，而且里作长度单位历代不等，岂能拿着某一尺子去丈量求证？

○倭文化源自滇池？

日本文化的根是不是在云南？

对于云南来说，20世纪末最意外的民族学发现大概有两个：一个是"日本文化的发源地在云南"；一个是"倭人的祖先是云南少数民族的先民"！

这些"文化发

滇池地区稻作文化被认为是"倭文化源于滇池"的证据之一

现者"都是日本学者，他们在滇池边的青铜器文化中发现了不少和日本人共有的文化因子：干栏式建筑、稻作礼仪、人头祭、蛇崇拜、贯头衣等。晋宁石寨山出土的"滇王之印"更是和日本九州志贺岛出土的"汉委奴国王印"如出一辙，据说诸如此类的金印出土不少，只有滇国与倭国的金印同为蛇钮，可见在两汉朝廷看来，东海倭人与云南滇人本是同族。

这些日本学者的理论依据有三个："照叶树林文化说""稻作文化说"和比较民族学。他们认为，照叶文化带和稻作文化带与古百越人的分布带大致重合，而云南就是这两个文化的中心和起源地。由于民族冲突和争斗，部分云南越人带着稻种沿长江东下，在长江三角洲建立了吴国和越国，在山东半岛建立淮、徐等东夷小国。

后来这些国家被灭,一部分越人不得不东渡日本九州,成为日本人的先民。这些日本学者还发现,今天云南少数民族社会中还相当完整地保留着古代百越民族传统的稻作文化、农耕礼仪、宗教信仰、村舍建造、食品服饰等,与古倭人的生活习俗惊人地相似。他们肯定说,日本人的根就在云南少数民族之中。

但也有不少人对"日本根在云南"说提出了质疑。一些中国学者认为,日本的岛国文化融合了来自亚洲大陆的草原文化、平原文化、山地文化和其他海岛的海洋文化,包含了许多其他民族的文化因子。倭人的先民和古滇国的主体民族都是越人,有一些共同的文化因子不足为奇,但因此判定两个民族之间有渊源关系是远远不够的。

○金马、碧鸡是神还是怪?

昆明西山太华寺的金马形象有"神"气

昆明城里金马坊上的金马形象

古代云南以"金马""碧鸡"出名。据《汉书》记载,汉宣帝时,一班方士就说云南有金马碧鸡之宝,可以通过祭祀弄到手。汉宣帝还真信了那班方士,派王褒到云南祭祀求宝。王褒悄然上路,却命运不济,半道生病,无可奈何地写了篇《移金马碧鸡颂》,恨恨而死。据说宣帝闻讯感到十分"闵惜"——但不知闵惜的是王褒之死,还是"金马碧鸡之宝"没到手?

同是一部《汉书》,到了《郊祀志》,那"金马碧鸡之宝"就成了"金马碧鸡之神",即神马神鸡,而在《地理志》中,"金马碧鸡"又成了今云南大姚禹同山中所产金玉:黄金"形似马",而碧玉"形似鸡"。后人则认为,所谓"金马"就是云南马,所谓"碧鸡",就是孔雀。还有人说,"金马碧鸡"实际是云南山中"光影倏忽"的"自然幻象"。

就在人们对"金马碧鸡"狂猜不已的时候，金马已化作昆明的金马山、金马关和金马寺，碧鸡也化作了碧鸡山、碧鸡关和碧鸡寺。在大观楼长联中被称为"东骧神骏"和"西翥灵仪"，是云南、昆明的象征。两山两关两寺，两两相对，一东一西，夹峙昆明，自古为昆明门户。"金马朝晖"和"碧鸡秋色"还被列入了明代"滇阳六景"。只是这"金马碧鸡"到底是什么，一直没有讲明白。只有清光绪年间的《云南通志》跑出来说，光绪十年（1884年）十月初，旭日将升之时，有神马从滇池中脱水而出，那马毛色纯白，身背金鞍，跑向海晏村，来回跑了三趟，沿湖不少村民都看见了……

昆明西山太华寺的碧鸡形象比较"神"

昆明城里碧鸡坊上的碧鸡形象

○ "金碧交辉"何曾来？

昆明金马、碧鸡坊真能"金碧交辉"吗？

金马、碧鸡两坊是昆明的标志性建筑，地处昆明市中心，在正义路（三市街）和金碧路交口处两侧，东边一坊近金马山，称金马坊；西边一坊近碧鸡山，称碧鸡坊。两坊近年重修，巍然对峙，金碧辉煌，雄浑壮丽。坊前立有《重建金马、碧鸡二坊记》碑，碑文说：

相传春分或秋分两节令日，若又适逢农历十五，可见"金碧交辉"之奇观——日徐西落，余辉如金，由西照射碧鸡坊；月方东起，皓光似银，从东铺洒金马坊，两坊倒影投于地，渐移渐近，交辉一瞬，动人心弦。

昆明城市规划展览馆也有"金碧交辉、古迹重现"的3D影像，让人身临其境，感同身受。

但此之所谓"金碧交辉"，在地方志中并不见记载，而在近代老人罗养儒的《纪

民国初年的金马坊和碧鸡坊

如今重建的金马坊和碧鸡坊

我所知集》(《云南掌故》)有所涉及。其中有"昆华八景中之金碧交辉"一节，说因日月运行关系，"交辉"奇景需60年才出现一次，而且必须是在属鸡的丁酉年。罗养儒引老辈人的话说，清道光年间的丁酉年，即1837年，中秋节正好是秋分节令那一天，到了酉时，就是下午五六点的时候，月已出而日未落，日月相对，日照碧鸡坊，据说坊影映在地上，渐渐向东移动；而月照金马坊，坊影稍淡，渐渐向西移动。开始时两坊倒影相距两丈多，相对移动，越移越近，不到两分钟，两坊影子终于"交辉"，后来渐渐消逝。此后，到清光绪丁酉年，即1897年，中秋节又在秋分之日，城中百姓再次会集两坊下，准备一睹"金碧交辉"盛景，两坊倒影依旧再现，且渐趋渐近，可惜相距一尺之遥时，光影突然泯逝，功亏一篑。眼见得"交辉"不成，看热闹者无不搓手叹息。罗养儒认为，原来的两坊已毁于清咸丰年间的战火，而此时的两坊重建于清光绪十年（1884年），因重建的两坊高度与原来的两坊有误差，这才导致"交辉"失败。

后来不少学者质疑此类"金碧交辉"的说法。他们认为，所谓"金碧交辉"出现在丁酉年中秋节而正好是秋分节令那一天，要60年才出现一次的说法有误。以60年为一个周期是中国古代的干支纪年法，与日月运行无关。日、月、地球三者间的运动方式不可能有一个60年重复的周期关系。而明清两代543年中共有9个丁酉年,中秋又逢秋分只有1次,即明永历十一年(1657年)。但这年金、碧两坊已毁于战火,自然无法"交辉"。而前述"交辉"出现的道光丁酉年秋分之日和光绪丁酉年秋分之日都不是中秋。他们还认为,地球从西向东自转,日、月从东向西移动,即使日影、月影果真同时出现,两方影子只能同时向东移动,一个向东退缩,一个向东延伸,不可能一个向东,一个朝西,相对移动,最后"交辉"。最后,月亮仅仅反射太阳光而已,按照天文学的计算,即使是满月当顶,月亮最亮的时候,它的亮度也只有太阳的375000分之一,大约只相当于一只100瓦的灯泡在21米之外的亮度。就是太阳落山之后很久,如此微弱的光也难得在地面投射出影子来,何况太阳还在照射大地之时。其实,即便是"金碧交辉"之"交",也有"俱"和"共"的意思,各种光辉相互照耀就是"金碧交辉"。元人李源道的大理《崇圣寺碑铭并序》中有"三塔峙立,金碧交辉"之句,明初罗贯中的《三国演义》中有"千门万户,金碧交辉"之说,都是此意。用在昆明,意思就是金马、碧鸡两坊东西屹立,使昆明形胜增辉,成为昆明人心目中的吉瑞祥兆,体现了昆明人期盼风调雨顺、国泰民安的美好愿望。

○阿育王子占滇海?

元代初期的《纪古滇说集》说,早在公元前800年,还是周宣王之时,古印度的阿育王养了一匹神马,身高八尺,红鬃赤尾,毛有金色,十分了得。阿育王的三个儿子都争着要这匹神马。阿育王左右为难,便把神马放了,让三个儿子去追,谁追到神马就归谁。神马一路东奔,跑到滇池东边的山上,被阿育王三儿子追上,那

昆明金马山东麓金马寺大殿供奉的阿育王及其三个儿子的塑像

金马寺中的金马塑像

金马面对三太子殿

三太子殿供奉的三太子塑像

山就叫金马山。阿育王长子此时刚刚追到滇池西边的山上,只追到一只碧色凤凰,那山就叫碧鸡山。阿育王的二儿子一路往北,追到另一座山上。阿育王不放心,派国舅统兵来接,不料归路被哀牢山阻断,三个王子回不去了,就分占三座大山,成为一方之主,率众推广佛法。南诏王曾追封阿育王三子和国舅为帝,并在金马山和碧鸡山上立庙供奉。后世有人考证说,阿育王不但在云南传布佛法,还在云南兴建了不少佛寺梵塔。

一般人总认为,阿育王"三子一舅"落脚昆明不过是个宗教传说,但类似的文字不但出现在元代的《纪古滇说集》中,还出现在明代的《南诏野史》、清代康熙年间的《云南通志》《滇考》《道光志钞》等多部地方志书中,这就值得认真探讨了。

近代《新纂云南通志》认为,佛教典籍中记载了不少阿育王传教的事迹,其中并没有"神马至滇"之说。而在留存后世的阿育王摩崖刻石第13柱上,记录了阿育王分遣高僧大德到各地传教的事迹,也没有到中国传教的记载。据此可以论定,阿育王"三子一舅"来到昆明、传教云南的说法,不过是附会佛典,攀比金马、碧鸡神话,作为研究宗教、民俗的资料,可以"不必深究",但如果以此为史事,则"必不可信"。

《马可波罗游记》曾记载说,云南出产"高地健马","躯小而健","贩售印度",很有市场。《马可波罗游记》和《纪古滇说集》都出自元代,阿育王子到滇池寻马的传说应与此有关,其中折射的历史,也值得研究。

○孔明、孟获会盟崧盟台？

昆明东有嵩明县,早先叫"崧盟"(《徐霞客游记》)。"崧"出自秀崧山之"崧","盟"取于蛮盟台之"盟"——意思是面对秀崧山盟誓和好之地。秀崧山即今药灵山,在嵩明城东。蛮盟台今称古盟台,在嵩明城南。明万历年间,当时的知州大人还在台上立了一块石碑,上面刻有"古盟台"三个大字。盟台现存面积约150平方米,为一圆形土台，高 2 米，用石围砌。明"古盟台"碑已失，1979 年又重刻"古盟台"碑立于台上。

但此"盟"是谁与谁盟誓，历来说法不一。

一是"书说"。

明代成书的《元史·地理志》说，嵩明州原为中原来的汉人居地，后来乌蛮和白蛮强盛起来，汉人离开此地，行前与乌蛮和白蛮进行盟誓，今州城南有个土台，就是盟会之处。在《大明一统志》和明代云南志书《滇史》和《滇略》中，都有这种说法。

二是"碑说"。

明代在盟台上建起了武侯祠，还立起了一块《重修汉丞相诸葛忠武侯祠记》碑，

嵩明古盟台遗址

称当地"先民有言"，诸葛武侯在松山之下擒住了孟获，修筑土台，与之盟誓，名叫"盟台"。此次重修武侯祠的时间是明嘉靖三十三年（1554 年）。此后，明万历四十年（1612 年）立的《新建诸葛武侯祠碑记》和康熙年间立的《重修武侯祠碑记》，也有此说。因此说影响太大，清初成书的《读史方舆纪要》也说，嵩明"城南有诸葛武侯与夷敲盟台"，嵩明即由此得名。直到 1979 年，重立的"古盟台"碑仍刻有"诸葛武侯七纵孟获与诸蛮盟于此"的字样。

两说盟誓之人不同，盟誓之时相差近 300 年，但有一点相同：盟台都是各民族盟誓友好相处之地，而今天的嵩明又是各民族和谐发展之所，古盟台后来被列为县文物保护单位，实至而名归。

○东、西寺塔歪着盖？

昆明的东寺塔、西寺塔始建于唐代的南诏时期，是昆明现存最早的佛塔，昆明古代重要的地标建筑。

东、西寺塔还是有名的斜塔，而且倾斜明显，一望即知。据 1981 年和 1984 年测定，东寺塔顶部中心向西南倾斜 52 厘米，西寺塔顶中心也向西南倾斜 43 厘米。一般认为，两塔的倾斜是地基沉陷引起的。但两塔倾斜方向都正对昆明地区的信风口，迎着印

度洋刮来的西南风,这又引起了猜测:是不是古代建塔者有意为之,以倾斜的塔身来对抗猛烈的西南风?虽然此说根据不足,全国佛塔建筑亦无此例,难以理直气壮。但昆明东、西寺塔的另一奇观却给了"斜塔设计"说一个依据:

抗日战争时期的东寺塔已有明显的倾斜

昆明东、西寺塔顶四角都立有铜质金鸡,高约2米,东西寺塔因此又称金鸡塔。据考察,置于两塔塔顶西南、东北角的两只金鸡腹中空空,口中装有哨簧,西南风吹袭之时,便会发出"喔——喔——"之声,如雄鸡长鸣,后来哨簧锈蚀,金鸡长鸣景象不再。而立于东南、西北的两只金鸡则口中无哨簧,不会发声,民间称是母鸡,自然不会鸣叫。可以看出,东西寺塔的建造者已经有了利用西南信风振动簧片发声的设计,进而建一座斜塔以对抗强悍的西南风,也不是不可能——昆明"斜塔"是天作地陷的结果还是人为设计的奇观,又是一谜。

○滇池"海眼"有水怪?

滇池而有"海眼",早在明代就众所周知了,但茫茫滇池,海眼何在?可知而不可即也。当时充军到昆明的四川状元杨慎有《滇海竹枝词》称:

罗汉孤峰祇树林,梁王辇道海中心。

海埂青青堪牧马,海眼至今无处寻。

过了500年,直到20世纪80年代,专家们通过精密测量发现,滇池最深处有两个"海眼",即一大一小的两个椭圆形凹陷。其中一个较大,南北长约330米,东西宽约150米。在1997年出版的《滇池水利志》上,笔者找到了两幅标志出"海眼"的地图,位于滇池外海最窄处,在滇池东岸的团山和西岸的浪泥湾之间,海口以东6公里处,并标注这个"海眼"深11.2米,高程1876.2米,又称"海眼地貌"。

在昆明方言中,"眼"有"洞"或"口"的意思,如打个洞叫"开个眼",一口井叫"一眼井"。早在明代,昆明就有了"海眼井"的记录。据明代天启年间的《滇志》记载,这口海眼井"在觉照寺(今东寺街)大殿内佛座下,相传为滇池水眼"。每逢佛祖诞辰,四方居民都到此取水沐浴,可谓佛井。既然是"滇池水眼",肯定就和滇池相通。井水是流向滇池还是从滇池流来?《滇志》没有说,那口井也早就消失了。同样,近代发现的滇池"海眼"到底是出水洞还是落水洞?或者仅仅是一片洼地而已?有关部门只说了一句话——"有待进一步研究"。

对于滇池"海眼",民间早有说法。至少在民国之时,这一带被叫作"海口心"或"海心",附近岔口有"花猫嘴",因为风浪特别大,历来是滇池行船最为凶险、滇池"海难"高发之处,被称为"慌忙走"和"慌猫走"。1937年3月22日,昆明福海轮从昆阳开往省城,在这里遭遇大风浪,船舱进水翻沉,140多个乘客遇难,72驮茶叶、杂货沉入湖底,钱货损失超过10万元,成为滇池历史上最大的海难事故,被当时的媒体称为"本省最大惨剧"。1938年,飞虎队的美国飞行员约翰·布莱克本驾机在滇池上空训练,也在这一带坠机而亡。这位布莱克本担任过美国空军的教练,到中国后击落过多架日机,有过一次空战击落两架日机的战绩。他驾驶一架P-40战斗机俯冲打靶时飞机突然失控,冲进滇池,据说还有另外的飞机"冲"进这一带的水域……

一连串的事故使这片水域成了滇池的"百慕大三角",民间传说和猜测不少:"海心"(即海眼)内部是什么样?它通向什么地方?有没有水下藏宝和神奇的生物甚至"水怪"?这一带的湖面风浪特别大、"海难"特别多,这和"海眼""海心"有没有关系?

在云南,滇池的不少"姐妹湖"都有"海眼",或者是为湖泊补水的"出水洞",或者是为湖泊泄水的"落水洞"。滇池周围遍布岩溶地貌,地下溶洞、暗河不少。远古滇池远远高出现有水位,水位降落后,不少

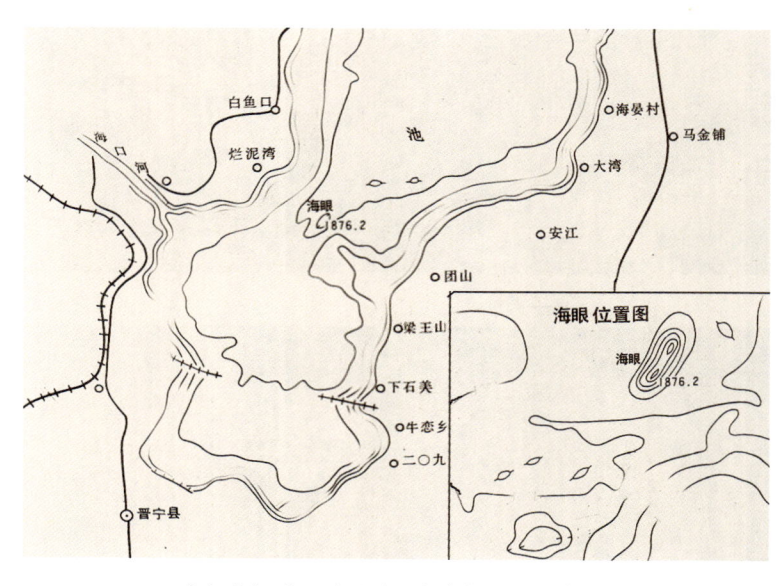

滇池"海眼"示意图(原载《滇池水利志》)

溶洞露出水面，既有出水洞，也有落水洞。如今的翠湖早年叫菜海子，是滇池的一个湖湾，清代诗人李专在《菜海行》诗中说："昆明池水三百里，菜海与之为一体"。菜海子有九股泉水涌出，直接注入滇池，又名"九龙池"，清代有"蛟龙窟"之称，也是一组出水"海眼"。如今地下水位跌落，需要另外向翠湖注水，而"九龙"的"渗漏"又成了一个大问题。据此可以推测，关于滇池"海眼"的"性能"，至少有四种可能：一、有可能是出水洞；二、再也有可能是落水洞；三、因为近年昆明地下水位下降，"海眼"有可能从出水洞变成落水洞；四、"海眼"原来是出水或落水洞，如今已被淤塞，成为一片水下洼地。

○关羽之子是"关帅"？

《三国志》说关羽有两个儿子，但在清代毛宗岗评本《三国演义》中，又突然冒出了个"关公第三子关索"。此子随诸葛亮平定南中，为前部先锋，但表现平平，诱个敌、设个伏、跑龙套而已。这个关索在历史上究竟有没有？是不是关羽之子？学者们说法不少。

一说关索确为关羽"三公子"，但没到过云南，依据是现藏日本的明万历联辉堂本《三国志传》。一说关索为关羽之子，征云南建有战功，依据是明成化年间市井流行的说唱词话《花关索传》和明人谢肇淛的《滇略》。清人冯甦的《滇考》更

晋宁县关岭

关岭的关索庙成了关圣宫

关圣宫里供奉的是关公

关圣宫门口有明代状元杨慎的关索诗碑

说关羽少子关索功著南中，虽然史书不记其名，而滇人一直在祭祀。直到如今，昆明还有一些关索的遗迹：晋宁有关岭、关索庙，还有关岭乡、关岭村，寻甸也有关索岭和关索庙，纪念的都是关索。

笔者曾在考察晋宁关索庙时见到一块碑，说这个关索是关羽的侄儿子。此碑立于明代的嘉靖三十二年（1553年）十一月，和最早的《三国演义》版本差不多同时，而比《滇略》和《三国志传》早了半个多世纪，撰文者是当时的刑部郎中王延表，书写者是监察御史董云汉，可见关索为"关羽从子"还是官方说法。关索庙前还有一块明代状元杨慎的诗碑，刻于清道光十六年（1836年），碑刻《七律》一首：

关索危岭在何处？猿梯鸟道凌青霞。

千年庙貌犹生气，三国英雄此世家。

月捷西来武露布，天威南向阵云赊。

行客下马一酹酒，侯旗风偃寒吹笳。

诗中说关索为"三国英雄"世家，当然出自关羽一门。王海涛提到这首诗时说："四川广元昭化区有关夫人墓，今犹存。法国学者色迦兰曾对墓做过发掘，证实确系真身墓。夫人名'鲍三娘'，关索之妻。此皆正史所阙。杨慎四川人，对此必知之而不疑确有关索其人。"（《昆明文物古迹》）但此关索是关羽的儿子还是侄子，诗中却看不出来。

也有学者认为，《三国志》中没有关索，从元代的《新刊全相三国志平话》到明弘治年间的《三国志通俗演义》也没有关索。有关隘之岭称"关岭"，本与关索无关。民间所谓"关索"，不过是"关帅"的误读，或说是古代高山关卡更换车马货物的绳索，或说是唐五代笔记中的民间神祇"关三郎"等。种种说法，都陷入论争的泥坑，难得明白。

○ "唐标铁柱"在哪个"海"？

大观楼长联中的"唐标铁柱"究竟在哪里？

大观楼长联提到云南历史，有"唐标铁柱"四个字。此事出自《新唐书》，唐中宗时，御史唐九征率军出征今天的大理、保山一带，屡战累捷，大破吐蕃，毁其漾水、濞水铁索桥，并立下铁柱，以纪大功。但这个为千古流芳而铸的铁柱，却"千古"难寻，"留"下来的只有一堆"说法"：

《新唐书》说唐九征"建铁柱于滇池"，但滇池在滇东，唐九征获胜于滇西，怎么会跑到滇东去立柱纪功呢？《新纂云南通志》认为这个铁柱应该立在洱海地区，并推测当时唐人只知道云南有个滇池，而不知道云南还有个洱海，就把洱海误认为

有人认为唐九征铁柱和滇西铁柱庙供奉的这根南诏铁柱形制差不多

滇池了。但唐代名将韦皋的《破吐蕃露布》也说唐九征曾"勒功滇池之柱",这个韦皋是剑南节度使,驻守蜀地达21年之久,是唐朝廷处理南诏、吐蕃事务的主管,在任时和南诏,战吐蕃,都曾立下大功,不可能分不清滇池和洱海,他也说唐九征的铁柱立在滇池,不排除另有缘故。

有学者注意到,唐人刘肃的《大唐行记》说唐九征的铁柱立在滇地,又叫"波州铁柱"。据考证,这个"波州"在今天的祥云,距漾水有数百里之遥,唐九征为何舍近求远,跑到波州立柱纪功,也使人生疑。

明万历《云南通志》说唐九征的铜柱立在点苍山的湍溪,编撰此志的大理学者李元阳在《游石门记》中写道,"湍溪为唐御史唐九征立铜柱地",但这个地方已经找不到了。苍山左右是唐九征的战场,此战的目的就在保卫苍山、洱海。唐九征立柱点苍,坐山临海,雄视六诏,以武人情怀,应当如此。但苍山十八溪中,却没有一条叫"湍溪"。有人认为,湍溪就是洱海的出水道西洱河。更有学者认为,所谓"湍溪",不过是"水流湍急之溪"而已,指的是漾濞江或黑惠江。两江都是当时的战场,战场得胜,战场立柱,自然有理。而且两江地近吐蕃,唐九征树立纪功柱后,吐蕃多次出兵,要拔此耻辱之柱,均未得逞。直到天宝战争之后,南诏叛唐,依附吐蕃,吐蕃才把这眼中之刺、肉中之钉拔掉了(《大理风情录》)。

早知那铁柱唐代就被毁了,后人还找那么多年干什么?

○"宋挥玉斧"置云南于境外?

孙髯翁在大观楼长联中大书"宋挥玉斧"四字,让这个不见正史的"小动作"一下子变得万众瞩目,注家峰起,众说纷纭。且说"玉斧"二字,就有三说:一说是文房玩物,又说是头上饰物,还说是杖头玉器。至于"宋挥玉斧",按《续资治通鉴》和《滇载记》的说法,宋太祖赵匡胤担心重蹈唐代天宝之战的覆辙,用玉斧在大渡河以西划了一下,说:"此外非吾有也"——"大渡河以外的地方咱不要了!"

但不少学者认为,赵匡胤当时只是无暇南顾而已,并没有放弃云南。查遍早期北宋史料,都没有"玉斧划界"的记载。宋军虽然没有进军云南,但也没有把云南划到境外去,赵匡胤也不可能说什么"此外非吾有也!"这些学者认为,所谓"宋挥玉斧",不过是说赵匡胤挥动玉斧于地图之上,权衡利弊得失,议论处置云南。事实上,宋王朝始终没有放弃云南。宋太宗就册封大理政权首领为"云南八国都王",南渡之后,宋朝廷又册封大理国王段和誉为"云南节度使、大理国王"(《宋史·大理传》),大理向中央政权"贡奉"不断。所谓宋王朝"置云南于境外"之说,并没有根据。元灭大理之前,宋朝后院一直相安无事,有学者说这都归功于宋太祖的"挥玉斧",大概是没有错的。

宋太祖画像

○ "古长城"现身古村寨?

滇东真有座"古长城"吗?

世纪之交,在南盘江上游的河谷山地爆出大新闻:成千条"石埂子"被发现,长的数十公里、十几公里,短的几千米、几百米,用粗加工石料堆筑而成,一般宽3~5米,高1.5~2米,横贯滇东马龙、陆良、宜良、石林、弥勒五县交界处,很可能是中国纬度最低的古长城遗址!

宜良九乡的古石城埂

这段古城埂被风雨剥蚀得只剩一块残石

据说这也是古城垒的遗迹

一些专家说，这个"古长城"很可能是西汉益州郡太守文齐修筑的"障塞"，也可能是唐代东、西两爨的疆界，还可能是宋代大理落蒙部与落温部的界石或"自杞国"的边界，更可能是明代《云南通志》中记载的元代"靼子城"。但也有不少学者对此提出异议，认为这个古建筑不过是个"长石埂"而已，要说是"古长城"，还有待于进一步考察。

在1987年印行的《昆明市地名志》中，笔者查到一条石林县北大村的"古石城埂"："青石垒成，今存残垣断壁，高1～2米，宽1米余，有的借用天然石壁，有的用石头垒砌，县境内长30余公里，相传是唐天宝末爨氏落蒙部田庄界墙或军事设施，当地群众称为路南古长城。"看来"古长城"之说早就有了。

笔者考察过宜良九乡的古长城埂遗址。那是一个古道隘口，隘口两侧壁顶有一条用自然大石堆成的长埂。埂高、宽不过1米，长一二百米。在数百米外的山坡上，又有一座石台，前面还有几道石埂，看得出都是石砌建筑。石林县也有两处古代军事城堡：一在维则村旁的独石山，一在糯黑村旁的格白山。两座城堡都有壕、有道、有堡，山顶有城、有仓、有墙，格白山城堡更全以自然巨石垒成，工程浩大。登临之初以为又是古长城残段，再打听却是清代造反者的营地、部落打冤家的据点，不禁大失所望：看起来它们可真比长城埂还像长城呢！

○咸阳王墓真身在？

元初的云南平章政事赛典赤·赡思丁治滇很有成就，后来病逝在云南任上，忽必烈追封其为咸阳王，昆明"百姓巷哭"，"老稚悲哀之声，连日不绝"（《元史·赛典赤传》）。其葬礼隆重，备极哀荣。赛典赤墓是历代官民祭祀之所，多次修葺扩建，遗迹至今尚存。不料700年后，真要找起赛典赤墓来，竟也是一片扑朔迷离，难得要领。

据波斯《史集》之说，赛典赤葬于元大都，即今天的北京"他自己的花园里"。清人马注《瞻思丁公茔碑总序》说赛典赤葬于长安，即今天的西安。但查当地县志，西安十里铺确有赛典赤墓，但都说是衣冠墓。后建铁路时迁墓，主事者发现，墓穴中只有一双鞋（李清升《赛典赤·赡思丁评传》）。

在昆明，赛典赤的墓葬有两处，说法有三种。

一说赛典赤葬于"鄯阐北门"马家庵。《元史·赛典赤传》说赛典赤葬于"鄯阐北门"，后来"云南志书沿其说而不确指地名"（方国瑜《赛典赤墓享堂碑记》）。有学者认为，这个"鄯阐北门"就是今昆明城东北的马家庵，那里的赛典赤墓遗址尚存，已经修复，并列为云南省重点文物保护单位。此墓之前还有一墓，据说为赛典赤子之纳速剌丁之墓，也得修复一新。在《昆明文物古迹》等书中，都说马家庵墓是赛典赤的真身墓。

但有学者认为，要把"鄯阐北门"外 30 余里的马家庵也算作"鄯阐北门"，显然勉强，而地方史志中也没有马家庵赛典赤墓的记载。马家庵墓有可能只是赛典赤子孙之墓。

一说所谓"鄯阐北门"是今天的五里多。清乾隆年间，倪蜕的《滇云历年传》就说昆明石虎关以南俗称"南古城"，是鄯阐城旧址。借此说，"鄯阐北门"就在今天的五里多，这里也立有一座赛典赤墓，正面墓石上刻有"元咸阳王赡思丁墓"字样，也是云南省重点文物保护单位。

但有学者认为，五里多墓只是赛典赤的衣冠墓。清人马注的《赡思丁公茔碑总序》说赛典赤死后，"葬衣冠于云南鄯阐北门"。据说民国初年重修五里多赛典赤墓时，"发现墓中无尸骨，仅有铜壶、浴巾"，"方知是纪念冢，专供后人瞻拜的"，而"真身墓在马家庵村"（王海涛《昆明文物古迹》）。

昆明五里多赛典赤墓

昆明松华坝马家庵赛典赤墓

但有学者坚持认为，据赛典赤墓重修碑记，可以确认赛典赤"葬斡耳朵（五里多）"。清咸丰年间，五里多赛典赤墓被毁，墓室被盗。民初修墓时，据称墓中仅有铜壶等物，后即传为纪念冢或衣冠墓。云南"状元"袁嘉谷在《重修咸阳王陵记》中明白无误地说赛典赤"葬鄯阐北门，距今会城东南十里"。

还有学者做了另外一种估计："赛典赤·赡思丁归真后，遗体安葬于古鄯阐东门外之斡耳朵，即今昆明东南郊之五里多。由于历史上战乱的原因，此墓可能遭过侵掘，后由赡思丁的后裔抑或官府迁葬于府城北郊之马家庵，以系滇人之望。"（马汝云《赡思丁墓质疑》）

问题又绕回来了，马家庵墓是不是赛典赤的真身墓呢？这让人又想起了白寿彝先生 20 世纪 30 年代说的那句话："状元楼外（五里多）的墓和在马家庵的墓究竟谁真谁假，我们现在还不能断定。"（《赛典赤·赡思丁考》）

○梁王歹毒为何受崇拜？

位于呈贡东部的梁王山，昆明地区的三座梁王山之一

元代后期的统治很糟糕，末代梁王把匝剌尤其糟糕。这个把匝剌广占田亩，私吞盐矿，在昆明四郊田野牧马，糟蹋庄稼，他的牧马奴乱闯民宅，强吃强宿，天怨人怒，早已丧尽人心。先有明玉珍红巾军万胜率部攻入云南，把匝剌打得望风而逃。后来朱元璋大军在曲靖大败元军，杀奔昆明而来。人之将死，其言也善，此时的把匝剌终于说了句有点人味的话："我是大元宗室，没有投降的道理。如果死守昆明，那就苦了百姓了。"

把匝剌带着老母妻儿，大张旗鼓出了昆明西门，藏到梁王山兵营。明军兵临昆明，守城元军投降，昆明父老"盘香拜迎王师"（《滇史》）。把匝剌见大事不好，转移到滇池南岸的忽纳岩行宫，明军进逼，把匝剌命令全家自杀，但"杀法"又成了个谜：《滇云历年传》说，把匝剌先逼全家服毒不死，便和亲族亲信一起跳了滇池；《明实录》和《明史》则说，把匝剌将全家赶下滇池淹死，自己却半夜三更和一班亲信跑到野地草屋里上吊而死。

把匝剌死后，昆明父老念其恩德，替他收尸垒墓，并立庙祭祀（清《滇云历年传》）。城西的妙应寺旁建有梁王庙（明《滇志》），城中的报功祠里有梁王神位，另外还有一大堆"梁王"地名：有大小梁王山，有梁王河，有梁王村，还有无数的梁坟、梁堆，据说都是纪念把匝剌得好，把匝剌的贪残歹毒似乎全被忘了。此中或许还另有原因，又是一个谜。

○昆明中轴谁曾改？

中国封建社会讲究大一统和大集权，讲究宗法和礼制，反映在城市建设布局上，讲究的就是中轴线。老昆明城也有一条中轴线，其北起五华山，沿正义路南下近日楼，出城后可延续到三市街、金碧路。这条中轴线的标志性建筑是四座牌坊：南城外有金马坊和碧鸡坊相对而立，民间称为"一牌坊"；往北有"忠爱"坊，另称"二牌坊";再往北走,进了城有"天开云瑞"坊,又称"三牌坊";再北到五华山下又有"万寿无疆"坊,别称"四牌坊"。这条中轴线承载着昆明的历史文化记忆,是老昆明历史文化传承、变迁的重要标志。

这条老昆明中轴线的出现始于宋代的大理国中期。当时的大理权臣高氏重建了鄯阐城,城区东到盘龙江,南靠玉带河,西至鸡鸣桥,北依五华山,城中心在今天的文庙、长春路、东寺街一带。元代初期,云南平章政事赛典赤在鄯阐城的基础上重建中庆城,城区范围向北扩大,北端大致到五华山上,南端大致到今土桥,东端大致到盘龙江,西端大致到今福照街、鸡鸣桥一带,中心则是今天的三市街,昆明城中轴线的轮廓也大致勾勒出来了。

在这条中轴线北端的五华山,大理时期就有鄯阐侯高氏的府第。传说高氏在此凿井得泉,便称清侯,就地筑屋而居,称为"东府"。到了元朝,云南最高统治机构也驻在这里。其坐北朝南,居高临下,有道路直抵南门,形成了约4里长的中轴线。明初修建昆明砖城时,把原来南城(今三市街、金碧路一带)的商业区划到城外,仅把衙门、官府、兵营和一些寺庙圈在城中,又向北把城墙延伸到螺峰山上,居高临下,控制险要。但老昆明城的中轴线仍然得到保留,只不过其南端被划到城外去了。这条中轴线一直延续到现在,只是南到金碧路就"此路不通",缩短了大约1里。

还有一种说法,认为老昆明城的中轴线并非"700年一贯制",历史上曾经有过一

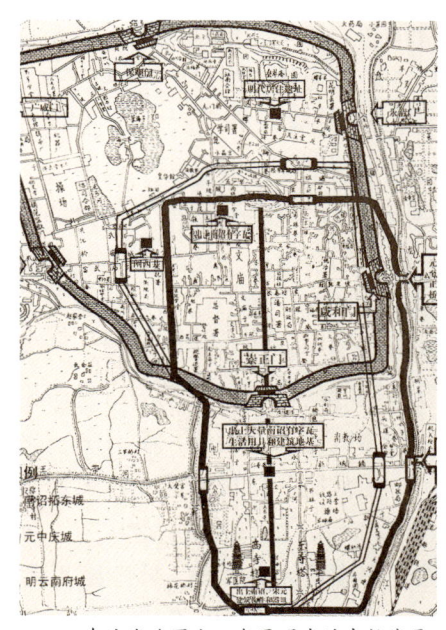

在这张地图上,老昆明城的中轴线是"千年一贯制"(原载《春城昆明》)

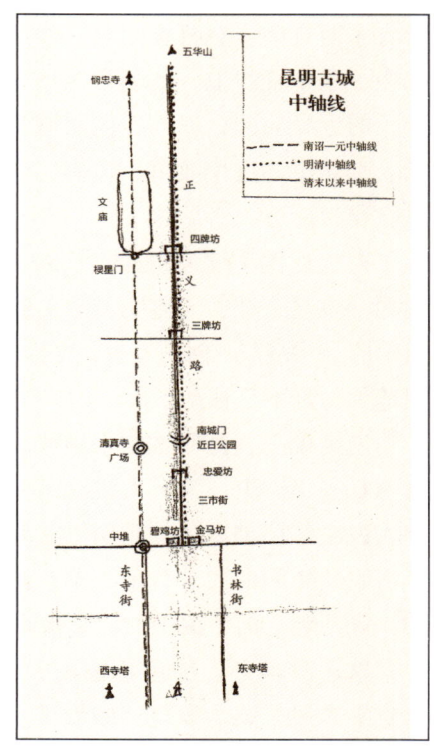

这张地图上昆明古城有两条中轴线(原载《昆明古城与滇池》)

次移动。原来的中轴线是从今天的胜利堂直下南城，再经南通街、东寺街到土桥，后来才改为从五华山出南城门到金碧路，向东平移了几百米。

据明正德年间的《云南志》、清康熙年间的《云南府志》、嘉庆年间的《滇系》、道光年间的《昆明县志》和民国《新纂云南通志》记载，明洪武年间苏州知府费良弼因事充军昆明，镇守云南的西平侯沐春对他以礼相待。早先昆明的崇正门（大南门）在城池的西南处，北面正对沐春的公署（在今胜利堂址），再往北则对上了北城门，往南则"直下羊市街（今南通街）"，形成老昆明城的中轴线。费良弼精通风水，认为这条中轴线对沐家不利，劝说沐春堵死甬道街，把南城门东移一里，迁到今天近日公园的位置，和五华山遥遥相对，形成新的昆明城中轴线。此后老昆明的南城门和北城门就"错位"而不在一条中轴线上了。

明代昆明砖城始建于沐英当政之时，一说为了应急，沐英首先抢筑城墙，直到10多年后，城门、城楼才完工，而此时沐英已死，最后主持工程的是其子沐春。地方志书中说沐春移动、修改昆明砖城的中轴线，并非不可能。

但一个昆明坊间传说又把"迁移城门"的故事搬到了清朝。据说明初修筑的大南门正对总督署（今胜利堂址），以甬道街相连，出城后直通南通街、东寺街，两旁有东西寺塔。总督署向北，经过民权街、华山西路、北门街到（北门）望京楼，都在一条中轴线上。清朝初期平定吴三桂之乱后，云贵总督范承勋把大南门转移到今天的近日公园，以破除昆明城的龙脉风水，免除叛乱再起。直到近代，不少昆明老人都能讲述这个故事。他们还说，正义路原来不过是五华山下的突杉箐沟，清初才修建为街道。

再查近代《续云南通志长编》，其中有记载说："清康熙二十年，（朝廷）以大兵围攻吴三桂，（昆明城墙）倾圮，重修。"在这次长达半年之久的围城战中，大南门是主战场，创伤不少，战后重修，自不可免。主持重修的就是云贵总督范承勋。但范承勋是不是移动了南城门，《续云南通志长编》没有说。

说来说去，昆明城的中轴线成了一团乱麻：有人说这条中轴线始现于元代，已有700多年历史，又有人说这条中轴线明代初期就被移动过，只有600多年历史；有人说主张移动城门的是明洪武年间充军来的罪犯费良弼，而坊间传说中却被换成了清康熙年间的大总督范承勋；据说费良弼认为昆明城的老中轴线对明代镇守云南的沐家不利，而传说中的范总督则认为老中轴线对清代皇室爱新觉罗家不利……

这还没有完。在近年昆明历史文化保护工作中，又有专家画了一条线，从胜利堂直下东风东路（原昆明城墙址），称之为"胜利堂轴带"——在集体无意识中，那条古老的昆明中轴线是不是又回来了？

○西平侯沐英被毒害？

沐英是明太祖朱元璋的义子，随朱元璋征战，屡建大功，后来率军拿下云南又镇守云南，为大明王朝立下了汗马功劳，受封西平侯，世守云南。沐英的结局，按《明史》的说法，朱元璋的太子朱标病死，沐英悲痛不已，卧病而死。但也有史籍认为沐英并非病死，而是被朱元璋赐死。持此说者，有清康熙年间冯甦的《滇考》、刘崑的《南中杂说》，清嘉庆年间师范的《滇系》，清光绪年间曹树翘的《滇南杂志》等。据说当时朱元璋派人送来绳索、毒药、毒酒，让沐英自择死路。沐英朝中有人，早已得知，便在南城外建起小

明西平侯沐英画像

鼓楼，接了朱元璋诏书，喝毒酒而死，后来鼓楼被称为"尽忠楼"。沐英死后，朱元璋赐谥号"诏靖"，意思是"下诏治乱"。清末云南"状元"袁嘉毂认为，从"诏靖"二字就可以看出，朱元璋毒死沐英"似非无因"，以朱元璋的"残暴"，沐英的才智，朱元璋岂能不下手"治乱"，而沐英焉得不死？袁嘉毂还引用昆明的一本《王氏家谱》说，王氏祖上有一个"右军武烈将军"，随沐英来滇，后因"御赐鸩酒之故，不愿为官，致仕为民"。可见私家著述，"较正史确实多矣"（《滇绎》）。

但清乾隆年间的学者倪蜕对"沐英被杀说"嗤之以鼻。他认为此说出自"野史传闻"，"多有谬误难信者"。而明万历年间进士何乔远的《名山藏》堪称"良史"，其中有沐英喝朱元璋所赐黄封御酒而死的记载，所谓"沐英被毒杀"就是从这里来的。倪蜕对此进行另一番解释，他说："明太祖对功臣虽然多有猜忌，但功臣们也有问题，往往由于骄僭怨望而自取其祸。沐英和太祖有四十年的君臣父子情义，二人并无嫌隙。而且沐英性情纯粹谨慎，功又最高，太祖为什么要毒杀他？只能说沐英为太子之死悲伤过度，得病将死，恰逢明太祖送来黄封御酒，而后沐英不幸亡故。百姓哀悼之余，不识真相，就怀疑是太祖杀了沐英——岂真有此事哉！"（清乾隆《滇云历年传》）。

当然，要说沐英"作乱被杀"，还真说不过去。师范说沐英被杀"似非无因"——好像也并不是没有原因，可能是沐英在云南太跋扈吧。而袁嘉毂认为沐英死于才高过人，都难以定论。其实，朱元璋真是赐死沐英，罪名大可"莫须有"，"诏靖"两字足矣。

○建文帝躲到昆明来？

朱元璋的孙子建文皇帝画像

传说建文帝在西山太华寺山门前种下的银杏树

朱允炆是明太祖朱元璋的长孙，因其父太子朱标早死，朱允炆以皇太孙身份继位，改元"建文"，史称建文帝。建文帝年幼登基，为巩固皇位，就学着汉景帝"削藩"——剪除叔叔们的封国。但削藩刚刚开始，建文帝的四叔朱棣就在北方发动"靖难之变"，起兵"清君侧"。这仗一打就是4年，最后朱棣打过长江，拿下首都南京。建文帝见大势已去，一把火烧了皇宫，却烧出了个千古疑案：明宫大火之中，建文帝是被烧死了还是逃了？如果逃过此劫，他又藏到何方，死在何处？

据明永乐年间的《明实录》和《明史稿》记载，建文帝焚宫之后，和皇后马氏一起自焚而死，宫妃嫔侍从多半也投火自杀。朱棣清宫三日，搜出一具尸体，宫人都说就是建文帝。当时这尸体烧得残缺焦烂，一塌糊涂，不可辨认。朱棣却宁可信其是，以天子礼葬了这尸体，为侄儿画了个句号，然后自己做皇帝，定年号为永乐。但成书于清代的《明史》又说"宫中火起"之后，建文帝"不知所终"，朱棣让太监们在火堆中刨出建文帝和皇后马氏的尸体，八天之后下葬。——建文帝和皇后马氏的尸体找也找到了，葬也葬了，为什么又说建文帝"不知所终"？

《明史》还说建文帝有可能从地道逃出，相传云南、贵州、重庆、四川都有建文帝出家为僧时来往的遗迹。不仅如此，在江苏、浙江、湖北、广西、广东甚至远到青海，都有建文帝出家游历、驻锡、藏身的传说，地方史或野史的记载也不少。还有一说，建文帝从海路逃到了南洋。于是，朱棣一方面派心腹胡濙以寻访道人"张邋遢"为名，遍行天下，暗中探寻建文帝的踪迹。而在此之前，朱棣风闻建文帝下了海，便让郑和"浮海下西洋"，寻找建文帝（《明史·胡濙传》）——以一国之力，大动干戈，最后仍不了了之。

关于建文帝的下落，最权威的说法记载在《明实录》中。那是明万历二年（1574年），明神宗问起建文帝的下落，内阁首辅张居正说，虽然国史不载此事，但先朝古老相传，说建文皇帝从暗道逃出南京，削发为僧，云游四方，明正统年间到过云南，途中题诗有"流落江湖数十秋"之句。明神宗慨然兴叹，下诏恢复建文年号。可见早在明代，人们就认为建文帝主要居住地就在云南。据云南地方志书记载，建文帝当初躲到了云南，关键之地还是昆明。按《新纂云南通志》的说法，建文帝削发为僧，潜逃出南京，沿长江逆流而上，进入云南，第一个落脚点就是昆明。

建文帝为何到云南昆明来？有人认为，早年镇守云南的沐英是朱元璋的养子，和太子朱标一起长大，二人情同手足，一说沐英之死，就是因为朱标过世而悲痛过度。建文帝是朱标的儿子，和沐英的儿子沐春、沐晟是少年时的好友。建文帝削藩时，沐家兄弟积极配合，沐家兄弟有事，也曾得到建文帝庇护。此番遭难，建文帝来云南投奔沐春、沐晟的可能性很大。据清初的《滇考》所记，建文帝开始藏身在昆明五华山中的五华寺，自称与镇守云南的沐国公兄弟是旧交。沐春、沐晟得知，悄悄来到寺中，和建文帝"密语多时"。后来，沐家兄弟既不挟持建文帝挑战朝廷，也不出卖建文帝向朝廷邀功，而将建文帝暗中送到武定府，"缜密庇佑"，保全建文帝。明永乐十八年（1420年），昆阳人、太监郑和镌刻了一部《大藏尊经》赠给五华寺。鉴于郑和曾两回昆明、七下西洋，目的之一就是寻找建文帝下落，其向五华寺赠经之举，意味深长。明代天启年间的《滇志》还说，五华寺还留下了建文帝坐过的"狮子座"。明人张含有《五华台》诗，似咏此事：

五华台上望昆明，净练微茫似掌平。

故国欲归归未得，海风山雨一齐生。

据说后来建文帝驻锡武定狮山，自称"文和尚"，四处游历，到明正统十年（1445年），以72岁的高龄圆寂。

近代《新纂云南通志》说，明代初期的史籍，在明成祖的高压下，都不敢议论建文帝的下落。明万历年间为建文帝君臣"平反"后，关于建文帝下落的记载才多起来。民间相传，建文帝在昆明留下的遗迹不少。除了五华寺的狮子座外，今昆明西山太华寺山门外有一棵古银杏树，粗达三围，据说就是建文帝亲手栽的。寺中又有古茶"松子鳞"，据说也为建文帝手植。昆明一座古寺里还有一尊穿鞋的弥勒佛像。传说建文帝夜里到此，雨下个不停，便敲寺门投宿，一位赤脚僧人开门相迎。为表示感谢，建文帝送给他一双鞋。第二天早上，人们惊异地发现，那双鞋穿到了弥勒佛塑像的脚上。昆明城东的嵩明有个"得食村",据说建文帝经过此地,饥渴之极,得到村民施舍。昆明城北的富民有座灵芝寺,传说寺中有个建文帝留下的蒲团,外形如同灵芝。昆明城西的安宁有座灵通寺,相传建文帝曾在此小住。昆明东南的宜良有个梨花村,相传是当年的沐氏勋庄,据说村民的始祖是沐英儿子沐驷(沐昶),当年曾陪建文帝藏身于此。宜良有洗马塘,相传为建文帝洗马之处;还有马王庙,祭祀的是建文帝的坐骑,相传当年长途跋涉之后,那宝马在此倒下……

不过,也有学者不认可"建文帝出逃说"。他们认为,当时南京皇宫并没有秘密地道,建文帝实际上死于朱棣之手。因此举为封建道德所不容,朱棣有意做些小动作,意在放出风声,似乎建文帝一直还活着,借以掩饰自己的恶名。后世文人不明就里,跟着起哄,以假为真,才造成了一个"千古疑案"。

○ "马哈只碑"有篡改?

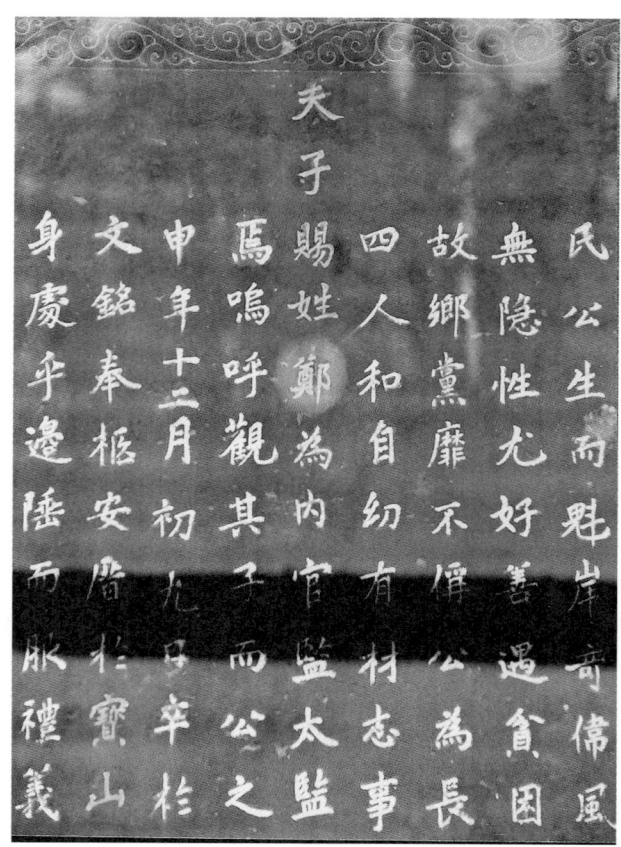

马哈只碑上的涂抹痕迹明显,不知何人所为

郑和为父亲立的"马哈只碑"上有多少难言之隐?

明永乐三年(公元1405年),三宝太监郑和首下西洋之前曾回昆明探亲,在昆阳月山为父亲立了块"马哈只碑",留下了一大块碑文,也留下了三大谜团:郑和的父亲为什么有姓而无名、有德而无绩、健壮早逝而死因不明?

郑和与父亲生离死别之时,年已十二,不会不知父名,碑文中仅按尊称记郑和的父亲为马哈只(朝觐者),而没有父名,这不合常情。郑和衣锦还乡,难免与乡绅父老叙旧,不会不提父事,碑文中却一字不提,又不合常理。郑和的父亲死时仅

39岁，为何被称为乡里"长者"，又为何盛年而死，碑文中也无记载，更不合常规——如此等等，其中必有难言之隐。

有学者考证，郑和的父亲并非乡里"长者"，而是元末镇守云南的梁王把匝剌手下的大员。把匝剌不敌明军，大败自杀，郑父"不肯枉己附人"（《马哈只碑记》），不是抵抗被杀，就是被俘而死。一说明成祖让郑和回乡祭父，也有"赦免"郑父之意，以示恩宠，让郑和安安心心"下西洋"。但郑和回乡之时，元朝残余势力仍然是明朝大患，郑和虽得当朝天子宠信，毕竟是元朝大员之后，为父书写碑文时，避讳父名父事，也就在情理之中了。

马哈只碑文的撰书者是大学士李至刚，另一位大学士解缙曾说这个李至刚"放荡而附势，虽有才而品行不端"（《明史·解缙传》）。《新纂云南通志》提到此事时说，李至刚为郑和的父亲撰写碑文，也是有缘故的。这个缘故是什么？《新纂云南通志》没有说，也引人遐想。又据说，"马哈只碑"还有改字痕迹，这就更让人生疑：原来何字？所改何字？是不是与马哈只碑三大谜团有关？

○郑和为何回乡来？

明永乐三年，即1405年，郑和首下西洋之前，奉明成祖朱棣之旨，回昆阳老家祭奠亡父，到明永乐九年，即1411年，郑和二下西洋刚刚归来几个月，再次奉旨回乡祭父，在昆明一住就是50天。明成祖如此关心郑和的亡父，甚至可以和下西洋这么大的国事相比，真是有点儿"深奥"。

一种说法是，郑和两次回乡和传说被明成祖取代的建文帝朱允炆流落云南有关。明成祖表面上让郑和回乡扫墓，暗中又要郑和察访建文帝行踪。郑和无功而返，明成祖更怀疑建文帝逃亡海外，便命郑和下西洋跟踪寻拿建文帝，同时"耀兵异域，显中国富强"（《明史·郑和传》）。

有学者认为，郑和是昆明人，熟悉地方情况，又是明成祖心腹，奉派

昆阳郑和故里碑

到昆明寻找建文帝,当然是最佳人选。如果此说不假,郑和真在云南找到了建文帝吗?有史料说,郑和返乡之时,曾向昆明五华寺镌刻《大藏尊经》一部,而建文帝也曾在五华寺逗留过,则郑和赠经之举,当有深意。学者们说,建文帝在云南,郑和不是找不到蛛丝马迹,只是曲为掩饰,没有触及建文帝。建文帝能够安处于滇中山寺,与郑和的暗中保护分不开。

尽管这些说法都有一定的道理,但也只是一种猜测而已。不管目的是什么,郑和七下西洋,开创千古伟业,两回故乡,留下一碑为证,不亦幸乎!

○郑和把苞谷传世界?

苞谷早已是昆明农村主要粮食作物之一

西方学者把玉米在全世界的传播归功于哥伦布,认为是他在1492年"发现"了美洲新大陆,这才把原产美洲的玉米带回西班牙,后来又传遍世界,明代才辗转传入云南。但到世纪之交,人们对玉米起源又有了新的发现,"玉米之路"和传统的说法恰恰相反,并非从美洲传到云南,而是从云南传到美洲的。

20世纪末,一些西方学者对亚马孙河流域和委内瑞拉的土著人群进行了遗传学研究,在他们身上竟发现了中国各民族的DNA,这让许多人惊讶不已。中国人的DNA是怎么跑到美洲去的?

为解开这个谜,英国退役海军潜艇司令孟席斯跑遍了120个国家,潜心研究了15年,写出了《1421:中国发现世界》一书,认为早在哥伦布"发现"美洲大陆、麦哲伦环球航行之前,昆明人郑和就成功地进行了环球航行,"发现"了美洲大陆,建立了"殖民地"。孟席斯的证据除了前面提到的遗传研究外,还有一张据说是明代的中国海员绘于公元1459年的全球地图,有最早登陆美洲的欧洲人发现的中国舢板残骸和中国人后裔,美洲一些地区还有和中国共同的语言现象,在美洲印第安人的宫殿中还有明朝早期的瓷器等等。尽管在关于郑和的历史记录中找不到"下东洋"之说,但是有学者坚持认为,不能排除有一些失散的郑和船员可能随着大洋的海流漂流到了美洲,留下了种种遗迹。

孟席斯的发现中有一个和玉米有关:郑和船队在全球运输并且移植了包括玉米、马铃薯在内的主要经济作物。这就产生了一个可能:玉米原产于云南,云南人郑和的船队先把它从中国带到南美,后来才由哥伦布从美洲带到欧洲……

○《滇南本草》谁篡改?

比《本草纲目》成书还早百年的《滇南本草》是谁写的?

明代云南有本《滇南本草》,比李时珍的《本草纲目》还要早100多年,用图文对照的方式记载中医药物500余种,中医药方710个,是云南历史上最有名的药典,在全国中医药史上也有重要地位。一般认为,《滇南本草》撰写者是嵩明县杨林隐士兰茂。但奇怪的是,最早记载兰茂撰写《滇南本草》的史籍却是清道光年间的《云南通志稿》,但和《云南通志稿》同时刊印的《昆明县志》却说《滇南本草》是"依托之作"。

还有学者发现,兰茂生活在明初,且为一方名士,但明代和清代初期的地方志都没有兰茂撰写《滇南本草》的记载,有人对兰茂其人其事其《滇南本草》产生了怀疑。清代有个"状元科学家"叫吴其濬,他的代表作是《植物名实图考》,此书引用《滇南本草》达68次之多。编书之时,吴其濬也遇到了《滇南本草》的"依托"问题,但他访求到不少《滇南本草》版本,各有异同。其中一个版本成书于明正统元年(公元1436年),时在兰茂逝世前不久。吴其濬认为,此书应该是《滇南本草》的原本。吴其濬在昆明做过云南巡抚,还代理过云贵总督,他对兰茂应该是了解的,找几本原版书也不困难,其记载也应当可信。至于清末突然冒出来的兰茂《滇南本草》,被认为经过江湖方技家"假窃行术","擅加窜易",序言尤其谈不上"雅驯","几失原书之真"了(《新

兰茂画像

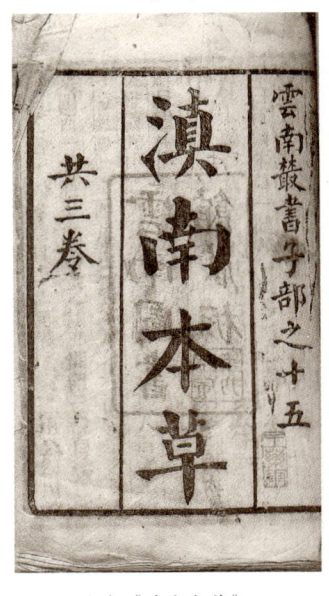

古本《滇南本草》

纂云南通志》）。

虽然明代的八部云南省志都没有兰茂编写《滇南本草》的记载，但仍然可以在明天启年间的《滇志》中找到一段文字，其中说兰茂很有名，但一个叫施光禄的人在编修本乡方志时，对兰茂"排而去之，不遗余力"，以至于省志想为兰茂立传也难，只好作罢。但这个施某为何许人，却无处可考。兰茂的《滇南本草》是否曾被施光禄"排而去之"，也成了一个谜。

○蛇山深藏"沐府"财？

明末清初，天下大乱，昆明大乱，滇南土司沙定州率兵进城，烧抢黔国公沐府。末代黔国公沐天波抛下妻子老母，落荒而逃。其妻焦氏、其母亲陈氏各自逃出沐府，分别躲入城北的金井庵和朝阳庵。婆媳二人不知对方死活，却不约而同于当夜自焚而死。

明代镇守云南的黔国公沐家先祖是明太祖朱元璋的养子沐英，因攻、守边疆有功，成为云南的最高统治者。其子孙世代镇守云南，直到明朝终了，历时280年。沐家守边有功，同时又侵夺田产，私征税银，接受贿赂，搜刮民脂民膏，积累了惊人的财富，"家门贵盛"，富可敌国。沙宝洲占了昆明，得了沐家大量家财，一部分运回滇南，一部分留在昆明，尽情享用。后大西军打来，沙定洲败走滇南，被追杀而死。

"明黔国公太夫人陈氏尽节处"题刻就在上方的山崖上

"明黔国公太夫人陈氏尽节处"石刻

四望何处朝阳庵？

有后人相信，金井庵和朝阳庵是沐家女眷的"私庵"，应该有些"家底"，而沐夫人和陈太夫人出逃之时，随身金银细软也少不了，藏身时亦必藏金，且藏金地就在金井庵、朝阳庵附近。但过了几百年，不但沐家两夫人的藏金杳无音讯，连金井庵和朝阳庵的踪迹也消失了。

2008年9月，一位老昆明人向媒体提供线索称：昆明北郊长虫山东崖有巨幅摩崖石刻"明黔国公太夫人陈氏尽节处"，而石刻下就是建于元末明初的朝阳庵——"后人疑此庵废墟中埋有金银珠宝，便在废墟中挖掘，如今庵址已面目全非……"

经考察，长虫山摩崖石刻地处海拔2210米处，"明黔国太夫人陈氏尽节处"11个石刻大字风化严重，但保存完整，还看得清楚。摩崖高2.7米，宽43厘米，其中，11个字中，"尽"字稍大，似乎表达了题字者的一种心情。左侧还有一块"题记"，但因为风化，字迹大多难以分辨，非常可惜。但两块石刻的落款却都很清楚，题写人为"周士元"。

经查，在《汝南历代名贤录》等历史资料中提到过这个周士元。清康熙初年，周士元从湖广流落云南，到一个武官家上门做入赘女婿，对云南的事，应该不会生疏。后来周士元从军，屡立战功，做到南澳总兵。周士元此通题刻的时间是"康熙癸巳年冬"（1713年），距陈太夫人之死不过60多年，他的这方摩崖石刻，应该是可信的。

300多年前的火焚，300多年来的风雨，几乎把朝阳庵的痕迹抹得一干二净，就是站在摩崖石刻旁，要想确定朝阳庵的大概方位，也是一片茫然。摩崖石刻所在之处是笔立的陡崖，崖下林地的坡度也有五六十度，要建个寺庙，特别是能容下黔国公太夫人的大庙，几乎不可能。崖顶则是一片"石林"，朝阳庵要在这里"落脚"，看来也难。

笔者一行探访时在摩崖石刻前的积土中找到了一些残砖碎瓦和几块陶片和瓷

摩崖石刻下发现的带图案的砖瓦

片。其中半块青砖上还刻着图案,用草擦去泥土,但见那图形貌似一个宝鼎。后来经文物专家确认,这块"宝鼎青砖"还真有点儿价值。事后媒体有这样的报道:"据专家初步判断,这些东西都出自明朝中晚期,砖上那个犹如宝鼎的图案,是在烧制青砖前,用印章一样的模印盖在未干的砖上的,等到风干、烧制后,图案便清晰地呈现在砖上了。在明朝中晚期,很多地方都有在砖上刻字、刻图的习惯,因此便产生了文字砖、图案砖。估计当初建盖的寺庙,是由专人负责建盖。在盖完寺庙之后,施工方就在一块砖上刻下印记,表明该建筑物为'某某人承建'的意思,这种砖一般砌在墙角或墙底部。"——人们确实走近了朝阳庵,但朝阳庵仍然无处可寻,黔国公陈太夫人之宝仍然无处可觅。

○李定国"四金"藏得怪

李定国是明末张献忠的大西军"四将军"之一,以能攻善战著名。张献忠死后,李定国等率部入滇,平定云南,后来"联明抗清",投入南明政权,东征湖湘两广,受封晋王,迎明永历帝入滇。因内部分裂,李定国被清军所败,退往缅甸,坚持抗清。永历帝被吴三桂杀害,李定国泣血而死,年仅42岁。在历史上,李定国被称为农民起义将领、抗清斗争的英雄。

李定国死后,"李定国藏金"的传说时起时伏,传了几百年。如今有关李定国的小说、电影、电视剧,如《七剑下天山》等,都有"李定国藏金"之说,而且数量巨大。因"藏金"传说而成书、成剧,又因书、因剧而有了新的"藏金"传说,更让"李定国藏金"扬名四海。

从历史上看,"李定国藏金"痕迹不少,来路很多:

一是首先是张献忠的"张金"。明末张献忠于陕西起事,率领数十万大军转战半个中国,最后在天府之国四川称帝。其所到之处,凡皇室豪富,达官员人,都被洗劫一空,囊中财宝,早已是天文数字。张献忠死后,"张氏金宝"大多落到了他的四个义子、大西军"四将军"手中。"四将军"后来到了云南,成为"四王"。定北王艾能奇早死,抚南王刘文秀病死,平东王孙可望降清,"张金"就落到了安西王李定国手里。据《残明纪事》记载，李定国击败孙可望后，曾查出孙可望在昆明的"窖金处"，挖出"银二十九万两，金犁一副，重三百斤"，后全部充作军饷。

其次是黔国公沐氏的"沐金"。沐氏世代镇守云南，前后两个半世纪，积累了巨额财富。这些财富多被滇南土司沙定州"乱"兵夺去，末代黔国公沐天波落荒而逃。后来李定国把沙定洲赶出昆明，乘胜追至沙氏老巢，灭了"沙兵"，所缴"沐金"，也成了李定国的"军饷"。

第三是云南出产的"滇金"。大西军治滇有方，云南本为金宝产地，在大西军治下更成为"滇南乐土"，"物阜民安"，"土产丰富"。大批钱财被李定国集中起来，"足供养兵之需"（《滇南纪略》）。

滇西云南驿白马庙李定国塑像

最后是南明永历帝的"明金"。"瘦死的骆驼比马大"，南明小朝廷也有自己的府库，自己的金宝，战事激烈之时，全都拿出来做了军费，"首供"李定国，以至于流落缅甸时，永历帝君臣甚至落到了砸玉玺换饭吃的地步。

"四金"并"一金"，李定国之金就不少。李定国扶明抗清，鞠躬尽瘁，死而后已，但大势已去，败亡难免，"李金"失散，或"藏金"以图东山再起，都是可能的。后世"李定国藏金"传说四起，就不奇怪了。

南明永历十二年（1658年），清兵进逼，李定国拥永历帝撤出昆明，西走缅甸。数百年后，到了清光绪年间，官府在五华山兴建高等学堂，挖出一块方玉，竟然是永历帝的玉玺！此玺方五寸，背刻龙纽，正面刻"敕命之宝"四字。玉玺旁有一具枯骸，大概是殉死的宫人（《新纂云南通志长编》）。当初撤退之慌乱仓促，可想而知。而大批金银来不及带走，藏在某个地方，也不无可能。

吴三桂封王昆明，擒杀南明永历帝朱由榔，又滥杀无辜，荼毒三迤，唯恐天谴，于是在昆明大修佛寺道观，以求自安。据清初刘健《庭闻录》记载，吴三桂重修昆明玉皇阁时，意外地获得窖金50多万两。后来重修老君殿，又获"窖金百余万两"。与此同时，吴三桂在其他地方大兴土木，也多次发现以10万两计的藏金。这些藏金显然都是"李定国藏金"的一部分,可惜没派上"反清复明"的大用,反而成了吴三桂横起"三藩之乱"的资本——但"李定国藏金"还有没有?信其有者不少。近年来,张献忠的"锦江锢金"和彭山"百船沉宝"的发现,更让人兴奋不已。如果古人无欺,古书无欺,古传无欺,古谣无欺,"李定国藏金"的再发现,也就"可期"了。

○ "藕池藏金"今何在?

"李氏藏金"之在昆明,还有一条"线索"。

当初大西军"四将军"进占昆明,初来乍到,号令不出府城。昆明名士金公趾站出来上书大西军,献计平定云南三迤,大得赏识,被李定国请到府中,出任中书令,参与谋划军国大事,后来做了南明朝廷的左都御史。再后来跟着李定国撤至缅甸,死于境外。

昆明南郊的九门里金刚村是金公趾的老家。金公趾死后,这里冒出了"藕池藏金"之说。相传吴三桂兵临昆明城下、金公趾随李定国离昆西走之前,曾把48驮金砖埋在金家花园中,以为东山再起之用。金家花园后面是一个藕塘,据说就是后人"掘园寻金"的痕迹。那"花园藏金"的去向一直没有说法,却变身"藕池藏金"而传说不衰——或许,就因为没有把这笔藏金弄进寺庙,才得以摆脱吴三桂之手而幸存至今?

为解开"藕塘藏金"之谜,笔者几次走进金刚村。数百年风雨,改朝换代,那金家花园早就没有了踪迹,却打探得附近的九门里有金公趾墓,墓前有碑,刻有"明故处士金公、夫人袭氏之墓"等大字,传说金公趾的48驮金子就藏在墓下。又有人说,此墓只是衣冠冢,墓中仅有一靴而已——听来都是"盗墓者说",真假难辨。

传说金公趾藏金处的金刚村

金刚村的"藕池"鱼塘

金公趾真身墓何在？当地又传说，金公趾立大功后，皇帝要重赏。金公趾说："臣只要郊区四座山，以为归葬之地。"这个"四山"就是梁王山、金鼎山、鹦鹉山和紫金山。而金公趾的真身埋葬之地据说在昆明西郊的金鼎山，如今山上成了工业区、文创区，厂房林立，至于金公趾葬处，早不可寻矣。

笔者在金刚村父老处听到"金家墓"故事。"金家墓"在金刚村委会后一片高地上，毁于20世纪50年代末，后来建起了一片临时厂房。高地后有大片藕塘，后来填了种稻子，现又挖成鱼塘，供人垂钓。笔者在这里绕了好几圈，笑问一位"塘"主："挖塘的时候，挖到什么宝贝没有？"

"塘主"笑答："挖着宝贝我就不在这里守鱼塘了。"

不过，金刚村中还真有人信古墓有宝。据老人说，以前真有人盗挖村旁古墓，挖了才知道是本家祖坟，赶紧封好回来烧香祷告。至于挖到金宝没有，外人不得而知——再问，那坟历史不过百年之久，与金公趾无关。

金鼎山以西有玉案山，山中有筇竹寺，寺中有藏经阁，阁前有清人钱沣题联：

已作真金，讵复成矿；

是惟师子，乃解逐人。

这个钱沣不是别人，其祖母就是金公趾的亲生女儿。题写此联时，有意无意之间，钱沣是不是想到了先人的"藕池藏金"？

○猫狗"大义"水里栽

明末清初，吴三桂率清军进逼昆明，南明永历帝朱由榔弃城而去，城中秀才薛大观一家投水而死，"为天下明大义"——秀才以死尽忠，儿子以死尽孝，女眷以死尽节，侍女以死尽责，而家中猫狗也以死尽义，让人喟叹。

黑龙潭

据《明史·薛大观传》记载，明末清初的南明永历十五年（清顺治十七年，1660年），吴三桂率清军进逼昆明，南明永历帝朱由榔弃城而去，城中秀才薛大观叹息道："不能据城一战，君臣为国而死，而竟远逃蛮邦，以求苟活，真是羞耻！"薛大观耻食清粟，下定决心"不惜七尺躯，为天下明大义"，当即率妻、子、媳、孙、侍女共7人投黑龙潭而死。第二天尸浮水面，仍互相牵依，"幼子在侍女怀中，两手紧抱如故"。薛大观二女儿本已出嫁，当时正"避兵山中，相去数十里"，也在同一天"赴火死"。而昆明民间传说，薛家之猫、狗也全都投水而死。后人收其全家尸骨，合葬在黑龙潭边，至今还在，叫"薛坟"——这是"彰显大义"之死。

但是，这个薛大观到底死于何时，到底为何而死，却又众说纷纭。

清康熙年间的《云南府志》说薛大观死于清顺治十五年（1658年）。原因是"云南溃兵肆掠"，而薛大观"义不受污"，全家避到昆明城北，在龙泉观亭子摆酒痛饮，慷慨赋诗，妻子、女儿都发誓共同效死。薛大观把家里剩下的银子分给仆人和丫环，让他们到外地谋生。众人哭道："主人赴死，我们岂能偷生？"大家都把银子扔进水中，投身黑龙潭而死。此时正当吴三桂进占昆明，滇中大乱，薛大观全家是"义不受污"之死。

按清人吴存义《明忠义薛尔望先生墓表》之说，薛大观是死在"明季鼎革"——改朝换代之际，薛大观"自叹食毛践土"——感于君恩君德，这才"尽节"而死。自沉之前，薛大观在黑龙潭"置酒亭上，慷慨赋诗"，"阖家视死如归"。薛大观的诗没有留下来，却留下了他的题壁大字："愿为殉节之鬼，不愿为苟全之人，全家同尽节于潭。"由此看来，薛大观全家赴死是为南明永历帝"殉节"，为南明小王朝"尽节"——如此则薛大观当死于清康熙元年（1662年），死于明永历帝朱由榔被吴三桂缢死之时——这又是忠君殉节之死。

其实，无论薛大观何时而死，因何而死，都可见其封建正统观念之强烈，后来清朝封疆大吏对薛大观大加推崇，原因正在于此。而辛亥革命前，讲武堂革命师生

黑龙潭旁的薛大观墓

当年薛大观祠堂

到此谒墓,看中的则是薛大观的"耻吃清粟"、薛大观的"大义尽节"。昆明辛亥重九起义的领导人蔡锷在其审定的《云南光复纪要》中也盛赞"滇人种族之感,至(薛)大观而极",堪称定论。

○"皇陵"化身"圆圆梳妆台"?

南明永历帝叫朱由榔,明崇祯帝自杀后,清兵大举入关,朱由榔在衡阳被拥为皇帝,最后跑到云南建立了小朝廷。后清兵三路入滇,朱由榔逃到缅甸,被吴三桂抓回,在昆明绞死。然而,这个悲剧"马上天子"的最后结局正史不载,只剩下一些野史议论纷纷,一说被迫自杀,一说被人绞杀,反正都是一个死。但辛亥革命之后,清朝垮台,民国建立,要祭奠这个前朝之君了,其死处和葬处马上重要起来,然而人们面对的却是一个个谜团。

一个说法是朱由榔被吴三桂焚尸扬灰,撒在莲花池中。另一个说法是朱由榔被葬在北门外的莲花池边,但又有人说此坟是吴三桂为掩饰罪行而造的假墓,后来吴三桂还在这里哭陵起事,掀起三藩之乱。

古莲花池边有个陈圆圆梳妆台遗址,后来只剩下一个土堆。云南近代学者方国

莲花池畔传说中的明永历帝陵遗址

瑜到那里做过考察，在土堆上没有发现任何建筑遗迹，却在土堆南面发现了规模不小的建筑遗址（《庭闻录·跋》）。一说这土堆为一座古墓，墓主就是朱由榔。清军平滇之后，明朝遗老担心官方平毁先君陵墓，把这个土堆说成是陈圆圆梳妆台旧址，朱由榔墓才得以保存下来。据说，早在云南重九起义之后，就有人写信给云南都督蔡锷，说陈圆圆梳妆台就是朱由榔墓，后来起义军政府还在莲花池畔举行了祭奠朱由榔的仪式。

今天的莲花池已建为公园，但水面已不到当年的十分之一，被称作陈圆圆梳妆台的那个土堆早就没有了踪影，朱由榔的"帝陵"在何处，也成了一个无解之谜。

莲花池边传说中的陈圆圆梳妆台遗址

○陈圆圆墓探秘有雅才？

吴三桂"冲冠一怒为红颜"的宠妾陈圆圆墓在何处？

明末清初，吴三桂为夺回宠妾陈圆圆，"冲冠一怒为红颜"，开关引清军入城，成了新一轮改朝换代、江山易主的前奏，陈圆圆也因此有了"倾国"之誉。后来陈圆圆随吴三桂到了云南，没享多久福就失宠，闲居莲花池。吴三桂灭亡，陈圆圆也不知所终，死在哪里，葬在哪里，都成了谜。

有史籍说，清军打败吴三桂收复云南之时，陈圆圆已经死了好几年了。又有史籍说，清军攻克昆明后，陈圆圆死于乱军之中，又说陈圆圆是自缢而死。清道光《昆明县志》称："吴三桂既死，相传其美人陈圆圆不久入道，迨云南平，陈之死已数年矣。"而民间流传最广的说法是，清军破城之后，陈圆圆投莲花池而香消玉殒。还有人说，清军进攻昆明，陈圆圆避至小西门外瓦仓庄土主庙栖身，得以免祸，后陈圆圆改土主庙为三圣庵，老死其中。

对陈圆圆之死，自古说法不少，陈圆圆的墓更是个谜。有人说陈圆圆投莲花池死后就葬在池边，有人说陈圆圆葬在莲花池边的商山寺。清道光《昆明县志》说："安阜园（陈圆圆故居）在城北，近商山寺"，昆明父老说陈圆圆的墓就在那里，旁边就是梳妆台遗址。清嘉庆年间，有人在商山寺扶乩，陈圆圆还"降坛与之唱和"，有《商山鸾吟》问世。还有人说陈圆圆改名寂静，老死三圣庵，葬于昙华庵（今昙华寺）侧边。清末学者赵藩较真，亲自到昙华庵一带寻访"寂静墓"，却无功而返。后来还是归化寺僧带他找到了寂静墓。墓前有碑，碑文是："开建三圣堂第一代大戒比丘尼寂静号玉庵公老禅师墓。"赵藩还是较真，认为此墓最多就是寂静墓而已。而寂静是谁，却无从得知，如何判定此墓就是陈圆圆墓？真是"好事者不可无雅才，而雅才未必好事！"（《陈沅传》）

○ "吴氏三宝"何处埋？

清初吴三桂割据云南20年，压榨滇民，勒索土司，又向江南伸手，独得全国赋税的三分之一，"天下财赋，半耗于三藩"（《滇系》）。滇中乃至全国民脂民膏，集于吴氏一身。其选之官称"西官"，其铸之钱称"西钱"，吴宫更"珍宝充盈，富于天室"（《漫游纪略》），"库仓金银、币帛积之如山"（《明清史料》），地不堪载，深陷三尺，昆明当时有民谣曰：

吴宫压地金三尺。

此外，吴三桂还发了好几笔横财。因杀人太多，吴三桂心虚，于是在昆明大修佛寺道观，期间多次从地下挖出数十万两窖金银（《庭闻录》）——这些金银应为南明王朝财产。当初吴军压境，南明军队仓皇撤离，将大批金银藏于地下，不料成了吴三桂囊中之物——这样一来，吴宫就是不想"压地金三尺"，也不可能了。

"吴宫"之外，吴三桂的藏宝地还有一个，就是昆明城北的莲花池。当年吴三桂为了安置爱妾陈圆圆，"穷极土木"，穷奢极欲，耗费3年，在这里建起了安阜园，又称野园。据地方志书记载，吴三桂建此园时，甚至不惜代价，跑到百里外的大户人家，"穿屋破壁"，强征名花奇石。更将搜刮来的"金甲嵌胡珠、银甲嵌珊瑚"和"玉带、金带"等等，装了

吴三桂坐像

昆明金殿宝藏的"吴三桂大刀"和宝剑

足足30箱，送进安阜园（《续云南备征志》）。

安阜园藏品，以"吴氏三宝"最为著名：

第一宝是虎皮。这块虎皮为吴三桂早年镇守宁远时的猎物，白毛黑纹，色彩奇特，象征神武，大壮英雄之色。

第二宝是大理石屏，原为明黔国公沐氏旧物。沐氏镇守云南200多年，积宝无数，这块大理石屏也算一绝。此屏高六尺，"山水木石浑然天成"，屏面有名人题字，更显身价不凡。

第三宝是大红宝石，原镶嵌在吴三桂帽顶。这颗大红宝石直径一寸，长二寸许，"光照数丈，炎炎如火"（《庭闻录》）——正所谓"宝石"也！

"吴氏三宝"价值连城，称绝天下。吴三桂也为此十分得意，常亮出"三宝"，炫耀于宾客，时人尽知，更以得一睹"三宝"为荣。

但蹊跷的是，史料中说吴三桂"财宝饶于天下"的不少，但谈到清军入城收缴吴三桂财产时，仅记载缴获大金印14颗、小金印7颗、银印92颗、金策8件等（《八旗通志·章泰传》）。另有人说"伪宫财物充斥"，举出的例子却是堆了好几个库房的折叠裁纸小刀（《庭闻录》）。天下仅有的"吴氏三宝"神秘失踪，"吴宫压地金三尺"的财宝也没了踪影，都到哪儿去了呢？

一个说法是被清军将领贪了。如《清实录》记载，康熙帝的云贵总督蔡毓荣占了吴三桂的爱妾"八面观音"，又将吴三桂的嫡孙女私匿为妾，将吴氏金银珍奇财货悉入私囊，后来事发，康熙帝赦其不死，"所欺隐金银，照追入官"——但照此穷追，蔡毓荣也不过"私吞金二百两，银八万两"等，对于"吴宫压地金三尺"来说，仍是九牛一毛。吴三桂天量财宝的下落，仍是一个谜。

在昆明民谣"吴宫压地金三尺"的后面，还有一句：

不博昆明土一丘。

两句连读，就是一个谶语：吴氏府库存金，地陷三尺，一旦身败名裂，却死无葬身之地，求一丘土而不可得，不亦悲乎？

不仅如此，细解此谶，似乎还有一层深意："金三尺"喻吴三桂财宝之多，"压地"喻吴三桂有随葬财宝，"不博昆明土一丘"喻藏宝不在昆明，而在昆明之外某处"一丘土"下，即吴三桂死葬之处是也。

其实，就是不说随葬品，吴三桂那一身穿戴，"含金量"就足以让人瞠目结舌了。吴三桂帽上的大红宝石是"吴氏三宝"之一，自然不在话下。还有金甲嵌明珠，银甲嵌珊瑚，还有玉带、金带、银带、枷楠带、犀角带、沉香带，都嵌满了珠宝，价值万金。就是吴三桂夏天戴的象牙抽丝凉笠，也是天下一宝。

于是，吴三桂死于何时，葬于何处，也成了"好事"兼"好财"者苦解而无解之谜。一说吴三桂死于衡州,后运回昆明,准备葬在安阜园,后又秘密"择地移葬",清军攻城之时,又将吴三桂尸体秘密迁走,去向无人知晓——于是传说四起:有人说吴三桂尸体被沉到宜良阳宗海,有人说被埋在郊坛之下,有人说清军攻下昆明后被戮尸扬灰,等等。

据《清圣祖实录》记述,康熙二十一年(1682年)正月十九,议政王大臣会议决定:"逆贼吴三桂骸骨分发各省。"而据《平滇始末》,吴三桂的侄儿举报吴三桂已焚化,骨灰匣藏在安阜园石桥水底,后来果然从这里挖出一个骨灰匣,解送京师。《清圣祖实录》所谓"骸骨",大概就是骨灰了。清廷这样做的目的,自然是警诫后人,那骸骨是真是假,倒在其次。而诸多"吴墓"是否掘出吴氏藏金,无论正史、野史,一个字儿也没说,大概有也不多,不值一提——"吴氏藏金",仍是一迹谜。

○何方"孙髯"对联来?

滇池边有个大观楼,昆明城有个孙髯翁,孙髯翁跑到大观楼写了副对联,有180字,叫大观楼长联。落笔之前,孙髯翁一定喝足了酒,透支了昆明人上下500年的才情,不然那长联不会写得如此出类不群,尽摹滇池景象,极言千年滇史,状物则物势流转,辞采灿烂,写意则意气驰骋,磅礴千古,号称"天下第一联"。毛泽东没到过昆明,却对大观楼长联倒背如流,特别让云南干部认真体会,并驳斥了对长联的一些非难之语,更让人对大观楼长联和长联作者刮目相看。

大观楼长联落款明明白白地写着"昆明孙髯翁先生旧句",谁写此联,应该是清清楚楚了。但前些年,这个"昆明孙髯翁"多次遭到质疑,有人认为,这个"孙髯翁"不是昆明布衣孙髯,而是曲靖文人孙璘。此中提到了"二孙"的年龄、名号、思想等等,都是一堆笔墨官司。如质疑者指出孙髯好友师范所纂《滇系》中有孙髯传,

孙髯刻像

记述了孙髯一生成就,但对大观楼长联一字未提,岂不奇怪?辩者却举出师范的《东渠邀游近华浦偶成》诗中有"孙布衣留绝妙辞"之句,并自注说近华浦内"有(孙)髯翁联甚佳"!

这场笔墨官司在社会上影响不小,有关部门特地为此召开了研讨会,结果还是谁也不能说服谁,但"昆明孙髯翁"论似乎占了点儿上风。不过孙髯其人其事,到底还是留下了不少谜,值得后人进一步探讨。

○双塔石碣无人解?

昆明城里的祖遍山双塔寺颇为神奇,自古传说不少,未解之谜也不少。

据说明朝初年,大德寺住持僧人道源曾用金泥银粉书写《华严经》一部,供在五华寺的铜柜中。明末昆明兵荒马乱,藏经铜柜被沉入滇池。清康熙年间,滇池几次透出金光,总督范承勋派人下水探查,寻得经柜,但柜盖不见踪影。到清嘉庆六年,渔人下网时意外捞出一个柜盖,后来送到官府,上面还铸有道源所书篆文,可见就是道源藏经铜柜的"宝盖",这件珍贵的宝物得以"合二为一","全身"供奉在大德寺中(见清道光《云南通志》《新纂云南通志·释道传》)。

还有一说,认为藏经柜出现在元代的顺帝之时,那时昆明突然遭受洪水,水深三米多,冲过祖遍山下,冲来了这个藏经铜柜,被大德寺僧人捞起来安放在寺中。这个冲来的藏经柜有柜无盖,没想到两个月以后,藏经柜的盖子也被洪水冲来,得以合璧,供在大殿上。到清朝光绪年间,还有人见过这个神秘的藏经柜,就供在双塔寺大雄宝殿的佛案前。据说这个藏经柜为青黑色,形状古老,宽不到两尺,长、高二尺有余,正面刻有一行字,是一部佛经的名字,应该就是前面提到的华严经。藏经柜两端有纽,四面镌刻花纹,和名重一时的文王鼎炉花

昆明祖遍山双塔

纹相同，柜盖上也有花纹，和柜体花纹相同。

上下数百年间，双塔寺藏经柜一直是镇寺之宝，但不知何时发生了何事，藏经柜失踪，至今下落不明。传说大德寺的东塔塔顶曾露出一段锯子，也不知何年何月何人何故做出如此之事。清光绪某年，昆明遭遇暴风，此锯被吹落，跌得粉碎——想来此锯栖身塔顶，也年代久远了。大德寺西塔上曾长出一棵胡椒树，胡椒子经常掉落塔下，寺僧拾取尝之，据说香浓而味淡，另有风格。

还有一个线索，据《纪我所知集》（《云南掌故》）记载，清光绪初年，云南盐法道员沈寿榕在双塔寺旁建了座盐龙祠，这位沈寿榕精通数字命理之学，建祠时在地下埋了一通石碣，上面镌刻八个大字："六六一五，斯地之主"。众人都不知其中含义。后来此地多次开挖，也不见石碣出土，又成昆明一谜。

○黑龙潭为何"变脸"快？

昆明北郊黑龙潭有一清一浊两塘，近年会多次出现"浊变清""清变浊"的奇观，引人遐想。

传说黑龙潭是云南的总龙王栖居之处，黑龙潭边的黑龙宫是明清封疆大吏祈雨之地，自古传奇不少。黑龙潭分南、北二潭，其间有一石桥相连两潭汇于桥下。南潭小而深，面积约600平方米，深约12米，又称深潭，幽深清冽，四时不涸，色碧如玉；北潭大而浅，面积约2600平方米，深不及1米，又称浅潭，无论雨晴，浮躁混浊，色黄如土。一清一浊，一阴一阳，极似道家"太极图"。但游黑龙潭，最宜驻足桥头，看北潭之浊，南潭之清，清浊汇于桥下，而泾渭分明，不稍混融。更奇的是，南潭之鱼至此而返，不齿北潭之浊；北潭之鱼亦至此而回，不羡南潭之清。

黑龙潭清、浊两塘

此景有一说，曰"玉带分水"。

"两水相交鱼不往，一桥横断水色殊"。如此奇观，民间传说不少。或说龙泉观一小道士偷了银两，却一口否认。老道士便让其到潭前发誓，结果潭水立即浑了一半。小道士无法，只得退还银子，磕头谢罪。正是：

清水一边淌，浑水一边流。

自古昧心人，不敢露露头。

从此，昆明人有了判不清的是非曲直，就说："不得么，到黑龙潭边照照云！"理亏者就不敢出气了。后一大贪官不信，偏要一试，饮马潭边，不料那半边潭水立即变得又黑又浑又臭，马一惊，将贪官颠进潭中淹死，从此，那半边潭水就再也变不清了。此处又有联曰：

有潭一浊一清，濯人自取耳；

为吏或循或酷，宦者应思之。

南潭潭水清澈，游鱼可数，又有传说云，古时有一屠户，因老婆不守妇道，愤而离家，放下屠刀，到龙泉观修道。其腰挂秤砣，号"秤砣道士"。后老婆人老珠黄，回心转意，数次请其回家，均被拒绝。老婆心生一计，做了秤砣道士最爱吃的油炸白鱼，再送至其面前。秤砣道士抽出鱼骨头，表示已"吃"，领了女人之情，便将鱼儿放到潭里，鱼竟活了起来。从此，黑龙潭之鱼即全无脊骨。道士又解下腰带，置于两潭之间，腰带化为玉带桥，两潭清、浊泉水，即不得相通，且不相融合，以示妻绝念。老婆知其意：得道者无可挽回，无道者却可得道，于是亦做了道姑。两潭之水，合流而不相混，由此成为黑龙潭奇景之一。

黑龙潭南清北浊，近代说法不少：一说因南潭水深，且四围石栏，泥水不入，因而幽碧；北潭水浅，又无护栏，泥水易入，因之浊黄。两潭冷暖清浊各异，鱼儿各适所处，即便潭水相通，亦不往来。此说论鱼可信，论水却嫌肤浅。据专家之言，黑龙潭地处一条南北向的断层，断层上盘出露之地层为二叠纪灰岩，下盘是致密玄武岩。雨水和地表水沿灰岩裂隙下渗，进入断层带，又因承受压力而上升，形成上升泉，此即南潭涌泉之成因。南泉之水从地层深部涌出，水清且深，故呈黛色。北潭之泉为下降泉，从玄武岩风化壳中流出，将风化壳中之泥沙和铁质带出，故水色浊黄。

据考察，黑龙潭泉水之源，在松华坝盘龙江上游之地下暗河。今泉水出水口有两个，一个在南潭东侧潭底，泉水出时，常溢出二氧化碳气体，形成气泡，不断于观鱼楼前冒出，犹如串串珍珠上浮，因称珍珠泉。此泉水质上乘，沏茶尤佳。北潭出水口则在潭北陡坡之下。两泉流量大体相当，汇于拱桥，相持不下，古人又于桥下巧修暗沟，将泉水引走，终成玉带分水、清浊分明之奇景。黑龙潭水经暗沟明渠，向东南方向流出，又成银汁河源头，流经昆明城北，汇入盘龙江，最后注入滇池，给沿岸农田许多灌溉之利。民间传说，黑龙潭清、浊泉水流入银汁河后，仍以河中为界，清浊泾渭分明。如果舀一碗清水泼到浊水中，"咕嘟"一声，它又会跑将回来——神了！

然而，近年黑龙潭多次突然"变脸"，或者清水潭变浑，或者是浑水塘变清。还有更奇的，在清水塘变浑的同时，浑水塘却变清了。少则几小时，多则几天，两个水潭又变了回来，清水潭仍然清，浑水塘仍然浑。据统计，从2007年到2016年，黑龙潭"变脸"达8次之多，让昆明人猝不及防，专家们给出的解释是：地壳活动改变了暗河的河道，才导致黑龙潭变脸。而地壳短时移位后又复位，因此清水、浑水又复归其位。另一种说法则认为，是附近的施工钻孔改变了暗河结构，才造成了黑龙潭水质紊乱。但是，这两种说法仍然无法解释：清水潭和浑水潭为何同时"变脸"？不久后为何又清者自清、浊者自浊？

为探求黑龙潭"变脸"之谜，2013年10月18日，黑龙潭公园曾请来潜水员，潜至清水潭底一探究竟。探明清水潭为漏斗状，潭底有一条10多厘米宽的出水岩缝，疑似为地下暗河出口。这些发现似乎无法为黑龙潭"变脸"提供进一步解释，但潜水员在潭底发现了碗状、坛状、鼎状物和钱币等，并精确测出潭水深8.8米，这又引出了另一个猜想：清水潭曾测出13.5米的深度，和此次所测的8.8米相差近5米，在这个地层空间差里会不会有历史遗存？不少昆明人感兴趣的是：黑龙潭是明清两代云南封疆大吏求雨之地，据说清代到此求过雨的就有林则徐、阮元、岑毓英等，他们求雨时会不会把一些祭品连同祭器抛进龙潭？还有明代在黑龙潭修建龙泉观的道教长春派祖师刘渊然、清初投潭自尽"为天下明大义"的薛大观等，他们会不会在这里留下什么遗物？会不会在某一天重见天日？

○ "三潮圣水"定时来？

安宁温泉曹溪寺以南不远的密林中有一处泉眼，每天早、午、晚时分，泉水三次涨潮，准时不爽。潮起之时，先是风声呼呼，吼声如雷，继而涛声澎湃，龙口吐水，泉如白练，呼啸而出，水沫飞溅，涌起两尺多高。后来有人别出心裁，在泉水出处砌起水池，设置石雕龙头，把泉水引到龙口，"吐"进池中。龙口含有石珠一颗，泉水喷涌而出，激荡龙珠，隆隆作响，更是奇异。喷流一两个小时之后，泉水断流，戛然无声，池水落潮，几近干涸，十分神奇。

早在明代，三潮圣水就是一大名胜。明嘉靖十二年（1533年），四川状元杨慎所著《重修曹溪寺记》中，就说曹溪寺旁有"异境"，山林中有暗河吐泉，每天三

安宁曹溪寺旁的"三潮圣水"碑

如今的"三潮圣水"泉口

次潮涌,又有金蟾出没,号称"神泉"。三潮圣水又称"金蟾神泉",出处就在这里。明隆庆二年(1568年)冬天,云南巡抚陈大宾写了一首《游曹溪寺》诗,诗中有"圣水三潮异"之句,并在此句下注称:"西海之水,皆日夜再潮,独此小泉,一日三潮"。后世称之为"三潮圣水",大概就从此而来。明万历年间,云南布政司参议冯时可也到此一游,称"碧玉泉相近有曹溪寺,有泉甚清,一日三潮,以辰、午、酉三时水必涨满,其余半涸"(《滇行纪略》)。明崇祯十一年(1638年)十月,徐霞客游曹溪寺,也请人带路,寻找"圣泉"。只见有一股山泉从山坡大树根下向南流出,前面有个石砌的月池,直径一丈多,池水深五六寸,水波潋潋,向东南坡泻去。那时是上午,圣泉早潮已过,午潮还没有到,而泉水仍然流淌,如果潮来,水流汹涌而出,就精彩了。徐霞客还看到,月池南边有座新建的亭子,亭上有匾,题为"问潮亭",是早先的巡抚张凤翮建立的(《徐霞客游记》)。到了清初,云贵总督范承勋又在泉水上建盖亭子,题匾曰"吐纳灵潮"。清代安宁诗人戴益俊曾赞其妙景,有诗曰:

> 天一生来不定期,忽将潮汐寄涟漪。
> 蟾光映射黄金色,龙口波流碧玉卮。
> 吞吐清泉珠万斛,卷舒待漏信三时。
> 个中消息谁为主,千古盈虚自有之。

"三潮圣水"为什么如此神奇?明清以来,当地传说不少,都认为是神明所至:一说为"神龙翻身",认为此泉之下,潜藏五彩神龙,常年沉睡。酣睡之时,泉水断流。而每日辰、午、酉时,必然翻身,翻身之时,则泉水喷涌。一说为"鱼虾朝圣"。认为此泉之下,有一神龙,

明代云南巡抚陈大宾的《游曹溪寺》诗中有"圣水三潮异"之句

掌管滇池、螳螂川的鱼虾修行。鱼虾们为早成正果,每日三朝神龙,神龙为点化鱼虾,就每天喷水三次。

一说"三潮圣水"实为四潮。据清代成书的《滇系》记载,螳螂川西岸"有圣水,一名海眼泉,潮应子、午、卯、酉之候",是为"四潮"。"四潮"之时,按古代计时方式,子时为23点~1点;午时为11点~13点;卯时为5点~7点;酉时为17点~19点。《安宁州志》记其潮起潮落之状,和如今观测的结果差不多。早先称之为"三潮",大概命名的时候没有发现子夜之潮。

三潮圣水是特殊的间歇泉,极为罕见。据专家推测,此泉所在葱山属于石灰岩地貌分布区,雨水充沛,地下水丰盈,山腹之中,有巨型储水洞室,又有弯曲孔道通往地面,犹如一大茶壶,壶嘴细长弯曲。地下水源源不断注入"茶壶",水位不断上升,空气被不断压缩,"茶壶"里的气压超过外界大气压时,泉水在内压力和虹吸力的作用下大量涌出,地下水通过弯曲的"壶嘴"孔道,喷出泉口,形成"涨潮"。由于喷水快而补水慢,虹吸喷水持续一二小时,储水洞室水位逐渐降低,内外压力逐渐平衡,虹吸作用消失,泉口便停止喷水,形成"落潮"。此后洞中水位逐渐升高,压力差和虹吸作用再次产生,如此循环往复,就形成了四潮泉水。专家还认为,四潮泉的虹吸作用,还要有外力诱发,一种可能是地球自转时,太阳引力大小变化,泉点受到影响,诱发虹吸。一种可能还和月亮引力有关。此中奥妙,还有待进一步探讨。只是如今环境有变,三潮圣水奇景难以完全再现,要探讨其中奥妙,恐怕是难上加难了。

据考察,"三潮圣水"水温奇低,即便在盛夏,水温也只有14.5摄氏度左右。

一水之隔，螳螂川东有温泉，螳螂川西为"冷泉"，令人称奇。

除此之外，昆明东北郊的双龙乡也有一处间歇泉，也叫"三潮水"。在三尖山东北麓，每天涌泉3次，每次间隔8小时，泉边的村子就叫"三潮水村"。

○无形"龙打坝"谁打开？

龙打坝在此

在昆明西郊筇竹寺后的玉案山中，墨雨村附近有一处奇特的小坝子。这里平时道路纵横，田畴相连，太平无事，可是一遇暴雨，顷刻之间，四围山岩缝隙间就有洪水涌出，淹没坝子，田间劳作者稍有迟疑，便有灭顶之灾。而三五天或十天半个月后，若再遇暴雨，积水又很快退去，无影无踪，在田间留下不少"搁浅"之鱼，任人捡拾。洪水来不知其源，去难寻其流，老昆明人莫名其妙，只好把它称作"龙打坝"，意思是冥冥中的龙在这里打下了一个水坝。然而积水并无人疏浚，却会因龙再度兴雨而自泄一空，所以又叫"龙开坝"。久而久之，这个地方也叫"龙打坝"了。

早在清道光年间，"龙打坝"现象就引人关注。当时的《昆明县志》引旧志的记载说，玉案山龙潭的源头隐藏在山中，最后穿山流到海源寺。地下水经过两山之间，有一个小坝子。冬春两季，农人在这里种植小麦、放牛放羊。到夏秋交季时，这里的地下水会突然暴涨，涌出地面，淹没山腰。直到滇池百里内降下大雨，这里的水又会退去，雨过天晴。当地人称这种现象为"龙荡水"，就是前面说的"龙打坝"。距"龙打坝"五六里的玉案山"花红洞"被认为是龙打坝的落水洞。

探讨"龙打坝"之谜的学者不少。有人认为，花红洞以下暗河有狭口，暴雨突发，冲来大量泥沙，堵塞狭口，导致暗河回水，从石缝中漫出，淹没坝子。暴雨甫来，洪水中泥沙已少，水流冲开阻塞狭口泥沙，坝子里积水下泄，就是"龙开坝"了。另有人解释说，是第一次暴雨之后，会形成一股巨大的临时暗河，从花红洞暗河夺路而走河道，致使花红洞暗河回流，出水旺盛，而几天之后，临时暗河水势减弱，花红洞暗河复归旧道,于是就"龙开坝"了。但两种解释都难以自圆其说。正因为如此,"龙打坝"就更显得神秘莫测,只有靠当地流行的神话传说去解释了。

○潮音洞中"龙"作怪？

早年的潮音洞口

如今潮音洞口已被堵住

螺峰山下的圆通寺在昆明佛寺中规模最大,圆通寺后的潮音洞在昆明民间名气最大。明清两代的古籍中都说此洞藏有蛟龙,经常发动大水,为害昆明百姓,后来南诏在洞前建了佛寺,才把蛟龙镇住,水患得以平息,山洞也被阻塞。

一些学者认为,佛寺高僧降龙的传说折射的是佛教战胜巫教、取而代之的历史,蛟龙只是传说之物,不少佛教寺庙都有类似传说,不足为奇。言外之意,也不足为信。但据说明代天启初年,潮音洞蛟龙似乎"复有兴机","涌出清泉",水淹圆通寺回廊。当时的黔国公沐氏连忙赶来"拜祝",水才退去。后来沐氏又在这里增建观音阁,不敢说镇龙,只说是酬神。

更值得一提的是清初吴三桂重修圆通寺时,拆毁了观音阁,打开潮音洞,竟在洞中"得龙骨数十担,龙首上有小铁戟二只,法书一本","吴三桂藩下甲兵得之,不知所终"(清光绪《续修云南通志》)。蛟龙的龙骨要弄出"数十担"来,恐怕不易。要说是恐龙化石,倒有可能。平定吴三桂之乱后,清按察使许宏勋在潮音洞前盘坤岩上题诗说"蛟存龙去言无定,世劫人灰洞自崇",清人王思训也有《螺峰圆通寺》诗,更提到"洞深龙换骨,岩古玃然髳"。这"蛟存龙去"而"存"的是不是恐龙,"龙换骨"是不是恐龙化石,何时潮音洞再开,倒是值得再考察一番。

○打雷打出贪官来？

位于昆八中老校区的云南巡抚衙门遗址

云南巡抚衙门后院遗址（原昆八中图书馆）

贪官要被雷打，这是民间的说法，有点儿"天诛"的意思，没想到历史上还真有此事。清人檀萃在《滇海虞衡志》中写道，清乾隆五十五年（1790年）六月二十七日，昆明雷雨大作，城中轰传天雷击中了巡抚衙门后的五福楼。那五福楼是当时云南巡抚谭尚忠的寓所，既是筹划贪污害人的地方，也是所贪金银财宝的秘库。谭家的妇人就睡在藏宝箱柜上，以求万无一失。不料谭尚忠到京城觐见皇帝之时，这里突然霹雳大震，从五福楼顶直贯楼下，再看谭尚忠的大箱巨柜，黄金全变成了白色，白银全变成了黑色，大量珠宝也被染黑，妇人惊慌失措，把金银宝物取出来修补，谭尚忠的秘事终于外泄，有人亲眼得见，又亲口告诉檀萃。但谭尚忠后来也没事，又在昆明做了几年的官才走。

查《清史馆传稿》等史料，这位谭巡抚出身进士，以清正廉明著称，早在安徽巡抚任上，就因为得罪大贪官和珅而被贬，后来起用为云南巡抚，铁腕整顿铜务，严厉弹劾官员，得到乾隆皇帝信任，还一度代理云贵总督之职。当时檀萃任禄劝知县，就栽在这个谭尚忠的手上。檀萃被罢职的原因有两种说法：《清史列传》说檀萃在任上兴学劝农，大有政声，但因拒不依附上司，终被免去官职；《清实录》又说檀萃奉命运解滇铜赴京，中途失事而沉铜六万五千多斤，加上管理铜厂亏缺铜一万五千余斤，这才被谭尚忠奏报朝廷，罢免了职位。

这样一来，檀萃被罢官冤不冤枉，就成了一个糊涂案，而乾隆年间昆明的那一声巨雷是不是"震"出了一个贪官，也成了一个谜。至于谭尚忠，离开昆明后，先后在朝廷担任刑部、吏部的右侍郎、左侍郎，老来还参加了乾隆皇帝主办的"千叟宴"。

檀萃则留在昆明讲学、著述，也很有成就，本书引用的《滇海虞衡志》就是檀萃的重要著作之一。

○上门女婿得青睐？

早年昆明人为什么偏爱"倒插门"的女婿？

视为女家的儿子，所生子女随女家姓，民间称之为"上门女婿"。"上门女婿"往往被人轻视，人称"倒插门"，甚至于被叫作"爬门头"，都有贬义。

早年昆明人特别偏爱"倒插门"女婿，即便"同姓之子"不少，如侄子和堂侄子等，大多都不愿意收进门来做继子，更不愿让他们染指家产。尤其奇怪的是，有的人家已生了两个儿子，还为女儿招个上门女婿，而且"平分家产与之"。而更奇怪的是，有的昆明人让自己的儿子去"倒插门"，而又招个上门女婿"倒插"而入，视为亲子——昆明人如此青睐上门女婿，让见多识广的邓川学者杨琼也叹为观止，称此事尤其"可怪"（清·杨琼《滇中琐记》）。

在喜服外套上九品官服的清末昆明新郎官

○"红水"防腐三百载？

1976年2月26日，昆明远郊阿子营格基冲的一群村民跑到山上，炸开一座大坟包，刨出两个棺材，撬开一看，一口棺材里的尸体已腐，另一口棺材盖被几层丝绵被封住，才开个缝就渗出红水，散发出怪味。红水不断外流，泡在其中的尸体渐渐外露。村民惊呆了：一个老人，尸身完好，穿着姜黄色暗花纹丝袍，面容安详，血色微露，表情坦然，犹如沉睡未醒……

第二天，几个专家赶到现场，此时棺内红水已经流尽，老人尸身暴露山野，已经腐坏。据说坟包上原来有一块墓碑，但文字早就被风雨腐蚀，无法辨认。再一了解，炸墓的原因让人哭笑不得：村里要盖礼堂，盖礼堂要有拖拉机，当时的生产队没

刘文征留给后人的地方志书《滇志》

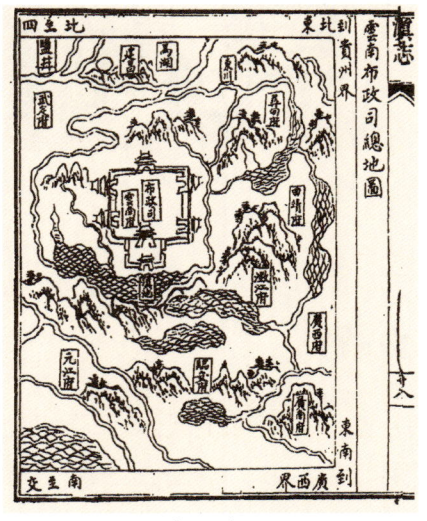

刘文征所撰《滇志》中的昆明地图

有钱，便打起了这座传说中的"大土司墓"的主意，想从中"掘宝"，以解燃眉之急。然而，"大土司墓"炸开之后，除了墓主的随身衣物外，显然没有什么值钱的东西。

不过，专家们在墓里发现了无价之宝，那是一块方形刻石，边长近80厘米，刻有篆书大字："皇明赐进士大中大夫太仆寺卿右吾刘公配淑人张氏合葬墓志铭"，为明代兵部侍郎杨绳武所书，楷书铭文共1794字，由明代吏部尚书王锡衮撰文、兵部尚书傅宗龙书碑。这三个人都是《明史》有载的大人物，墓主刘文征是明万历年间的进士，昆明人，老家就在如今的北门街一带。他在外地做过县令、右布政使、按察使等，以为官清廉著名。刘文征退休回到昆明后，尽管贫困到举债度日，仍一心读书著述。后人论云南历史，总离不开一本明天启年间成书的《滇志》，就是这位刘文征的大作。

刘文征故世于明代的天启六年（1626年），因为家贫，竟一时无法下葬，后来还是地方官员请求朝廷抚恤，才得以按照当时的规定举行了体面的葬礼。因为朝廷抚恤，刘文征的遗体享受特殊待遇，浸泡在满棺的"高科技"红色液体中，遗体300多年不腐。正由于这个"体面"，300年后，刘文征墓又被炸开，遗体暴露腐坏，让人痛心疾首。

昆明城里的刘文征为什么葬到了格基冲？当地有两种说法：一是格基冲原来叫刘家冲，因为早年村中住有姓刘的高官得名，这个"刘高官"有可能是刘文征的先人。二是刘文征死后无地可葬，家人抬着他的棺木走到这里，抬棺木的绳子断了，于是就葬在这里。

后来刘文征墓得以修复，并被列为县级文物保护单位，但刘文征遗体历300年不腐之谜仍然无解。有专家特别关注棺内奇特的红色液体，这种"红水"既不刺鼻也不香，闻所未闻，是云南考古发掘中首次发现的"高科技"防腐手段。就全国而言，发现"红水"防腐剂的除刘文征墓外，仅有安徽的砀山女尸墓、长沙的马王堆女尸墓、武汉江陵凤凰山的汉墓三处。经专家检验，"红水"中含有多种防腐杀菌的中药成分，还含有汞和砷以及福尔马林等。可惜刘文征棺中的"红水"被倾倒一空，无法求证此"红水"和彼"红水"的成分是否相近，是不是有"云南特色"，所有这些，都成了永远的谜（参见闵楠《三品大员"不朽"三百年》等）。

○墓塔密封大祸害？

昆明华亭寺的清嘉庆塔林

华亭寺这些墓塔都有同样的"大清嘉庆甲戌年十一月吉旦"刻字

昆明妙高寺后山也有不少"嘉庆墓塔"

或许，妙高寺的传说能解开昆明"嘉庆墓塔"之谜

20世纪末，昆明文物管理部门进行文物普查时，发现七八处和尚塔群，存放着不少高僧大德的骨殖。昆明郊区几座大佛寺都有和尚塔群，如西山的华亭寺和普贤寺、玉案山的筇竹寺、三华山的妙高寺、盘龙山的盘龙寺等。有的在寺内，有的在寺外，有的寺内寺外都有。这些塔群规模不大，每处有和尚塔五个到七个。

普查结果汇总后，让有关专家惊异的是：这些塔群所葬的僧人并非师徒关系，而"多半是同一寺庙同一时代的师兄弟"，而且"三华山妙高寺五座和尚塔皆建于清嘉庆年间，高峣普贤寺外四座和尚塔也是嘉庆的"，总之"这些塔群大都建于清嘉庆年间"，有名的玉案山马掌口塔群也如此。而"华亭寺的七塔更是奇怪，七个和尚都是在嘉庆十七年死去的"。专家问道："究竟嘉庆年间发生了什么事件，使这许多高僧大和尚相继'升天'？那些没资格立塔的比丘、沙弥又死了多少呢？这一座座默默无语的和尚塔，要把这个秘密守到哪一天呢？"（王海涛《昆明文物古迹》）

后来有传说流出，就在清嘉庆年间，三华山妙高寺香火盛极之时，某日凌晨，突然遭到数十个强盗的洗劫，不少僧人被害，妙高寺从此由盛而衰。这场"嘉庆之祸"找不到任何文字记载，但妙高寺的大鼓上留有当时的刀痕血污、后殿供桌留有众多僧人的牌位、老僧禅房内还留有一把古刀……然而，1980年的一场大火毁掉了这一切，毁掉了寺中可能留下的线索。2012年初，又有报道说，妙高寺附近的25座塔墓被盗，三座祖师塔被毁，塔后有一块墓碑，立碑的时间正是清嘉庆二十一年冬季。妙高寺僧人说："塔墓里只有高僧的灵骨和衣服、信物之类，没有金银珠宝，据说山下传言高僧灵骨可以治病，才引发了这波盗墓潮。"有报道说，妙高寺祖师墓塔被盗后，还有灵骨散落地下……

昆明和尚塔群的"嘉庆之恋谜"，看来还得"谜"下去。

○火车"开"上大佛台

西山华亭寺大殿药师佛立于高佛台上

在昆明西山华亭寺大殿的药师佛座台上，在描述佛陀善行的佛本生故事浮雕中，一列火车突如其来，入洞出隧，飞身桥梁，穿山越岭，跨江过壑，吞云吐雾，呼啸而至，有不可一世之势、莫名惊诧之奇——以大佛台之清高、之超脱、之出世，如何容得这世俗之极的火车？

昆明最早的火车出现于清末的1910年，随着滇越铁路的建成进入昆明。华亭寺始建于元代的至治三年（1323年），与大理国权臣高氏有关。火车与华亭寺的交集，应在1918年。那是民国初期，云南督军唐继尧邀请滇西鸡足山高僧虚云到昆明华亭寺主持佛事，超荐护国、靖国战争中阵亡的滇军将士。事毕之后，虚云募款大修华亭寺，并改名为"靖国云栖禅寺"。正是在此时，奔跑在滇越铁路上的米轨"小火车"开上了华亭寺大殿的佛座——这究竟是出于剑川木匠的灵机一动，还是虚云和尚的禅心一现，或是华亭寺重修时多亏小火车提供"方便"的因果一报，皆不得而知。但以佛家悲悯天下、"方便"众生之慈心，以药师佛医治天下、普度众生之宏愿，以昆明人心无藩篱、包容万物之情怀，既然"火车不通国内通国外"，休论"火车没有汽车快"，且让它轰轰烈烈地开上佛座又何妨！

华亭寺大殿药师佛宝座上的火车浮雕

1995年元宵节凌晨，华亭寺大雄宝殿失火严重受损，一年多后修复开光，佛台上的火车浮雕仍得保存，幸哉，善哉。

○ "老外"形象上了罗汉台？

筇竹寺罗汉塑像

说起昆明筇竹寺的五百罗汉，堪称一个"奇"字。罗汉五百，高踞壁台，各具神态，惟妙惟肖，呼之欲出，尊尊如此，可谓奇矣。其中有似僧人、仙人、文人、农人、渔人、樵人、伶人者，不足为奇；有似官绅、武将、隐士、乞丐、游侠乃至贩夫走卒、引车卖浆者，亦属平常；清代力挺筇竹寺塑像的云贵总督岑毓英、主持塑像的寺院长老梦佛、动手塑像的黎广修师徒都"走"上了罗汉台，大概也是一种"行规"；康熙皇帝、乾隆皇帝站上罗汉台也有缘故，据说其曾自称"金身罗汉"转世——而当近代进入昆明的"老外"形象也站上罗汉台时，就有点儿奇怪的感觉了。

这位"老外"出现在筇竹寺天台来阁左室，立于壁台中排中位，站在白象之旁，长袍罩身，长发披肩，长棍在手，长耳低垂，隆鼻深目，如"老外"之貌。

"老外罗汉"现身筇竹寺，起于清光绪九年（1883年）。当时四川民间雕塑家黎广修受筇竹寺长老梦佛法师邀请，率领徒弟到筇竹寺塑造五百罗汉之像。黎广修塑像力求个性，曾广结良缘，内考于佛经，外寻于市井，所见所闻，兼收并蓄，塑为罗汉，自在情理之中。按佛门之说，这叫"人人皆有佛性、人人皆可成佛"，合乎"佛法无边，无所不包"的佛家精神。

"山国"奇人个个"拽"

昆明人身处边陲之城，不免有孤陋寡闻之讥，然昆明人却以"山国"之民自负，仁人志士层出不穷。如《新纂云南通志》所论："滇号山国，故所出人才，类多耿介朴忠，厕身谏垣，直声震天下"。明嘉靖年间，冯时可著《滇行纪略》，说昆明多"秀颖"之士，又"素重名义"。后至清乾隆、嘉庆年间，又有吴大勋记《滇南闻见录》，说昆明"士人尤敦庞纯，实无子衿佻达之习。其中琢磨成器者，类皆贞正自守，刚直不挠，而又不做矫激怪迂之行以炫耀于世"。民国初年《昆明市志》说起昆明人习性，一方面是"纯善谨慎，息事泯争"，一方面是"思想缜密，举措敏捷"。当时的云南督军唐继尧亦曰："滇居天末，学风流播二千年，以精深博丽而论，较中州不无逊焉。若夫正大坚强，朴实宏毅，盖有卓然特异者。"(《东陆大学校训并序》)而究其实，昆明本在奇山奇水之间，岂能无奇人？明天启年间，昆明进士刘文征在《滇志》中说，云南府(今昆明一带)"人禀名山大川之气，子弟颖秀"。清初云南巡抚、吉林人石琳题碑安宁而盛称："宇宙间英奇瑰玮之气，不钟于人物，则钟于山水。而人物之生，又藉山水为之苞孕焉。"(《新建云涛寺及新温泉碑记》)——天厚昆明，既钟于山水，又钟于人物，人杰地灵，此之谓也。民国《续修昆明县志》也称：昆明"为滇首邑，金碧昆华，灵秀所钟，代有传人，固其宜也"。然天有正气，必有邪风，人有贤者，亦有邪者，皆可称奇，皆可称"拽"(昆明方言，意思是"牛气""厉害")。录之于下，不可谓多，亦不可谓少也。

○书圣更比孔圣"拽"

"书圣"王羲之

中原的圣人是孔丘。此公开创儒教，治学"六艺"，礼节、音乐、射箭、驾车、书法、算术无不精通，又广授门徒，有教无类，被后世尊为孔子，意思是道德、学问最牛之人。大概从汉武帝刘彻"独尊儒术"开始，孔丘就"圣"起来了。但在唐、宋两代的六百多年间，云南地方崇拜的中原大圣人却不是孔丘，而是王羲之——有《元史》为证：元代以前，"云南未知尊孔子，祀王逸少为先师"——这里"逸少"是王羲之的字，"王逸少"就是王羲之。明代的《南诏野史》里还记有具体的时间，说在唐代的开元十四年，也就是726年，南诏就"立庙祀右军将军王羲之为圣人"。直到元初云南平章政事赛典赤在昆明和全省大修孔庙时，这个"先师""圣人"才换成了孔丘。元人李京的《云南志略》也说"云南尊王羲之，不知尊孔、孟"。元朝在云南设省，设省府于昆明，又大立"文庙"，将南诏、大理"圣人"庙里的泥人换成了孔丘，滇人还一时反应不过来，"目为'汉佛'"——说这回拜的是"汉佛"，和"圣人"王羲之还是不一样。明人刘文征的《滇志》认同此说，声称"南诏以王逸少为圣人"，并"建学"立祀，"后赛典赤始立孔庙于城中"。

王羲之是谁？书法家。其"通"的不过是礼、乐、射、御、书、数六艺之一的书法罢了，说破了天，也就是个"书圣"，六分之一个圣人而已。王羲之在晋代当过右军将军，似乎也没打过什么大战，后来弃官隐居，放情山水，最高成就是写了《兰亭序》，后来被唐太宗拿去压了棺材底。而孔丘的坟葬得很高，历代皇帝老子去了也得弯一弯腰，两人没得比。但王羲之在云南凭什么比孔丘还"拽"还牛？如果不是蒙古人打进来，不是张立道和赛典赤大兴儒学，大崇孔丘，滇人崇拜的中原圣人很可能还是王羲之而不是孔丘，滇人仰慕的中原文化很可能还是王氏的书法而不是孔丘的儒教。

有学者说，唐代皇室自以为是老子李耳之后，崇尚道教。王羲之归隐后也崇道，

昆明文庙大成殿的孔子牌位

南诏跟着崇道，便以王羲之为圣人了。但翻检史料，王羲之崇信道教不假，但崇的是张道陵的五斗米道。五斗米道的发祥地和主要传播地都在蜀中，严格地说，这个王羲之还是"西南夷"的徒子徒孙呢，有什么资格来做云南的圣人？

更可信的是，按史籍记载，南诏政权曾派出许多贵族子弟到长安、成都等地求学，学习的重点是当时走红的王羲之书法。回到云南后，这些贵族子弟转相传授，"晋人笔意"风行一时，王羲之的书法就成了"显学"，成了在南诏最普及的中原文化，王羲之也就成了"祖师爷"和"圣人"，而六艺俱全的儒教和它的创始人孔丘反而被冷落了。

有人笑道，孔丘是"儒圣"，王羲之号"书圣"，都是一个"圣"。云南人懒，相比之下，书法简易，儒教深奥。既然都是"圣人"，云南人就舍难取易，权尊王羲之了。

不过，南诏政权千里迢迢，派出子弟到内地学习，为什么只练王羲之书法，而不学中原的儒教呢？这只有两个可能：一是南诏政权信不过朝廷，唯恐子弟被"中原化"，于是来个"滇学为本，中学为用"，不让子弟学儒，只学"书数"之类。一是中原朝廷搞"愚民政策"，害怕南诏拿"半部《论语》治天下"，学儒强势，尾大不掉，反为朝廷之害，于是就"肥水不落外人田"了。据《旧唐书》记载，南诏归唐之后，南诏依例将南诏贵族子弟送到成都做人质，雄才大略的剑南西川节度使韦皋把这些公子全送进学校，"教以书数"——"书"是书法，"数"是算术，而不入孔圣门中。如是一批学成，再教一批，"子弟"数以千计，尽成"王圣"弟子，回到南诏，自然只知尊"王圣"，而不知"孔圣"为何人。

当然，南诏子弟也不是省油的灯。他们在成都潜心学习"王圣"书法的同时，还把"天府之国"的财富看在眼里，无不垂涎三尺。待回到云南当了王统了兵，但有机会，便带着"南蛮兵"杀向蜀地，轻车熟路，打进成都，大肆掳掠，更抓来成千上万的工匠织女，继续"中学为用"：在昆明建起了东、西寺塔，在保山织出了濮布滇帛——韦皋的"愚民政策"可真是赔了夫人又折兵。从中得益的是王羲之。他大概做梦也没想到，自己会成为西南蛮地的大圣人，若九泉之下有知，岂不乐死，笑死！

○ "马不登殿"姓氏改

郑和刻像

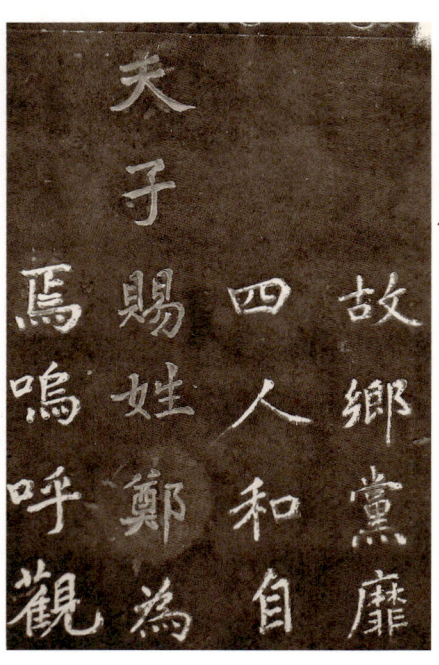

昆明马哈只碑上有"赐姓郑"字样

郑和原来不姓郑，而姓马，叫马和。当年明军大举入滇，占领云南，12岁的昆明娃娃马和被明军掳走，送到北京燕王朱棣府中做内侍太监。后来马和随朱棣起兵夺位有功，朱棣做了天子，马和则做了"内官监"，赐姓郑。他曾奉命率船队"七下西洋"，开辟了"海上丝绸之路"，名扬天下。

郑和在昆阳月山为父亲立了块"马哈只碑"，请当朝资善大夫、礼部尚书兼左春坊大学士李至刚题了碑记，说马和"自幼有才志，事今天子，赐姓郑"。天子赐姓的原因，自然是郑和有功。但据民间传说，郑和原姓"马"，任朝廷大太监后，因为忌讳"马不登殿"，所以才得赐姓。不过有人质疑说，明太祖的皇后姓马，建文帝的皇后也姓马,如何"不登殿"?再说,按惯例,"凡天子赐姓,必以国姓",明天子姓朱,就应该赐姓朱,为什么偏偏赐了个"郑"?

于是云南地方又有个说法:明军平滇之时,马和流落到镇华(今南华县),被当地回族郑氏收养,随养父改姓郑。不过,郑和如果把"随养父改姓"说成"天子赐姓",在家乡父老面前摆摆谱可以,刻在碑上风险就大了,搞不好就是欺君之罪,料郑和不敢。大概郑和毕竟是宦官,朱棣不好赐"国姓",就赐个"郑"。但问题仍然存在:他为什么单单挑个"郑"字赐给郑和呢?

○ "快口御史"得宽待

韩宜可是明初的云南参政,以"敢言"著名。这位韩宜可早年在明太祖朱元璋廷前任监察御史。当时丞相胡惟庸、御史大夫陈宁、御史中丞涂节三人正得宠,朱元璋把他们招来,前排就座,君臣一团和气,亲亲热热拉家常。不料韩宜可走上前来,从怀中取出奏本,高声弹劾胡惟庸等三人"险恶似忠,奸佞似直,恃功怙宠,内怀反侧",身居要害而"擅作威福",请求朱元璋将此三人斩首,以谢天下。朱元璋大怒,喝道:"快口御史,胆敢诬陷大臣!"(《明史·韩宜可传》)下令将韩宜可关进锦衣卫大狱。

韩宜可画像

其实朱元璋早已对胡惟庸等人存有戒心,而胡惟庸、陈宁、涂节三人后来也果然犯事,被朱元璋杀了。只是当时韩宜可出于唐突,搞不好会坏大事,朱元璋这才把他关进大狱。没过多久,朱元璋就放了韩宜可,让他去陕西做官。后来韩宜可入朝觐见,正赶上朝廷把犯罪官员的女眷赏赐给众臣,韩宜可也有一分。大家兴高采烈,谢恩不迭,唯独韩宜可拒不领受,而且上奏说:"古代开明之治都不搞株连,以免滥用法律。男女之事是人之大伦,婚姻失时,就会伤及天运。一人有罪,全家连坐,这岂是圣朝所做之事!"朱元璋也不怪罪韩宜可,还认为他说得对。

韩宜可刚介敢言,特立独行,数十次上言,多被朱元璋采纳,自然为官场所难容,一度被牵连进大案中,幸得朱元璋亲自提审,才得自证清白,免于一死。几起之落之后,韩宜可还是被充军到云南。在远离朝廷之地,得到云南官民优待,讲学滇中,一时"士习始变,人文始著",名重一时。明建文帝时,韩宜可又被起用为云南参政。而对韩宜可来说,更重要的是又有了"左副都御史"的头衔,让他这个太祖"御封"的"快口御史"再次名副其实。韩宜可视昆明为安身立命之地,曾赋《五华寺》诗云:

　　翠渠影落中天晓,玉柱光含大地秋。

　　何日相逢陪杖履,西风林外一长讴。

　　这位"快口御史"生于江苏江阴,最后死在昆明任上。《明史》说韩宜可逝世之夜,大星陨落,枥马惊嘶。昆明人都认为,那颗陨落的大星就是韩宜可。

○隐士献策安边塞

昆明昙华寺兰茂塑像

　　明代正统年间,云南麓川土司思任发父子先后发动叛乱,官军数战不利,朝廷派兵部尚书王骥提督军务,率领大军到云南平叛。王骥进入云南,急于了解边塞形势,路过昆明以东的杨林重镇时,出人意料地拜访了一位学馆先生,请教征讨叛军的良策。

　　这位高人姓兰名茂,杨林本地人,自幼聪颖,13岁通经史,16岁读诗史,过目成诵。成年之后,赋性简淡,"耻于利禄",未应科举,隐居故里,设馆教学,采药行医,并自号"止庵",以明其志(明《云南志》)。兰茂精通音韵学、医药学,又是诗人。清代学者师范称其"少有大志于学,无所不晓,邻里称为小圣"(《滇系》)。兰茂纂写的《滇南本草》,比李时珍的《本草纲目》早了142年,堪称云南历史上最具价值和影响之药典,在全国中医药史上,也有重要的地位。英国著名科学史家来滇,也盛赞《滇南本草》的实用价值,加以收藏。兰茂又有《韵略易通》传世,将汉语传统的107个旧韵部缩编为20个。据此,兰茂又编成《声律发蒙》,从明清至民国初年,为云南城乡必读之教科书。两书流传很广,遍及全国,且为现代语言学家所推崇。

兰茂一介书生，王骥乃兵部尚书、国中名将、万军之首，有什么可以向兰茂请教的呢？

此中原因，可以从明正德年间的《云南志》中看出一些端倪。兰茂本为"杨林千户所籍"——是杨林驻军的后代，即明初征滇大军留守兵将的后代，"医道、阴阳、地理、丹青，无不通晓"。军将的后代，多会了解一些兵法，而通晓地理，这对用兵至关重要。有这两条，再加上王骥的礼贤下士，不耻下问，还有兰茂虽"耻于利禄"，却关注边防，甚至写了一本《安边策条》，于是便有了王骥"顾访茅庐"之举。

兰茂到底给王骥出了个什么主意，支了个什么高招？清代学者师范在《滇系》中说，"王骥征麓川"之时，兰茂曾"授以方略"，王骥依计而行，大得成功。此之"方略"，一言以蔽之，就是10个字："若要麓川破，船往山上过。"

兰茂墓称"明兰隐君墓"

云南本是山国，但江河不少，滇西有怒江，还有大盈江、龙川江、瑞丽江等，水路直通大金沙江（伊洛瓦底江）。如果只重视陆战，不重视水战，就难以取胜。王骥依计而行，到滇西之后，先打造江船，训练水军。兵至怒江，果然不出所料，叛军前来堵截，双方"夹江对垒"，相持不下。王骥下令隐藏战船，砍伐江边林木，大张旗鼓地捆绑木筏。又趁夜黑风高之时，把羊捆在战鼓上，搬上木筏。然后在木筏上插满火把，放进江中。一时千筏齐发，战鼓齐鸣，满江火色，顺流而下。叛兵大惊，以为官军要从下游渡江，连忙赶到下游防守。王骥命人从东岸山中搬出木船，从容渡江，大败叛兵（明《徐霞客游记》）。后来，王骥又凭借这种"陆军水战队"，克服江河障碍，乘胜直捣敌巢，把叛兵赶到了大金沙江外。

清光绪年间的《嵩明州志》也提到王骥拜访兰茂之事。据说兰茂的"船往山上过"的计谋，就记载在他的《安边策条》中。但因此书散佚，难以确认。晚清云南学者赵藩曾为杨林兰茂祠题有一联云：

当年婉谢征车，嘉泽但偕垂钓侣；

此日纵烦借箸，麓川已断款关人。

此联收录在《介庵楹句正续合抄》中。联中的"借箸"出自成语"借箸代筹"，意思是为人谋划；"麓川"自然是指"平定麓川之乱"。清代杨林书院院长罗竹铭

曾为兰茂祠手书一联,亦可为一证:

先生本旷世逸才,但凭湘管一枝,率尔写性天风月;
此地是高人故里,倘来茅庐三顾,当不老空谷烟霞。

○官印高吊随你盖

罗汝芳画像

明万历元年(1573年),江西哲学家罗汝芳受命到云南担任屯田副使,后又升任云南右参政。这位罗汝芳做官、做学问都十分另类。他做官时,曾把大印放在堂上,手下人员有事,可以自写"证明",自盖"公章",自行处理,传为奇谈。清康熙年间的《云南府志》说他富于才识,敏锐干练,尤其喜欢讲学。他讲学的地方,可以是书院,也可以是"街子";听讲的可以是秀才学子,也可以是平头百姓。后来罗汝芳因公事赴京,昆明百姓、学子就预感到这位"怪官"可能回不来了,都恋恋不舍,赶到路口为他送行,一时道路阻塞,车不能行。

罗汝芳是嘉靖年间进士、明代泰州学派的代表人物,在昆明当官时,做了不少好事,如整修金汁河和银汁河,治理滇池水患,整修晋宁城和安宁城,更在昆明五华书院、昆阳春海书院讲学,在云南各地"会讲",影响很大。

罗汝芳在云南为官五年,传奇不少。其巡视滇西之时,缅甸酋长莽哒喇突然大举入侵,警报传来,地方慌乱。罗汝芳一介书生,却镇定自若,先招募熟悉入缅道路的商人,探清缅寇"险要、虚实",又指挥当地土司,先断敌粮道,绝敌归路,于是"缅兵大困",不得不杀战象、挖草根充饥,一时"死者山积"。时机已到,罗汝芳正要出击,自信"可刻期尽灭"来犯之敌,却被上司阻止。罗汝芳"愤恨而罢",缅寇得以逃走。(清《云南府志》《滇考》)

罗汝芳为官之道,更是惊世骇俗。他热衷于集会讲学,公事也多拿到讲堂上处理,有人来打官司,就让其在堂下跏趺静坐,自我反省,进行说服教育,确有困难的,还动公库钱财相助,化解了不少官司。有富家子弟来堂前争夺财产,罗汝芳竟当堂痛哭流涕,引导兄弟和好。当时昆明四乡争水灌田,酿成命案,官司频发,社会不宁。罗汝芳痛下决心,亲自勘查,集资疏挖金汁河和银汁河,大力整治滇池水患,于是灌田之争平息,农业生产丰收,一方得以平安。代理云南按察使时,罗汝芳抗命而少杀慎杀，死刑犯临刑之前，他为之引柴生火，热汤热饭，让犯人吃好"上路"，并对犯人进行"最后的宣讲"，要犯人在最后的时刻一心向善，若有来世，再不作恶，而做对社会有用之人，争取好的归宿。犯人因此感动下泪，

罗汝芳手迹，对"云"情有独钟

死而无怨。不料罗汝芳此举触怒了朝廷，被扣除俸禄，以示惩罚。但罗汝芳不为所动，仍然我行我素。

　　罗汝芳开放衙门，布衣儒士、缙绅商贾可进，市井小民、耕夫织妇可入。官府之内，堂前击鼓，堂下唱歌，老少相随，随地而坐。罗汝芳热情接待，和大家并肩而坐，敞开胸怀，谈笑风生（李贽《焚书·杂述》）。罗汝芳又善待下属，从不整人。属下官吏不能胜任职务、疏于公事，罗汝芳就安排适当的工作，让其成熟、促其勤勉。对那些又贪又酷的下属，罗汝芳也动之以情，晓之以理，促使他们改过自新。最让人瞠目结舌的是，罗汝芳甚至毁弃镣、铐、枷、杖等刑具，又把官印摆在公堂上，属吏遇到困难，可以自行立字成文，自行盖上官印，联系解决（杨时乔《上士习疏》）。难怪罗汝芳因"慎杀"而被处罚时，同僚也受株连，全体受累，众人却无怨无悔；也难怪罗汝芳一再被正统官僚参劾，被罢回籍；还难怪罗汝芳被罢免后，更觉无官一身轻，率领一大班弟子泛游金陵、福建、浙江、湖广，四方会讲，阐扬泰州之学，社会反响强烈，被后人誉为16世纪后半叶中国最有影响的讲学者之一。

　　罗汝芳之死也奇。那是明万历十六年（1588年）九月初一，罗汝芳自知大限已至，沐浴更衣，出堂端坐，和众人饮酒而别，并拱手相辞："我走了，大家珍重。"学生们痛哭不舍，罗汝芳答应再和大家相聚一日。到第二天午刻，罗汝芳整顿衣冠，"端坐而逝"（《罗近溪先生全集》），亦奇矣。昆明人对罗汝芳念念不忘，请求在名宦祠中陈列他的牌位，以供后人祭祀。

○断案跑到大佛台

　　仿佛是一场接力赛，明万历五年（1577年），泰州学派大师罗汝芳离开昆明之时，另一位大师李贽又被派到云南来了。这位李贽是福建泉州人，30岁时以"孝廉"被荐举进入官场。来云南做官前，李贽做过南京刑部尚书郎。李贽小罗汝芳10多岁，

李贽画像

对罗汝芳极为推崇。李贽初到昆明时，还去拜访过罗汝芳。李贽在姚安知府任上政令清简，建办书院，亲自讲学，又常到佛寺与众僧谈禅，在佛堂上审案办公等等，总能看到罗汝芳行事的影子。

民国《姚安县志》称李贽任姚安知府三年而姚安"大治"。这个"大治"有三个看点：一是兴修水利，疏挖连水河等河渠，以利排灌；二是捐资修建连厂河桥，沟通姚安东西交通；三是在城南德丰寺开设三台书院，亲自讲学，开创一代学习风气。更重要的是，姚安是多民族地区，李贽一改前任行政苛刻，吏民不安的局面，而实事求是，尊重当地少数民族，政令清简，突出教化，无为而治，以德化人。李贽重视和土著民族的关系，认为在边疆民族地区，执法不宜苛严，日子一天天过，与军民"共享太平"就行了。对于下属官吏的所作所为，李贽认为，只要"无人告发，即装聋哑，何须细问"（李贽《焚书》）。如其在姚安府衙楹柱上所书楹联：

从故乡而来，两地疮痍同满目；
当兵事之后，万家疾苦总关心。

李贽自甘清苦，无为而治之余，不是到书院讲学，就是到寺庙研究佛理，甚至在佛寺办公事、断案子，也让僧人坐在一边，待公事办完、案子判定，就继续和僧人"参论虚玄"（明 袁中道《李温陵传》）。这又应了李贽在姚安府衙题写的另一副对联：

听政有余闲，不妨擘运陶斋，花栽潘县；
做官无别物，只此一庭明水，两袖清风。

李贽治理姚安三年，"大治"的同时，也受到不少责难。三年任期未到，李贽就整理好簿书，封闭好府库，带着全家离开姚安，向上司递交辞呈。上司一再挽留，就是不批准，李贽就躲到鸡足山上去研究《藏经》，执意不出。当局只得上奏朝廷，批准他提前退休（李贽《焚书》）。一说李贽曾削去头发，身着僧衣，头戴佛帽，坐堂理事断案，被弹劾解职。无论如何，李贽算是如愿退出了官场。

离开姚安时，李贽的行囊中仅有图书数卷，士民沿途相送，车马不能前进（民国《姚安县志》）至今姚安关于李贽的传说不少，如悬鱼示警、防火建宫、办学开智、判女改嫁、擒贼施教、治水修桥、贺人授奖、乞纳不允等等，而其所修连厂桥，至今仍称"李贽桥"，可见李贽影响之深。

离开姚安后，李贽在昆明流连半年之久，天天会友论学，优游山水，诗酒相酬，并留下一块《重修瓦仓营土主庙碑记》，描述了他的"理想之国"，也是他三年治理姚安的心得："尊尊而亲亲，老老而幼幼，化民成俗，各止其所。"在此前后，李贽的思想发生了重大转折。此后李贽更加离经叛道、愤世嫉俗、兀傲自放，大力鼓吹个性解放与自由，成为反对封建专制的启蒙运动先驱，终为朝廷所不容，以76岁的高龄在京郊被逮下狱，罪名是"毁圣叛道"，但罪无确据，更不至死，顶多也就是遣送回籍罢了。万历皇帝朱翊钧却有意拖延时间，迟迟不下结论（明 袁中道《李温陵传》）。李贽义不受辱，以命抗争，夺剃刀自杀，两天后身亡。李贽死后，其在滇遗迹和著作大多被禁毁，唯《重修瓦仓营土主庙碑记》得存，实属难得。

李贽身后评论悬殊，清康熙《云南府志》称李贽能写文章，而竟弃官出家，多有怪论，最后下狱而死，不足称道。而早在明代，云南学者李元阳就写诗盛赞李贽：

姚安太守古贤豪，倚剑青冥道独高。

僧话不嫌参吏牍，俸钱常喜赎民劳。

八风空景摇山岳，半夜歌声出海涛。

我欲从君问真谛，梅花霜月正萧骚。

至于近现代，这位一生充满传奇色彩的思想家仍被后人誉为"千古第一奇人"。而李贽成"奇"的关键之地，云南算是一个。

○进士统兵论"经改"

明朝末年，昆明南郊的傅家营出了个傅宗龙，是明代泰州学派大师罗汝芳的亲传弟子，明万历年间进士。步入仕途后，傅宗龙做过四川铜梁、巴县的知县，后来进京任户部主事、御史等。在这期间，傅宗龙曾到浙江巡视盐政，按常规可以分到4万两银子的"羡耗"补贴，这是一笔巨款，傅宗龙却不为所动，拒绝了这笔合法的横财。如果在和平时期，傅宗龙很可能就以清官能吏终了一生，但他偏偏碰上了一个遍地烽烟、风雨飘摇的时代。此时的大明王朝，外有清兵为患，内有农民起义，内外交困之际，书生出身的傅宗龙，也被逼成了统兵之将，无论成败，都很出彩。

明天启元年（1621年），清军攻克辽阳，朝廷下令招兵扩军，傅宗龙自告奋勇，一个多月就召得精兵五千。此时北方辽阳才败，西南贵州又乱，朝臣束手无策，傅宗龙又站出来献策献计，还请命率兵前去镇压，明熹宗大喜。不料天不遂人愿，傅宗龙突然患病，此事未成。几年之后，贵州再次大乱，傅宗龙被任命为贵州按察使和监军，果然连连得手，保住了西南一隅。朝廷下诏晋升傅宗龙为太仆少卿，但没有多久，傅宗龙就离任回昆明守丧来了。

明崇祯皇帝登基后，又起用傅宗龙，让他到北方主持军务，先后担任顺天巡抚、蓟辽总督等。当时天下大乱，北方更是内外矛盾交集、紧迫之地，傅宗龙为人刚直任气，不能圆转官场，迎合天子，几次因为小事被罢官。前后14年间，傅宗龙几起几落，后来李自成、张献忠起义，四川告急，崇祯皇帝想来想去，突然一拍大腿："如果让傅宗龙巡抚四川，贼兵怎么可能猖狂到这步田地！"连忙下诏把傅宗龙从家中请出来。傅宗龙也不负君命，稳住了四川，接着又被任命为兵部尚书。崇祯皇帝召见傅宗龙，想听听他的用兵之道。傅宗龙却不知趣，不好好地表忠心，而谈起天下百姓穷困不堪，国家财力虚空，必须革新等等。开始崇祯皇帝还点头称是。但傅宗龙继续往深处说，崇祯帝就不高兴了，打断傅宗龙说："你把用兵的事搞好就行了。"

傅宗龙退下以后，崇祯皇帝对左右说："这个傅宗龙怎么了？过去很会用兵，现在只会讲些琐屑小事，重复别人说过的话？"

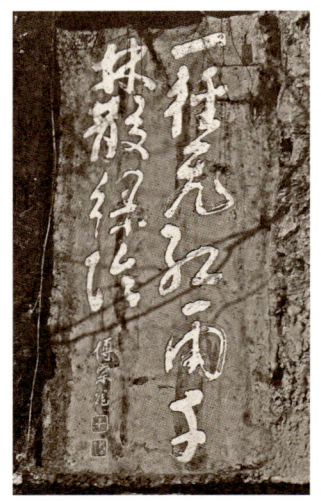

傅宗龙在昆明西山留下的摩崖草书题刻："一径飞红雨，千林散绿荫"

其实，明末天下之乱，问题不仅出在军事上，更出在政治、经济上，傅宗龙是清醒的。文武两手都要硬，这正是儒生用兵的长处。崇祯帝听不进去，还想继续掩耳盗铃。此后傅宗龙奏事请命，大都被崇祯帝驳回。而朝廷内外交困，群臣相互指责，相互推诿，一再误事，傅宗龙身为兵部尚书，也被卷进了这个旋涡。崇祯帝认为傅宗龙违抗圣旨，视军机大事如儿戏，把他关进大牢，甚至要杀他的头。傅宗龙被关了两年，天下愈乱，崇祯皇帝手足无措，又把傅宗龙放出来，让他总督三边军务，率军抵抗李自成军队。崇祯帝说："傅宗龙倒是朴实忠厚，我重新任用他，他应该会不计前嫌，为我效尽死力。"

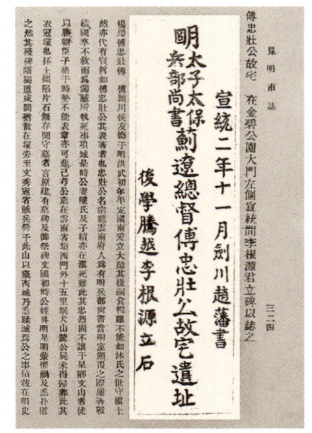

民国《昆明市志》所载傅宗龙故里碑摹本

这回崇祯帝说对了，当时李自成已拥兵50万，兵锋已至汉南，明廷摇摇欲坠。傅宗龙知其不可而为之，以两万之众出击，在河南孟家庄中了埋伏，官兵崩溃，陷入重围。军中粮尽，傅宗龙杀马骡以供军需。营中马骡杀完了，又"杀贼"割尸，分而食之。6天之后，军中火药、铅子、箭镞都用完了。弹尽粮绝之后，傅宗龙收拾残兵六千，突围而出，被义军追击，全军覆没。傅宗龙被俘，被押去项城，让他骗开城门，傅宗龙大声喊道："我是陕西总督，不幸落在贼兵手里,左右都是贼,千万不能打开城门。"旁有人抽刀就砍傅宗龙,傅宗龙大骂:"我是朝廷大臣,要杀就杀,怎么能帮助贼人,换来苟延残喘!"傅宗龙当场被杀,并割下耳朵、鼻子。城上官兵发炮,击退义军,傅宗龙家人才把他的遗体背进城内。崇祯皇帝接到报告,感叹说:"傅宗龙能这样做,真可谓朴实忠诚啊!"朝廷恢复了傅宗龙兵部尚书之职,并加官为太子少保,为傅宗龙举行了隆重的公祭、公葬仪式(《明史·傅宗龙传》)。

一说傅宗龙是明初开国功臣傅友德的九世孙。傅友德曾率军平定云南,更因屡立大功两次被赐以免死铁券,被封为颖国公,可由子孙世袭。后来傅友德被朱元璋逼死,家眷全部发配辽东和云南。傅宗龙之死,对于祖上和明王朝,都是一个交代。清代云南人袁文揆在《滇南文略》中说,傅宗龙忠心耿直,没有死在奸人手中,而死在战场上,这算是老天给他的最好的回报了。至今昆明西山龙门下的石室上方,还镌刻有傅宗龙的10字草书题联:

一径飞红雨,

千林散绿阴。

○ "懒"得做官真奇才

担当老,担当老,足健而跛,目健而眇。口似钳弓,手如鹰爪。须弥非大,芥子非小。好则也好,了则未了。法席掀翻,禅床推倒。且在粪堆里打眠,漆桶中洗澡。视富贵若避冤仇,见烟霞如获至宝。本来面目,有甚奇巧?莫与人知须悄悄。渴来时,茶一甑,饿来时,饭一饱。不担不得,担之不甚草草。漫言结社参禅,且学敲门贾岛。

这首《自嘲诗》的作者是昆明晋宁人担当。"渴来时,茶一甑,饿来时,饭一饱",可见其志,可见其"懒"。早年担当也曾心怀壮志,赴京赶考,科试不中则遍游名山,拜师名家。后得官员举荐担当做官,担当坚辞不应,理由之一竟然是"懒"——"本来面目,有甚奇巧",而亦真奇巧之人也。

担当是明清之际人,祖籍浙江,祖上是驻守晋宁的戍军。担当原名唐泰,字大来,出家之后,自号担当,为诗僧、画僧、书僧,诗、画、书法三绝之僧。其又有《关山月》乐府诗:

担当和尚(唐泰)画像

关山月，才圆又复缺。嫁夫未三载，与夫永诀绝。更因明月太孤寒，致使花柳无颜色。花柳多情不耐秋，徘徊只见月当头。不知边塞征人苦，可与闺中一样愁。剪刀声碎虫声哽，少妇停梭清夜永。解衣怕上合欢床，有恨都成明月影。欲报朝廷甘自弃，女流饶有丈夫气。若得挥戈建大业，妾愿居孀君尽瘁。

——《自嘲诗》出世之极，《关山月》入世之深，让人大跌眼镜。

担当33岁时，受荐公车应试，立志"齐驱猛士报明主"。不料科试落榜，于是担当遍游名山大川，拜名家为师。出游归来，担当自负"天下游来一布袍，不乘金马气犹豪"（《言志》），但当时满目时艰，"山薮何处不饿虎，岁时此日有穷民"（《感赋》），眼见得明朝气数将尽，有人举荐担当进入官场，担当坚辞不应，自言"不能奉命者有四：一、无忠寄谋；二、母老；三、病；四、懒"（《言志·引》），于是家居养母。

——前者追功名志在必得，后则视功名糟粕粪土，又让人瞠目结舌。

徐霞客来到昆明，见到了矛盾中的名士唐泰，两人交游20日，相谈甚欢。"闭门不管乡邻斗，夜话翻来只有山"（担当《与先生夜酌》）。担当家贫，仍大力资助徐霞客，并赠诗曰："知君足下无知己，除却青山只有吾"（《先生以诗见贻赋赠》）。徐霞客在日记中，对担当推崇备至，认为他的诗书为云南第一，可惜没有儿子，两个女儿又都守寡，叹息唐泰家学后继无人，岂不可惜？（《徐霞客日记》）

明末清兵入关，大厦将倾，遍地烽烟。明朝镇守云南的沐氏贪赃刮民，政令不行，担当策动滇南土司沙定州倒沐，意在借沙氏兵力拯救明室。然而担当所识非人，沙定洲野心毕露，最后败亡。担当"跳出昆明劫灰后，云中一鹤独高飞"，出家鸡足山为僧，以法号担当闻名。

后来李定国拥南明永历帝入滇，担当身在丛林，尚心存希望，"驹兮驹兮且待时，千里万里未可知"（《辕下驹》）。李定国召担当入府任职，担当却婉言相拒。吴三桂打进昆明，永历帝亡命缅甸，担当若有所失，不顾高龄，以云游为名，前往追寻，由于清军追截，道路阻塞，未能如愿。晚年的担当壮志难酬，犹自称"老僧自有梅花骨，不肯将身伴牡丹"（《山居》），空叹"百年心事几人解，一树梅花知不知？"（《漫兴》）

担当逝于大理感通寺，辞世之日，晨起端坐，与众人告辞，写下偈语云："天也破，地也破，认着担当便错过，舌头已断谁敢坐？"然后寂然坐化，年81岁。论其一生，有《担当禅师塔铭》称："始焉儒，终焉释。一而二，二而一。"又有担当上人像题联曰：

诗书画三绝，明季以还人少有；
侠儒释一身，滇南从来史所无。

○名士自葬石棺材

陈佐才石棺墓

清初与担当诗书往来的有个陈佐才，担当逝世后常到灵塔祭扫的也是陈佐才。这位陈佐才原来是明朝黔国公沐天波手下的把总，而担当是"倒沐"的策划者之一。多年以后，两人却在林下结为忘年交，亦一奇也。陈佐才本为武人，却擅长诗文，由明入清，出门必骑毛驴，以示"生不立清地"，又在山中凿巨石为棺，死葬其中，以示"死不入清土"，又一奇也。

陈佐才祖籍江西，云南蒙化府（今巍山）人，少时倜傥不羁，长大后才开始习文，乱世之中，又弃文习武，到昆明投奔黔国公沐天波，受武职为把总。永历帝朱由榔入滇，陈佐才随沐天波投奔朱由榔。后来奉命到四川催饷，回滇时清军已占领昆明，陈佐才无力回天，负剑隐居巍山，家居奉母，种竹植梅，读书吟诗。

那是清军入据云南三年之后，强制推行"清礼"，有"留发不留头"之令。陈佐才偏要蓄发明志，气宇轩昂，俨然"汉官威仪"，出入乡里，意气坦然。当地官吏把他抓去，要用酷刑。陈佐才面不改色，高声斥责："身体毛发，受之于父母，不可侵犯。难道你想用清朝的刑法来杀害明朝之人吗？"那官吏哑口无言，只好将他开释。时人称赞陈佐才是"义士"（《滇南碑传集》）。陈佐才出入蒙舍山，必骑毛驴，以示"脚不踩清朝之地"；又头戴斗笠，以示"头不顶清朝之天"；平常靠喝雨水度日，以示"口不饮清朝之水"；晚年陈佐才凿石为棺，以示"死不入清朝之土"（《新编大理风物志》）。陈佐才以竹节自喻，吟《枯竹》诗曰：

撑风老干坚于铁，几度凌风不改节；
那似薄情桃李花，须臾便与春相别。

时过境迁，陈佐才《立冬前一日感怀》，唯有一叹：

苦雨凄风日不休，明朝又过一年秋。
黄花犹是旧颜色，多少英雄已白头。

陈佐才年七十逝世，家人遵其遗嘱，葬之石棺之中，并刻其自挽诗于石棺之上，

名《石棺诗》,曰:

　　明末孤臣,死不改节;
　　埋在石中,日炼精魄;
　　雨泣风号,常为吊客。

(见清《滇系》、民国《新纂云南通志》《云南历史人物遗事》等)

○ "酒疯才子"心明白

　　明代昆明出了不少"酒疯子",更有"酒疯才子",让人不得不服。其中有个康诰,是昆明本地人,和《尚书》中的名篇《康诰》"同名同姓"。康诰没有家小,平时独处一室,酷爱读书,洞箫吹得特别好,还有一手好书法,更嗜酒如命。因家中贫困,康诰出门总穿一双破靴,人称"康破靴"。亲朋好友送上一些钱粮,康诰一概拒绝,但如果请他去喝酒,他马上欣然而至。康诰还有一个奇技:找来玉石碎屑和泥土,在衣袖中和成一团,再捏成笔砚,烧制成陶,坚硬和润,和有名的"铜雀瓦"有得一比,时人视为珍品,称之为"康砚"。但此砚不可多得,康诰也是偶尔为之,做得一两块,多送给至亲好友。有人求之不得,就请康诰去喝酒,先把他灌醉,再向他讨要笔砚。还有人趁康诰穷极之时出钱购买,但也非得是故交或文人墨客才行,如果是富家贵族,就是出再高的钱价,也不能得逞。

　　明末清初,天下大乱,江山变色,社会骤变,昆明又来了个武疯子,其本名武恬,是武定人。尽管先世立有军功,武恬却不求功名,尽管家中贫困,却没有一天不沉醉在酒中。武恬更别出心裁,练就不少精巧奇技,最拿手的是用火炭在竹筷上绘画,而且必在大醉之后。其"火绘"的禽鱼、花鸟、山水、人物,无不精细,惟妙惟肖,前所未有。许多人前来求购,一双"火绘筷子"的价钱,可以买得三天口粮。但武恬视之为宝,舍不得出手。大醉之余,武恬总是放声痛哭,然后把"火绘筷子"全部扔到火中烧掉。一旦酒醒,又后悔不已。但以后又照样醉酒,照样"火绘",照样烧筷,照样后悔,始终没有拿"火绘筷子"去卖钱。有人为了得到武恬的"火绘筷子",就摆上好酒,宴请武恬,先把他灌得大醉,再把火炭和筷子放到他面前。此时不

吴三桂画像

需人请，武恬马上挽臂而起，顷刻之间就能绘成几十双"火绘筷子"。如果在武恬酒醒时请他"火绘"，他会大发脾气，拂袖而去。有布衣寒士、僧侣道人来求"火绘筷子"，武恬则会高高兴兴地送给他们。许多"火绘筷子"就这样流传到社会上，成为滇中士大夫相互馈赠的重礼，成为宦游云南的王公贵人着意收藏的珍品。

明末之时，大西军将领孙可望占了昆明，听说武恬和他的"火绘筷子"，派人把深藏在山中的武恬带到五华山，在府中东侧摆下金银财宝，西侧摆下美酒肉席，让他制作"火绘筷子"。不料武恬一言不发，"白眼仰天，喑无一语"，装作没听见。孙可望脸色一变，把行刑的刀锯搬了出来。武恬仍然拒不从命。孙可望大怒，喝令斩首。武恬被捆到市井行刑，依旧"神色自如，终无一语"。幸得有人劝解，孙可望命令用鞭子猛抽武恬一顿放了。

南明永历帝入滇入缅，后来被吴三桂杀害，武恬从此每天披头散发，毁容垢身，在街市上狂歌哭行，晚上和猪狗挤在一起睡觉，被人称为"武风子"。所谓风子，"疯子"之谓也。吴三桂也听说武风子有火绘绝技，让人把他招来当面制作。武恬回答说："孙可望不过是一个流寇，和我无冤无仇，用刀锯逼我，我都不屈服。何况你和我有君国之仇！我手可断，这事绝不能做！"吴三桂大怒，把武恬绑到街市上要砍头，武恬神色自若，毫不畏惧。幸而有人为武恬说情。吴三桂把他鞭打了一顿放了。从此武恬更是踪迹难寻，他的"火绘筷子"也更加贵重，成为珍稀之宝，千金难买。

据说武恬"火绘"时先要削炭如针，然后把削好的数十根炭针放到烈火中，旁边煨上一壶酒，等炭针烧红后取出，左手握竹筷，右手拿炭针，一边喝酒一边绘画，"簌簌有声，如蚕食叶，快若风雨，且饮且作"。酒喝完武恬就画不成了，要重新将酒壶注满，煨热后再边喝边画。武恬喝酒不用酒杯，总是口对酒壶，数口而尽。喝醉了就躺在火炉旁，或哭或歌，或说《论语》，或说《五经》，见解独到，酒醒后却自称是酒后胡说而已。大醉之时，武恬又好吟诗，诗未吟成，他又突然消失，不知所往。过了几十天或几个月，他又会突然回来，诗也写好了。武恬年逾六旬而貌若中年，平时"拜揖跪起"都与常人无异，但开口说话，又似疯子，后来竟不知所终。清代昆明人宋嘉俊有诗赞武恬曰：

卓卓奇技武风子，姓字流传遍桑梓，
平生志识超凡庸，火绘特其余事耳。
先生善画非画师，火箸当年擅绝技，
酒酣兴到时为之，穷形尽像凭十指。
意匠惨淡经营中，双箸绘成火光紫，
鸟即鸟来鱼即鱼，羽毛鳞介不一体。

变化直穷笔墨外，神妙如传阿堵里。

惜哉画箸今无存，高风徒令人仰止。

武恬"火绘筷子"的图案，有唐代凌烟阁二十四功臣像，有南宋岳飞朱仙镇奏捷图，还有南宋陆秀夫崖门抱主投海图等。那竹筷还没有笔杆粗，绘在上面的旌旗铠仗、侍从车马、城堞楼阁，历历在目，纤毫毕现，见者无不赞叹，而其中寄托的故国之思，复国之意，又有谁解？

清代学者师范曾从市场上购得一个毛竹笔筒，其"高五寸"，径约一尺，上刻"刘阮遇仙图"，"云气、石色、泉影、花光无不点次入妙"。师范"每一摩玩，辄有举头天外之想"，认定这个刻图"为风子手制无疑"。昆明坊间有一歌相传，据说就是武风子当年所作：

老天封我是酒仙，只有今天没明天。

兴来画点竹筷子，谁要你的臭铜钱！

（参见清康熙《云南通志》、清嘉庆《滇系》、民国《新纂云南通志》《云南历史人物遗事》等）

○火烧乌纱表情怀

清顺治二年（1645年）五月，清军大举南下，攻下了南京，南明弘光小朝廷瓦解。就在此时，西距南京五百里外的太仓城里，时任学正（儒学教官）的昆明人文祖尧走进官府大厅，当众摘下自己的明朝官帽，一把火烧成灰，并赋《焚冠》诗一首，以明心志：

纱帽风霜历几时，庄严当日汉官仪。

一朝倒置谁知惜，几处欢弹我自悲。

懒挂东都同俗变，化为清风与云随。

从兹烈烈冲霄去，涂炭休教得浼之。

当时文祖尧已57岁，大难临头，自焚官帽，让它"烈烈冲霄去"，"化为清风与云随"，以免"一朝倒置"而"涂炭"。文祖尧烧的是作为"汉官仪"庄严象征的"纱帽"，表现的是自己忠于明朝的情怀。清军逼近太仓时，文祖尧更大义凛然，带领全家投水，决心以死殉国，以死明志。

文祖尧的绝对不是偶然的。此前一年，明崇祯十七年（1644年），李自成攻下北京，崇祯帝上吊而死。文祖尧闻讯大为哀痛，写下《悲歌》七首，痛斥群臣昏庸无能，武将怕死，文官贪财，以至于天子"一朝慷慨死社稷"。文祖尧焚帽后携全家投水，似乎也想对世人表明，大明官吏，即使是如文祖尧这样小小的学官，也有不怕死的忠良——文家的远祖，一说就是南宋以死殉国的文天祥。文祖尧此举，也算是对得起先人了。

文祖尧全家投水后，夫人郭氏和当时在身边的子女全部溺死，独有文祖尧获救，被送到太仓附近的昙阳庵内避难。文祖尧是昆明秀才、贡生，祖上是明初随沐英大军入滇的武将，后来落籍在云南府（今昆明一带）的晋宁，再迁到呈贡。从文祖尧的曾祖以后，文家世代都是儒官。文祖尧初任四川名山县训导，55岁时升任江苏太仓州学正。太仓是江南富庶之乡，文祖尧儒学造诣深厚、教学风格严谨，到任之后，迅速获得太仓各界认可。

当时南京虽然陷落，但南方又建立了几个南明政权，似乎给了文祖尧一些希望。但这些小朝廷都昙花一现，迅速被灭。文祖尧只有穿僧服、吃僧食，靠卜凶吉、看风水度日，但仍然坚守气节，洁身自好。晚年的文祖尧自号"日月外史"，日月为"明"，可见其心志。文祖尧有《白莲》诗道：

特出污泥不染污，更饶清白品尤孤。

凭栏一望神皆爽，多少冰肌在玉壶。

文祖尧对桃花源情有独钟，在他的心目中，自己的家乡滇池就是桃源。隐居17年，文祖尧无时不思乡，其《丙戌除夕》诗云：

思乡万般皆万里，客心明日又明年。

遥知儿女围炉处，望眼潸潸几欲穿。

清顺治十八年（1661年），文祖尧在太仓过了最后一个春节，终于踏上了回归故里的道路。这时，文祖尧已经是72岁的老人了。离开太仓时，友人、门生依依不舍，赋诗、赠文、绘画相送。文祖尧身着道士服，留发梳作道士发髻，乘船沿长江进入洞庭湖，再转沅江顺流而下，于同年八月行至桃源县，这里是传说中的桃源所在之地，文祖尧向往已久，于是停舟小住，并赋《过桃源》诗云：

偶到桃源欲问津，人传门闭已千春。

谁知自有真消息，好向桃花开处询。

不幸的是，文祖尧竟在桃源病倒，偏偏此时又传来南明永历帝被吴三桂从缅甸抓回昆明的消息，文祖尧悲愤不食，于八月初八夜逝于舟中。后其孙子迎接灵柩归来，葬在呈贡城东黄土坡。《过桃源二首》竟成文祖尧的绝唱。（见《新纂云南通志》等）

○"高士"老来露真态

清初吴三桂在昆明称霸，广召天下人才，将通海举人、才子阚祯兆也招到府中，做了个"秘书记室"。吴三桂虽"自夸藩下子弟彬彬，多文学之才"，然有真才实学者，多不屑吴三桂，纷纷远避山林，以求自全。此时来了个阚祯兆，吴三桂自然求之不得。

近代在通海乡下发现一口明代青花瓷缸,大小可装水两桶,据说此物是清帝送给吴三桂的宫中之物,吴三桂又转送给阚祯兆,尊崇之心,可想而知。当时的阚祯兆也准备就此起步官场,大展宏图。不料吴三桂发动叛乱,最后身败名裂,阚氏只好归隐通海老家,并将青花瓷缸带回,放在自家庭院里,后来流落民间,近代才发现。

阚祯兆隐居通海之时,曾与县令许弘勋诗酒唱和。后来许弘勋升任云南按察使,受巡抚王继文之命,回通海"求贤",请阚祯兆出山任职。阚祯兆避入秀山,闭门不见,自书一联,挂在门前:

既有诸公辅社稷;

何妨一老卧林丘。

许弘勋跟到秀山,题了一联,以示敬重:

地以文章争气势;

天于樵牧混英雄。

阚祯兆也在秀山清凉台题一联,自证心意:

松翠时相引;

梨红不肯凋。

许宏勋料定阚祯兆无隐身江湖之心,有待价而沽之意,便也不勉强,只是坚请不已,一次不行,再来一次。如此相持四年之后,阚祯兆挣足了面子,终于走出"高"堂,随着许氏到昆明做了王继文的幕僚,成就了一段"求贤"和"清高"的佳话。

王继文在昆明"大兴风水"之说,主持修古迹,建新庙,培名胜,改城郭,题额书碑的活儿不少,他自知字不如人,便让阚祯兆捉刀代笔,所谓"省垣王继文诸碑,多出其手"(清《通海县志》)是也。于是昆明新增的"一榜、一联、一金、一石",一经阚氏等人品题,便"斐然可观"(袁嘉穀《滇绎》)。昆明南城楼上的"近日楼"、北城楼上的"望京楼"两块大匾,据说都是阚祯兆题写的。阚祯兆又擅长草书,有"阚草王"之称。如今天昙华寺的《续建昙华寺碑》所刻草书,龙飞凤舞,行云流

许弘勋求贤联　　阚祯兆自证心迹联

著名的续建昙华寺草字碑,署名"王继文撰并书",而实为阚祯兆代笔

水,署名"王继文撰并书",而实为阚祯兆手笔。阚祯兆还替王继文写了不少应景文字,大署"王继文"之名。大概王继文也不好意思,没有把这些文字收进自己的集子,阚祯兆也不敢站出来说这些文字出自己之手,于是弄出了不少"无名之文",让后人颇费考证功夫。

阚祯兆素以"高士"自居,对远古时尧让天下而不受的许由称道不已,有"渔矶洗耳耽高卧,别染宫袍待少年"(《春溪新柳》)之句,暮年赋了一首《老来》诗,却壮心不已:

老来泛泛没生涯,劝我东陵学种瓜。
不读《素书》空虎啸,还嗤丹灶问桃花。
乾坤岂少奇男子,孔孟居然绝大家。
富贵浮云真实际,何人轩轾判龙蛇?

如此"虎啸"之诗,"高士"之态荡然无存。方树梅先生在《明清滇人著述书目》中称阚祯兆"诗不如文、文不如书",既褒又贬,妙极。

(见《云南历史人物轶事》等)

○清早"点卯"先捆铺盖

倪蜕是松江人,清康熙后期昆明著名的"大师爷"。倪蜕自幼熟读经史,无意仕途,未赴科考,而工诗文,精书法,喜戏曲,善画山水,足迹几遍天下。清雍正年间,倪蜕随云南巡抚甘国璧入滇为幕僚,长期在衙门做文案,云南政治、经济、社会情况都烂熟于胸,公文档案、法律条文、案件原委,无不一清二楚,其为人孤傲、诙谐,又穿着邋遢,人称"倪三怪"。

在昆明坊间传说中,倪蜕是呈贡大渔人,娶的是渔家女,才华过人,历任大官请他做事,都要礼让三分。倪蜕自知如此下去,势必为人所难容,于是"当一天和

倪蜕画像

尚撞一天钟",干一天活拿一天的钱。每天早上入衙点卯之前,倪蜕都要捆好铺盖行李,穿上杠子,吊在梁上,一旦事不顺心,立马扛行李走人。时人又称:"倪三怪,清早起来卷铺盖。"

甘国璧离任后,倪蜕留居昆明,在昆明西门外的石鼻村(今渔街子)买了块地,在宝珠山下"筑草堂以居",多有著述。传说倪蜕离开衙门时,友人多方挽留。倪蜕自称为人所不容,友人不信,于是倪蜕自称病亡,一时前来吊丧者不少,有真正痛心的,有暗自高兴的,还有开口骂人的。倪蜕听大家说得差不多了,突然从挽幛后走出,众人大惊,哑口无言。倪蜕对友人说:"我没说错吧?"友人默然。

倪蜕在乡倡议捐资义学,教学乡里,名声很大。清雍正、乾隆年间,云贵总督张允随曾在草堂附近石道旁立一大碑,上书"蜕翁草堂"四个大字。又传说倪蜕退居草堂后,还担心官员们打扰,便在草堂门头大书"狗洞"二字。官员们前来,看见这两个字,都放不下面子,掉头而去。传说总归是传说,事关百姓利益,倪蜕并不回避官员。清嘉庆《滇系》载有两封倪蜕给当局的书信。其一为《本朝布衣倪蜕复昆明令朱雨亭书》,自称"琐尾之士,屏居山村",县令登门拜访,还来信论"厚民生""敦民俗"之事。倪蜕复信,痛陈当时征收粮赋,"困累已深",奸猾小吏居中盘剥,一般民众"苦益难胜"。倪蜕建议,每年收缴粮赋,应先确定数目,事先向百姓"明白晓渝,使人共知",如"有粮若干升斗,即应纳若干公费"等,缴纳完毕,要"给票为凭",不让奸吏有可乘之机,中饱私囊。另一封信是《昆明倪蜕复当事论厂务书》,列举当时开发矿山的"厂务"种种害民劣迹,其中有"今承清问,谨将悉知之厉害具陈"之语,爱民之心,处处可见。

早在巡抚衙门做师爷任上,倪蜕就受甘国璧之托,遍游滇省各地,搜集地方史料,后在草堂整理自著《滇云历年传》《滇小记》等,都是研究清初云南地方历史的重要书籍。至今宝珠山下仍有倪蜕草堂遗址和倪蜕墓,并被列为昆明市重点文物保护单位。

坊间还流传着许多"倪三怪"的逸闻轶事:早年昆明城郊一个长工为讨工钱,和地主儿子打架,失手砍死对方。长工被捕,问成死罪。长工的父亲来找倪蜕求情,

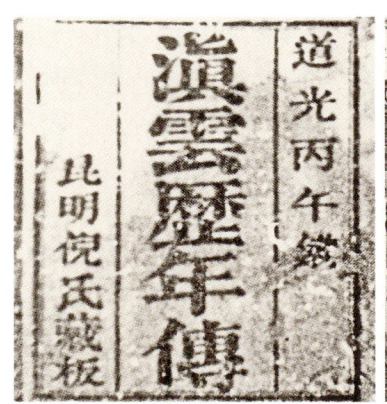
倪蜕所著《滇云历年传》

昆明西郊宝珠山坡上的倪蜕草堂旧址

说清原委。倪蜕同情长工，取来卷宗，见其中有"用斧伤人致死"之句，于是添了一笔，将"用"字改为"甩"字，成了"甩斧伤人致死"。再审之时，"故意杀人"变成了"过失杀人"，长工得以免死。

又传当年昆明街头店铺门前有人半夜上吊而死，店主唯恐受牵连，托人找倪蜕帮忙。倪蜕让店主将死者放下，再吊上去，然后报案。店主虽莫名其妙，也只能照办。后来县衙门派人验尸，发现死者脖子上有两道绳索勒印，判断为移尸嫁罪，店主终于躲过一祸。

倪蜕在衙门做事时，和同事闲聊、对联为乐。一个同事拿倪蜕的山羊胡子寻开心，念念有词，先发制人："山羊上山——"接着就伸长脖子学羊叫了三声"咩、咩、咩——"。众人大笑，不料倪蜕应声而答："水牛下水——"随即不出声，只顾大口喝茶，突然"噗、噗、噗——"连喷三口，喷得那人一头茶水。

（见清嘉庆《滇系》、清道光《昆明县志》《云南历史人物轶事》等）

○天子面前装痴呆

清雍正四年（1726年）冬天，呈贡县令朱若功到京城觐见雍正皇帝。此时的朱若功颇有政绩，但年已花甲，且官场太累，决意告老还乡。为达到目的，朱若功在雍正皇帝面前装聋卖哑，答非所问。雍正皇帝看他年老体衰，精神痴呆，就批准他退休养老去了。

朱若功是浙江武义县人，清康熙年间进士，早年就以"奇行"著名。康熙五十一年（1712年），武义县猛虎出没，死伤乡人，一时人心惶惶。朱若功告官不理，气愤之余，转而求告县府、知府、州府三级"城隍神"和"土地之神"，称民众是神的主人，只祭祀为民除害之神，要求各路神仙七天之内"除此猛虎，以安百姓"，

朱若功画像

否则就要上告省城隍、都城隍，甚至上告天子，惩治诸神。朱若功的"驱虎奇文"迅速传遍省内，官府这才着急了，连忙派人上山打虎。不出几天，猛虎果然就擒，四乡得以安定（清嘉庆《武义县志》）。

清康熙五十八年（1719 年），朱若功受命担任昆明县令，这时他已经 52 岁了，仍然勤于政事，每天鸡鸣而起，半夜方寝，办案不过夜，狱民无冤屈，善政不少。当时昆明县有 4000 多农户拖欠田赋，朱若功查明他们确实无力交纳，就奏请减免，分年缴纳，每年 1 万多两银子的"五塘税"也被废止，使昆明百姓的负担有所减轻。清康熙六十年（1721 年）五月，昆明大旱，农田枯焦，无法耕种。朱若功暴走烈日之下，登上西山求雨，进而大雨如注，旱情缓解。昆明宝象河干涸，朱若功派人开掘河底，在几尺深的河下发现地下水，于是在河底筑坝开洞，引水灌田，旱象得以解除。

在社会文化方面，朱若功奏请祭祀明末投水自尽"为天下明大义"的本地名士薛大观，大得人心。当时昆明孔庙"三教一体"，不但祭祀儒家的孔子，还祭祀佛家的释迦牟尼、道家的老子，朱若功认为有失体统，下令把释伽、老子像撤去，独尊儒家，以正名位。朱若功还拒绝把过世"乡大夫"的牌位放进孔庙，送钱也不行，以正人心。朱若功以为这样就可以立儒化民、大兴教化了，却没有想到"三教一体"正是昆明的文化特色，而文庙中不但有大成殿，还有名宦祠、乡贤祠和节孝祠，各界先贤都在此同享祭祀。朱若功断了他们的香火，犯下大忌，引起了昆玙士大夫的反弹。朱若功也被调出昆明，到呈贡任知县去了。

但是，朱若功在社会底层口碑很好。听说朱若功被调走，百姓不舍，聚众到总督、巡抚衙门请愿，要留住朱若功。朱若功离开时，送别的人群排了 10 多里长，朱若功和众人相对落泪，依依不舍。后来朱若功到昆明城里办事，城中百姓仍然会围上来和他打招呼说："我们的父母官回来了！"

另一方面，30 里外的呈贡百姓敲锣打鼓，迎接朱若功。朱若功也不负众望，在呈贡教乡民制造水车，引水入高地，又劝民开塘积水，灌溉田地。秋收之时，泥鳅为害，群游水田，危害稻谷。朱若功令人捕捉泥鳅，烹调而食。乡民纷纷仿效，"虫害"得以消灭。朱若功又捐俸创建"凤山讲堂"，兴办儒学，并续修《呈贡县志》，以存历史。

朱若功在云南做了 8 年知县，为官清廉，告老归乡时，随身只携带了康熙皇帝颁发的两道诰命圣旨、呈贡乡民赠送的《望雨》和《劝耕》两幅记功画图、在呈贡采集的两棵钩栗树苗、朱若功自己纂写的诗书两部，还有一身正气的"两袖清风"——号称"五两归乡"。

（见清《武川备考》《清官朱若功》等）。

○布衣献策抗水灾

昆明大观楼长联的作者孙髯是清康熙至乾隆年间人，以题咏大观楼长联闻名遐迩。孙髯一生充满传奇色彩，行事惊世骇俗，堪称一代"奇人"。

孙髯生于官宦之家，因"生而有髭"——生下来嘴边就长满了密密的胡子，因此以"髯"为名，又字髯翁——这是一奇。

孙髯自幼聪颖过人，胸有奇志，早先参加科举的童试，进入考场要强行"搜检"考生，严查是否"夹带"作弊之物。孙髯愤愤不平，说这简直是把读书人当"盗贼"对待，决不能受此侮辱，马上掉头而去，从此不再参加科举考试——这是二奇。

孙髯父亲是个武官，康熙时随军入滇，后来落籍昆明，在官场也有些关系。当时有官员见孙髯有才，力劝孙髯应考，以便向上引荐，入朝做官。不料几个官员"连促"几次，孙髯"皆辞"不应，立志终身为民，自号"万树梅花一布衣"——这是三奇

孙髯才学过人，"博学多识"，作诗行文，"豪宕不羁"，一时名士相与酬唱。每逢出游，孙髯必带书籍，一路都是书箱，围观者都说这是"孙先生的精神食粮"——这是四奇。

孙髯不屑为官，以清高自诩，但目睹当时盘龙江水患连连，昆明城内外民不聊生，又"穷岁月之跋涉"，通过实地考察绘图和分析研究，参考《禹贡》等古代治水典籍，写成一部《拟盘龙江水利图说》。孙髯认为，盘龙江水患的原因，是由于江势北高南低，每逢暴雨，就会涨水，如果大雨连绵，洪水暴发，甚至漫入城中，毁坏房屋，男女老少，流离失所。孙髯提出5条治水之策：一是疏挖河道，畅流泄洪；二是兴建水闸，分流溢洪；三是筑坝拦河，防止滇池倒灌；四是增开盘龙江入湖口，以利洪水下泄；

昆明大观楼旁孙髯雕像

五是爱惜民力，利用农闲枯水期，发动农民兴修水利——这是五奇。

孙髯晚年家道中落，穷愁潦倒，流落昆明圆通寺咒蛟台，以测字卜卦为生，后来投靠子女，终老弥勒。孙髯曾撰写自挽联曰：

这回来得忙，名心利心，毕竟糊涂到底；

此番去正好，诗债酒债，何曾亏负着谁？

——清高自负，至死不渝，这是六奇。

早年有昆明人读了孙髯的《拟盘龙江水利图说》，感叹孙髯"博通古今"，本为"诗赋名家"，而不求功名，最后以布衣终老一生，人品不可谓不高。但也未尝不把百姓的利益放在心上（《拟盘龙江水利图说·跋》）。然而，《图说》既出，却如石沉大海，到头来，孙髯只得"却将万字经世策，换得店家半盅酒"，怎不令人愤然。有一年大理干旱，农夫心焦，太守优游，每睡过午，孙髯忿作《竹枝词》，教城中小儿唱道：

从古民愁官不愁，陇头啼遍众斑鸠。

龙王不下栽秧雨，躲在苍山晒日头！

（见清《滇系》、民国《续修昆明县志》《大观楼长联及作者孙髯》等）

○钻进圈套出不来

清乾隆、嘉庆年间，昆明五华书院的主讲尹壮图也是个"犟学士"，至今在昆明留有一块"藏书楼"大匾，就是这位"犟学士"的大手笔，被誉为"云南榜书之冠"。尹壮图是云南蒙自人，清乾隆年间进士，后来担任内阁学士兼礼部侍郎。他坚决反对让贪官缴银赎罪，甚至斗胆和乾隆皇帝弘历"犟"了起来，并指斥地方官员普遍贪腐，各地百姓普遍不满。乾隆皇帝认为尹壮图诬蔑"乾隆盛世"，便做了个圈套，让尹壮图去巡视地方，查处贪腐。尹壮图被套牢，处处碰壁，不得不认输，还险些丢了性命。

那是清乾隆五十五年（1790年），为遏制蔓延官场的贪贿之风，按照大学士、大贪官和珅的建议，朝廷准备实行"议罪银制"，对"亏空营私"的官员网开一面，让他们以罚缴银两来顶罪。罚收的银两收入内务府库，供乾隆皇帝使用。尹壮图上书反对，认为"议罪银制"只会让贪贿合法化，纵容贪污营私，起不到惩戒作用。贪官上缴罚款逃过处罚之后，势必将罚款加倍"贪"回来。这样一来，就是本来清廉的官员，也难免贪污受贿。而上级收受了下属的贿赂，就会放纵下属贪贿，导致吏治进一步败坏。

乾隆皇帝看到尹壮图的奏折，下诏让尹壮图自证其说。尹壮图又上奏折称：如今各地吏治废弛,督抚声名狼藉,臣下经过之地,提起当地官吏,商民百姓都"蹙额兴叹"——愁眉不展,叹息不已。各省的风气大都如此,皇上可派一位满族大臣和臣下到各省突击检查府库,就可以知道详情了。

当时和珅当权,贪赃枉法,贪官遍地,各省银库亏空。民间流传着这样的谚语:"贪不贪,一任州官,雪花银子三万三。"朝中大臣多半依附和珅,明哲保身,不出一言。乾隆皇帝已经做了55年的天子,垂垂老矣,"乾隆盛世"即将盖棺论定之时,却跳出个尹壮图来大煞风景,当然耿耿于怀。但乾隆皇帝毕竟老谋深算,马上看出尹壮图手中并无实据,就趁势批准尹壮图要求,让尹壮图和满族大臣、户部侍郎庆成到各地进行府库"专项大检查"。为了避免这个昆明人和他的老乡钱沣一样得逞,乾隆皇帝与尹壮图"约法三章":一是不能"突查",每到一处,要先派五百里快马通知地方。乾隆皇帝后来解释说,尹壮图提出"突查",不过

尹壮图画像

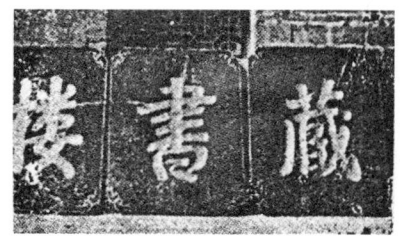

尹壮图为五华书院题书"藏书楼"

是想到江南敲诈盐商,绝不能让他得逞。二是尽管尹壮图官位比庆成高,也要听庆成安排,要尊重地方官员。三是尹壮图自请出差,必须自费,不得报销。

不仅如此,乾隆皇帝还事先发出通谕,为尹壮图此行定调,说尹壮图"捕风捉影"、"沽名钓誉",不但诬害各地官员,更辱及皇上:按尹壮图之说,则"朕五十五年以来之实政实心,几等于暴敛横征之世"。

可想而知,得到朝廷五百里快马通报的地方大员会如何安排"迎检"。尹壮图还未出发就输定了。到了大同,银库自然"丝毫并不短少"——大概各地官员都吸取了国泰的教训,填补府库的全是帑银。尹壮图一筹莫展,只好上奏乾隆皇帝称"仓库整齐,并无亏缺",还说自己已经"倾心帖服",请求停止检查银库,恩准其"回京待罪"。

但乾隆皇帝不同意,说尹壮图此举居心叵测,实际上是想抹黑朝廷,让天子背上"不能容受直言"的骂名。他让尹壮图继续到山东、直隶(今河北)、江南(今江苏)检查银库。

这一来,"检查"之形成了"示众"之行,尹壮图硬着头皮继续上路,受尽了

奚落和羞辱。每到一地，带队的庆成都把尹壮图晾在一边，先吃喝玩乐几天，再去查看银库。尹壮图只得暗中叫苦，寝食不安。乾隆皇帝还不断下诏质问："途中见到商民百姓'蹙额兴叹'了吗？"尹壮图只能上奏说，"臣亲眼看见商民百姓安居乐业，绝对没有'蹙额兴叹'的事"，而且各省府库充足，"并无丝毫短缺"，所到之处，都是太平盛世景象："正当新年庆贺之时，百姓扶老携幼，满城满街，喝酒吃肉，怡然自乐。"

"检查"之行结束，尹壮图再次上书，承认自己"虚诳"，请求皇上治罪。于是乾隆皇帝下旨道：此次检查结果，各省府库"俱无亏短"，而尹壮图为求升迁，"逞臆妄言"，"罪已无可逭"。当初提拔尹壮图，并非因其有才干学问，是因为云南在朝中没有大员，才给予照顾，而尹壮图竟把七十老母丢在老家，"恋职忘亲"，人伦丧失。乾隆皇帝把尹壮图交刑部治罪，刑部判了个"处斩"。呈报之后，乾隆皇帝却十分大度，说此事就"以谤为规"——无则加勉算了，对尹壮图"免治其罪"，革职留任。不过，尹壮图这回知道小锅是铁打的了。他先是谢主隆恩，然后借"恋职忘亲"之罪下楼梯，恳请辞官回乡养母。乾隆皇帝只好放他回云南。

此事在历史上被称为尹壮图案，是个典型的冤案。和珅推行"议罪银"制后，贪官们更理直气壮，大肆搜刮民财，造成乾隆一朝百官齐贪。处置尹壮图后不久，乾隆六十年（1795年）八月，年迈的乾隆皇帝也不得不承认："各省督抚中能廉洁自爱者，不过十之二三。"（《乾隆起居注》）——人之将死，终于承认尹壮图是对的。至于那个"议罪银"制，乾隆皇帝死后也被废止，其首创者和珅被尹壮图的"学生"、嘉庆皇帝颙琰赐死。和珅所贪财产富可敌国，全部充公，民谚称："和珅倒，嘉庆饱"。

尹壮图"犟"得很有戏剧性，但他根本就不是"十全大武功"的乾隆皇帝的对手，最终没能"犟"到底，遭受百般戏弄之后，频频认输，捡得一条命，回到昆明，躲到五华书院等处讲学。

嘉庆皇帝继位后，念及"师恩"，曾召尹壮图进京任职。尹壮图以"养母"为由，推辞不就。嘉庆皇帝赐尹壮图给事中衔，仍然可以上书言事。尹壮图"犟"心复萌，还未返昆就上书请求清核各省陋规，明定税务，结果被嘉庆皇帝驳回。回到昆明后，尹壮图仍壮心不已，又上书请求严格科举制度，所列四条建议，嘉庆皇帝仅用了一条，这算是不错了。此后尹壮图再上书请留任地方官员、让满族贵族从小学习儒经文章等，嘉庆皇帝全都不准，还指责尹壮图"更张本朝成法"，传旨地方大员训斥尹壮图。后来尹壮图似乎悟出了什么，上书称天下政事繁多，皇上每天独理万机，难免有差池，请从内外诸臣中精选人才，轮流到内廷值班，"尽心检校"奏章谕旨，以纠正"疏忽偏倚之处"。此说触痛了嘉庆皇帝，下旨严斥尹壮图身居万里之外而"妄议朝廷官制,更张祖宗法","迂阔纰缪,断不可行"。后来云南地方官员贪污,嘉庆皇帝抓住机会,责问尹壮图为何不上奏弹劾。尹壮图上书自辩,几乎再次获罪,还算嘉庆皇帝宽恕了尹壮图。此后尹壮图是不是继续上书,《清史稿》没有说,大概他终于明白,"学生"终归是天子,并不好惹,从此自缄其口,安安静静地讲学去了。

（见《清史稿·尹壮图传》、民国《新纂云南通志》等）

○改联改成"软烟袋"

在清代268年间,谁也记不清云南来过几个总督,又走了几个巡抚。然而有个总督却在昆明民间扎了根,坊间顽童虽然难得说清他的名字,但他的诨名却超级响当当："软（阮）烟袋"！

清乾隆年间,布衣孙髯跑到大观楼写了副对联,共有180字,被称为大观楼长联。此联一出,四方惊动,昆明士民,竞相转抄,传遍全城。没想到五六十年之后,昆明来了个总督,跑到大观楼转了一圈,但读长联,大惊失色,认为长联把汉、唐、宋、元等正统皇朝的伟烈丰功都总归一空,接下来岂不是要说到"我朝"了吗（《楹联续话》）？于是总督大人捉刀代笔,把"伟烈丰功"等处涂去,改成"爨长蒙酋"等等,把否定的对象换成隋唐时期割据云南的爨氏和南诏,从而"扶正而消逆"。阮元把这副涂改后的长联挂了出去,不料惹恼了昆明人,编了个歌谣到处传唱：

软烟袋不通,韭菜萝卜葱。

擅改古人对,笑煞孙髯翁！

（清·杨琼《滇中琐记》）

这个惹火昆明人的"软烟袋"姓阮名元,江苏人氏,进士出身,做过巡抚、总督,后来当到体仁阁大学士,加太子太傅,也算位极人臣了。被昆明人恶搞的是他的号"芸台",把"阮芸台"一谐音,就成了"软烟袋",成了昆明人的笑柄。

讽刺阮元的另一个版本是：

腌菜萝卜葱,阮烟锅不通。

擅改古人对,笑煞孙髯翁。

此处的"阮烟锅"也有来头。据说这位阮元平时总是抬着一管旱烟杆,不但烟锅（烟斗）超大,烟杆长达四尺多,轿厢都放不下。阮元上了轿子,就得把烟锅伸到轿外,昆明人背后都

阮元画像

叫他"阮烟锅"。

平心而论，阮元的改联也并非一无是处。"诗无定解"，大观楼长联之解也无定说。但阮元"捉刀"改联却犯了大忌：孙联早成"名联"定势，但一动刀，无论是"狗尾续貂"，还是"貂尾续貂"，注定都是败笔。清人杨琼在《滇中琐记》中也叹息道："芸台（阮元）亦太多事矣。"面对大观楼长联，时人有"几度酒酣难落笔，上头题句有髯翁"（谢琼《大观楼题壁》）之说，这才是识时务者的金玉良言。从这点上看，昆明百姓说"软烟袋不通"或"软烟锅不通"，眼睛还真是贼亮贼亮的。

阮元老家在号称"东南利浦"的江苏仪征，虽然地位显贵，仍被"江淮都会"的江都人看不起，认为其骨子里仍有鄙俗之气，阮元对此一直耿耿于怀。不料到了"蛮夷之地"的昆明，自己又被讥为"软烟袋"和"阮烟锅"，还是一个鄙俗，这就戳到了阮元的疼处。据说阮元大为气恼，暗中派人打探"造句"之人，但毕竟人心所向，此事不了了之。

阮元心有不甘，见昆明五华山武侯祠年久失修，已渐朽坏，便于道光十五年（1835年）春季兴工重修。原来祠中仅有诸葛亮一人塑像，阮元在主殿左右加塑了"诸葛南征"的功臣李恢、马忠、吕凯、龚禄四个塑像，更在门厢塑立被诸葛亮降服的"南人"首领爨习、孟获、孟炎之像，此三人北向而立，而诸葛南面称侯。牌位上也"改书"为"汉丞相南征至滇诸葛武乡侯位"——整个布局全在一个"镇"字，镇"滇"、镇"南"、镇昆明。据说阮元唯恐昆明人不懂其用心，还在武侯祠前大题一联：

丞相天威，南人不复返矣；
先生若在，礼乐其可兴乎！

阮元寻访到滇东爨龙颜碑，并为之题《爨龙颜碑跋》，竭力推崇云："此碑文体书法皆汉晋正传，求之北地亦不可多得，乃云南第一古石，其永宝护之。"爨龙颜碑由此名扬天下

阮元在昆明黑龙潭留下的《游黑龙潭看唐梅二律》诗碑，开篇之句为"千岁梅花千尺潭，春风先到彩云南"，在昆明脍炙人口，流传甚广

和阮元擅改大观楼长联一样，此联一出，便激起昆明人公愤，认为阮元把云南骂为蛮貊之邦，不通王化，不知礼乐，完全是侮辱昆明人，一时竟聚集了数百人，把阮元所题联匾砸了。阮元此后离任，一说就是看到昆明人对他没有好感，"甚感无趣"，请求朝廷另调，悄然离昆而去〔《纪我所知集》（《云南掌故》）〕。而五华山武侯祠前楹联，也随之改为：

千秋出师表；

五月渡泸人。

阮芸台的"烟袋"到底"通"还是"不通"？

本来，这个"软烟袋"是"通"的，不但"通"，而且是"超级通"。阮元进士出身，曾主编《经籍纂诂》一百八十卷、《皇清经解》一千四百卷，校刻《十三经注疏校勘记》二百六十卷，做的都是博古"通"今的大事。他的《揅经室集》更被誉为"集18世纪汉学思潮大成"之作，有"三朝阁老、九省疆臣、一代文宗"之誉。《清史稿》称其"身历乾嘉文物鼎盛之时，主持风会数十年，海内学者奉为山斗焉"。在学术上不是"泰斗"，至少也是个"大斗"——其一代文名，而竟在大观楼下毁于一念之差、一联之改，不亦悲乎？

阮元到任昆明之后，自称"衰老腐儒"，实行无为而治："持节坐镇之，而不必有所更张设施，惟以崇国德威、休养民生为事"（阮元《揅经堂集》）。阮元做了9年的云贵总督，整顿盐务、安定边疆、和睦各族、改造仓储、主持编修《云南通志》二百六十卷，都有成就。但其"举古典，修文物"，执意"扶正而消逆"，就和性格死犟的昆明人扛上了。

阮元不但擅改大观楼长联、重修武侯祠并题联，还修改昆明地名。清初吴三桂在五华山西坡绞死南明永历帝朱由榔，昆明人称此坡为逼死坡，阮元认为此名易引起昆明人的故国之思，于大清朝不利，便借口"逼死"之名"不雅"，更改为升平坡，并立碑为志。但昆明民间仍不买他的账，逼死坡还是叫逼死坡，并一直叫到现在。

另一方面，昆明人也很看得开。他们容不下阮元的"扶正而消逆"，却容得下阮元在翠湖修筑的垂柳"阮堤"，容得下阮元题写的大观楼揽胜阁楹联，阮元的黑龙潭咏梅诗中"春风先到彩云南"一句，至今为昆明人传诵，并引以为傲——骂归骂，赞归赞，在昆明人眼中，似乎这个阮元和"软烟袋"完全不是一回事。

○瓦沟数出大钦差

清道光二十二年（1842年）七月二十四日，在南京下关长江江面的英军旗舰"康华丽"号上，清廷全权代表耆英、伊里布签署了中国近代第一个不平等条约，一个

伊里布画像

逼着中国割地赔款、开放口岸的中英《南京条约》，中国从此开始一步步沦为半殖民地半封建社会。

代表朝廷"议和"的伊里布是清嘉庆年间的进士，清朝皇室爱新觉罗家的人。伊里布从昆明发迹，两进两出云南，从南关通判做到云贵总督，后来当了钦差大臣，在鸦片战争中一味"主和"，与英国人签下《南京条约》，成为中国近代史上的符号性人物，留下了骂名。

清嘉庆十九年（1814年），伊里布初到昆明，任云南府（今昆明一带）南关通判。据说他经常有事要"堂见"总督，但总督也不是说见就见的，常常要在外厅等候。等得无聊时，伊里布就抬个马凳坐在院子里，抬头细数大堂屋顶的瓦沟：每间房子有多少道瓦沟，每道瓦沟有多少片瓦，进而默算这面阔五间的大堂有几条横梁，几根椽子，几块板瓦，几块筒瓦……时间一长，伊里布几乎能把这些数据背下来了。过了半年，总督要翻修屋顶，找人估算工程。伊里布胸有成竹，把自己默算了不知多少遍的数字开单列了出来，所需椽子、板瓦、筒瓦、石灰、钉子、工资，都写得一清二楚。总督看了很奇怪，召见伊里布询问，伊里布如实回答。后来大堂施工，所有用料都在伊里布的"预算"之中。伊里布为此名噪一时，后来代理澄江知府、升任腾越知州、又代理永昌知府，被认为熟悉边疆事务，善于安抚土司，又剿治"匪患"有功。道光年间做到云南巡抚，在任上振兴文教、增置义学、赈恤孤贫、严饬边防、捐廉赈饥、倡修道路，"和而廉，有政声"。孰料后来从云南调任两江总督，又为钦差大臣后，却丧失了一生名节。

伊里布"数瓦沟"的故事另有一个版本，记在近代松江人雷瑨的《清代官场百怪录》中有《数瓦屋伊通判无聊》一节，说伊里布任云南府南关通判时，受命审判被抓来的苗民，他发现不少人是无辜的，就把他们放了。云贵总督伯麟大怒，罢了伊里布的官。伊里布为官清廉，连带家眷回京的路费都不够，只得求助云南巡抚，但在抚院门口就被看门的守卫拦住，不给钱就不通报。伊里布无钱，求告了半天，看门的才勉强同意通报，让伊里布在门口等待传唤。不料等来的是看门的一句话："抚台累了，有事明天又来。"一连三天，天天如此。伊里布无奈，回家躺在床上发呆，无事就数屋顶上的瓦片、梁上的木椽和墙壁的砖头。实在没有办法，伊里布只好先独自回京想办法，用仅有的30两银子打通关节，设法觐见皇上。当时朝中正在议论

这是签署南京条约的现场照片，拍下了几个老态龙钟的清廷钦差

云南苗民造反的事，皇帝马上把伊里布召去了解情况。伊里布说得头头是道，皇上下旨让伊里布官复原职，马上回昆明就任。伊里布还没走出京都城门，又有旨让伊里布升任道台。等到了昆明，圣旨已经先到，再升伊里布为按察使。拜访抚台衙门时，巡抚亲自迎了出来，那个早先为难伊里布的看门人恭恭敬敬地站在一边。不出几年，伊里布又由按察使转为布政使，再升为巡抚。伊里布坐在巡抚官座上，十分感慨。他把那个看门人叫来，教训说："从今以后，这里不允许再有人求见不得，回家去数瓦楞砖头！"

两个传说都离不开"数瓦沟"，可见伊里布的仕途与"瓦沟"的因缘之深。

清道光十九年（1839年），伊里布调任两江总督。在第一次鸦片战争中，伊里布被任命为钦差大臣，负责浙江沿海对英作战，伊里布避战主和，伪造战绩，被削职下狱。后来朝廷又起用伊里布参加和英军的谈判，最终签署了中国近代第一个丧权辱国的不平等条约——中英南京条约。伊里布一生名节，毁于一旦。此后伊里布又受任钦差大臣，到广东处理战后事宜。广州民心不服，英国仗势逼迫，时隔不久，伊里布忧虑憔悴而死。

清道光二十七年（1847年），就在伊里布死后4年，他的政治对头、鸦片战争的另一个代表人物林则徐来昆明担任云贵总督。林则徐是鸦片战争中的主战派名臣，当他走过主和派大臣伊里布曾经说过的督署瓦沟下，不知会有何感想？

［见《清史稿·伊里布传》、罗养儒《纪我所知集》（《云南掌故》）、雷瑨《清代官场百怪录》等］

○题联请长官莫使坏

20世纪60年代初，毛泽东游成都武侯祠，在诸葛武侯大殿楹联前驻足良久。那楹联题的是：

能攻心则反侧自消，从古知兵非好战；

不审视即宽严皆误，后来治蜀要深思。

毛泽东立于联下，反复咀嚼，深加赞许，认为此联有朴素辩证唯物主义的味道。后来毛泽东派人主持四川工作，还叮嘱他们到成都之后，务必要到武侯祠读一读这副对联。

此联作者是清末的云南人赵藩。其出身剑川白族，自幼得父亲教学，过目成诵，有"神童"之称。年方十四，便入军中从事文书工作，草檄飞书，倚马可待。清光绪元年（1875年），赵藩到昆明参加乡试中举，名列第四，但却在北京会试中落败。后来赵藩担任过云贵总督岑毓英的幕僚、四川臬台、川南道按察使等，以廉洁自持，刚正不阿著称。这副武侯祠联作于清光绪二十八年（1902年），当时四川各地白莲教、红灯照、哥老会不断起事，岑毓英之子岑春煊受命代理四川总督，大动干戈，残酷镇压。赵藩当时担任四川盐道使，认为岑春煊迷信武力，火上泼油，无益大局。赵藩数次劝谏，岑春煊置若罔闻。于是赵藩决定撰书楹联，讽谏岑氏。

还在岑毓英总督府中时，赵藩曾是岑春煊的启蒙老师，身份自然不同，劝谏之法，也自有风格。出南门到武侯祠游览时，赵藩即撰书一联，以颂扬诸葛亮为名，警示"后来治蜀"的岑春煊要谨慎行事，不可自误。一说后来岑春煊到武侯祠游玩，看到这副对联，虽心有不快，但反复思忖后，在镇压上仍有所收敛。一说赵藩题联后，刻为木榜，涂漆一新，鸣锣鼓吹，大张声势，送到武侯祠，悬挂在大殿门前。后来又在武侯祠里宴请岑春煊，让岑氏亲睹对联，借以讽谏。岑春煊新官上任，正想大烧三把火，不料老师迎头一盆冷水，自觉大伤面子，却又不好翻脸，后来调去代理

赵藩像

成都武侯祠

两广总督之前，竟然找个借口把赵藩贬到川南任职永宁道去了。当时四川官场有"官谣"称："师道师道，试看永宁道"，讽刺岑春煊对待赵藩不公。后来赵藩又因营救革命志士不果，愤而辞职回乡，辛亥革命时在大理响应起义，担任迤西巡按使，又出任过广东革命军政府的交通部部长。1914年，赵藩回到昆明，担任云南省图书馆馆长和《云南丛书》总纂，从此"专掌图书无忌地，闲寻山水自由身"，潜心整理文献，直到逝世。

老昆明人认识赵藩，多始于大观楼长联。清光绪十四年（1888年），云贵总督岑毓英重建大观楼，请赵藩重书孙髯长联，悬挂在大观楼前。赵藩不负众望，两副字写得笔力浑厚，凝重端朴，典雅大方，和"古今第一长联"相得益彰，堪称双绝。赵藩所书孙髯之联，深得毛泽东赏识，赵藩自撰武侯祠联，亦得毛泽东称许，信非偶然。

赵藩一生撰联不少，见诸《介庵楹句正续合钞》二卷，其撰联达500余副之多。昆明西山寺观、筇竹寺、金殿、黑龙潭、昙华寺，甚至于四川峨眉梵宫、成都寺祠和广东六榕寺，都可见赵藩的题联。其联品题人物，吊古伤时，"深者极奥衍，浅者极轩豁，高者极典重，雅者极千眠。声不一调，体不一格，惟意所适，无施不可"（《介庵楹句续钞·序》），亦为奇人。

赵藩"攻心联"

○把卖国上司赶下台

清光绪年间，云贵总督丁振铎昏庸误国，洋务局总办兴禄贪赃卖国之事渐渐暴露。此二人为法国公司征召筑路民工，又听任法人虐待民工，以致民工伤亡惨重。两人为虎作伥，外交则出卖矿权路权，划界则失地千里。兴禄不仅没有受到追究，反被誉为"精通洋务"，"内政外交措置裕如"，更飞黄腾达，升任贵州布政使，特旨代理巡抚之职。丁振铎、兴禄居官卖国，激起滇人愤怒。先是革命党人杨振鸿调查滇越铁路，回昆写文章大声疾呼："今天的云南要自救，要抵御外侮，必须先杀内奸！"东京留日滇籍学生、滇籍京官和昆明商绅继之而起，群起而攻之，昆明学生更赴京请愿，要求驱逐丁振铎，严办兴禄。

这时，担任贵州提学使的陈荣昌也挺身而出，尽管丁振铎、兴禄为其上司，亦在所不顾，上疏朝廷，历数丁振铎、兴禄罪10多条。他义愤填膺，痛斥丁振铎"误

陈荣昌像

云贵总督丁振铎像

滇之罪，为天下人所指摘"，而兴禄祸害百姓，卖国求荣，"派夫修路，划界失地"，罪无可赦，请求朝廷查办其事，明正其罪，"以谢滇人"。陈荣昌还说，自己身为贵州提学使，按照规定，有上书言事的权利。身为滇人，建言滇事，完全出于"爱乡之念""报国之诚"（《虚斋文集》）。

陈荣昌是昆明人，清光绪九年（1883年）进士，以爱国爱乡著名。早在清光绪二十六年（1900年），丁振铎处理"昆明教案"时，一味媚外，不顾事实，滥杀民众，备受舆论指责。丁振铎还把教案发生的责任推到陈荣昌身上。这位进士愤愤不平，大声道："如果可以舍一身而救众人，我虽死不辞。"他说，如果一定要追究，则上不敢牵连一官，中不敢牵连一绅，下不敢牵连一民，毁誉是非，利害生死，全由我陈荣昌一身担当。不要摘了各位官员的顶戴，不要追究大公祖（总督丁振铎）失于察觉，不要连累我们云南痛恨洋人的绅士百姓，杀我陈荣昌一身以谢洋人就足够了！（《与全庶熙廉访书》）

陈荣昌参劾卖国上司，义正词严，为民众"驱丁"运动再加一把火。清政府不得不派人查办，先是大事化小，把丁振铎调去做闽浙总督。不料消息传出，福建商民也不答应，通电拒绝丁振铎到任，又拍电报给丁振铎，要求他"自裁"以谢国人。清政府无奈，只好将丁振铎、兴禄等一干人革职，以平民愤。陈荣昌更名重全国，声望日隆。

辛亥革命后，陈荣昌自称"愿为大清之遗民，中国之良民"，先后隐居安宁明夷河村和城中翠湖故宅，以卖文卖字卖画为生，并致力研究学术，留下不少著述。陈荣昌曾在昆明大观楼题有一联：

仆本恨人，吞大海一瓯，焉得洗胸中块垒；
谁非乐土，卧高楼百尺，也应游梦里华胥。

此联作于1932年，3年之后，陈荣昌病逝，身后家无余财，当时的云南省政府主席龙云资助了滇币2000元，才得以顺利下葬。

○ "特元"不比状元矮

清光绪二十七年（1901年），朝廷开考经济特科，选拔"经邦济世"人才。当时全国共保举370多人参考，先举行会试，考中后再参加殿试。昆明经正书院才子、石屏进士袁嘉谷被举荐参加考试，初试后被列为二等第七。复试在保和殿进行，首题为《周礼农工商诸政各有专官论》，次题为《桓宽言国之物外流而利不外泄，则国用饶，民用给，今欲导物外流而利不外泄，其道何由策》。袁嘉谷下笔如神，洋洋五千言，见解精到，文理流畅，兼有一手王羲之、欧阳修合流的好书法，深得主试官赏识。殿试发榜后，袁嘉谷夺魁。消息传来，滇中轰动，昆明沸腾。

中国科举始于隋唐，而云南参加科举始于元代。明清两代数百年中，云南计有8560人中举，其中有950人再中进士，却无一人摘下状元桂冠。明嘉靖十一年（1532年），楚雄人李启东进入殿试，拟定为状元，嘉靖皇帝却听信道士之言，说大旱之年的状元姓名要沾上落雨才吉利，于是钦定以"秦鸣雷"为状元，而以"云南边方"——云南地处边远为由，将李启东贬低为"二甲一名"（清倪蜕《滇云历年传》）。为此，三迤父老一直耿耿于怀，在云南贡院（今云南大学址）兴建"天开文运""腾蛟起凤"坊，以寄托自己的状元情结。

清光绪二十一年（1895年），又有个骆成骧步入殿试，论证变法自强，光绪帝为之动容，钦定第一。这个骆成骧原籍云南会泽，姓李，七岁时过继给四川资中商人，改名骆成骧，被带到成都着意培养，终成清代四川唯一状元，而非云南状元。

当时清廷改革科举，袁嘉谷中的是经济特科

清末经济特科"特元"袁嘉谷

高中"特元"后，袁嘉谷两度被慈禧太后召见于仁寿殿，此后他赋《仁寿殿恭纪诗》云："为谋雪耻筑金台，旷古科名一日开。鲍叔谏君不忘莒，燕王招士始从隗。"

"一等一名"，一般称"特元"，而不是状元。实际上，经济特科考生由三品以上京官、各地督抚和学政推举，地方、人数不限，官民不限，专长也不限，以期"中兴人才之盛再见于今"。被推举的应试者有不少是进士、翰林出身的官员，包括此前6年考中状元的骆成骧。可见这是一个比常规的会试规模更大、等级更高的考试，被称为清王朝"二百余年未有之狂典"——从这个意义上说，经济特科的"一等一名"就是状元中的状元。云南人把袁嘉穀视为状元，认为他改写了云南自古无状元的历史，还是有道理的。

当然，清末经济特科考试也有不少故事。当时戊戌变法失败，但朝中仍然有维新与守旧之争。首场阅卷大臣为首的是时任两江总督的维新派张之洞，初试选出120多人，将守旧派请托的人选全部淘汰。慈禧太后对此不满，复试时改由军机大臣、守旧派王文韶及其同党为阅卷大臣，被怀疑与主张变法的康有为、梁启超有牵连的人全部被剔除，张之洞保荐的考生也被全部黜落，最后只取了一等9名、二等18名。在张之洞等初选的一等前五名中，仅录取了一人。王文韶曾在昆明做过5年的云贵总督，袁嘉穀得中"状元"，显然也与此有关。按科举制度，特科录取者应当授翰林之职，但王文韶坚决反对，说："这些人都讲求新学，提倡废除科举，何必再给他们科举的待遇，但求皇太后赏给他们饭碗就行了。"于是录取者全都得不到重用，原来就是官员的随便升个职，原来是举人、贡生的仅授个州县小官而已。就是名列"状元"的袁嘉穀，也只得了个翰林院编书处协修的职位，被派到日本考察学政，后来担任国史馆协修和浙江提学使、兼布政使等职。辛亥革命后，袁嘉穀回乡著述教学，曾任云南省立图书馆馆长。袁嘉穀是中国教育史上负责编写中小学教科书的第一人，又是从封建王朝的"状元"做到现代高校教授的第一人——前无古人而后无来者。

○一品"钱王"红顶"歪"

清光绪二十六年（1900年），八国联军进攻北京，慈禧太后和光绪皇帝逃到西安。当时陕西大旱，灾民300余万，无以聊生，慈禧依旧挥霍无度，尽管入不敷出，仍不稍微节俭，而转向各大商号、票号借钱。各商号唯恐钻进无底洞，都在敷衍推脱，只有云南巨商王炽站了出来，让其麾下的西安天顺祥票号源源接济慈禧。后来慈禧回到北京，国库空虚，许多费用仍由北京天顺祥资助。当时京城有人说，天顺祥简直成了清廷的国库。有人说王炽富可敌国，实不为过。

慈禧得了不少好处，要召见王炽，以示表彰。王炽有病，不能进京。慈禧下旨称赞王炽"乐善好施，迭捐巨款"，赐给王炽四品道员职衔，并恩赏荣禄大夫二品顶戴、诰封"三代一品"封典，并在王炽老家虹溪建立牌坊，以示旌表。王炽由此成为中国封建社会绝无仅有的一品红顶商人，天下最"歪"（昆明方言，最牛）的一品"钱王"。

王炽出身贫寒，早年乘杜文秀起兵，云南大乱，往返"白区"与"红区"之间，偷贩货物，挣下第一桶金。后因争夺一块猪肝，杀了表兄，远走四川躲避，又在川滇之间走"黑道"，马帮往来，获利不少。接着，王炽在昆明三片坟邱家巷开办"同庆丰"票号，结交官府，包揽各省调剂协饷，解交清廷款项，大获成功，更把分号开到了重庆、北京、上海、广东、江西、汉口、常德、成都、叙府、贵阳、西安、香港等地，另取名"天顺祥"。王炽也成为炙手可热的"南邦之雄"。

王炽像

王炽送给慈禧的钱虽有风险，却并不是白送。八国联军入城，清廷大员一哄而散，把钱都存进了北京天顺祥。王炽用这些钱低价收购外逃官绅的浮财，事件平息后又高价售出，狠发了几笔国难财。名声大了，天朝有钱人存汇借贷，无论官商，首选就是天顺祥。大批钱财进进出出，都要和高官巨富打交道，没有一个是省油的灯，离开了朝廷"三代一品封典"的"红顶"，势必难成大事。

陈荣昌书《王炽行状》

王炽深谙"红顶商人"的奥妙。早在清同治年间，王炽就为人所不敢为：为川东道筹银两万两，凑足向省里解缴的款项；为盐茶道筹银10万两，以改善川盐生产。王炽践行"官之所求、商无所退"的不二法门，不但敞开借款，而且利息全免。如此一来，"天顺祥"名声大振，深得官府青睐，公私款项，借贷存汇，全交给天顺祥办理。四川盐茶道员唐炯更成了天顺祥的政治靠山，先把四川盐运交给天顺祥经营，后来唐炯调任云南矿务督办大臣，王炽又为唐炯开发铜矿提供资金，唐炯则委任王炽为矿务公司总办——生意做到这个地步，天顺祥想不发都难，王炽顺理成章地"富甲全滇"，成了云南首富。

中法战争期间，法军倾巢北犯，试图占领越南全境及滇桂边地，云贵总督岑毓英督师出关作战，军情紧急，军饷紧缺，向各商号每月借饷银6万两，这时唯有王炽挺身而出，独力垫支60多万两银子。取得临洮、宣光大捷后，岑毓英班师回滇，为遣散兵勇，又需大量军费，王炽再垫银相助。岑毓英感激不已，送给王炽一块大匾，上书"急公好义"四个大字，又保奏朝廷，旌表王炽，赐封为资政大夫，二品顶戴候选道。今昆明圆通山上有一座"急公好义"牌坊，立于1936年，纪念的就是王炽。

王炽从来不嫌路子多。他大手笔出资"助官抗洋"，铺实了"官道"。后来法国人进入昆明，他又"租房助洋"，再铺下一条"洋道"：法国人借口修筑滇越铁路，派方苏雅到昆明建立总领事馆，此事违反中国法律，清政府不予批准。方苏雅进退两难之际，王炽伸出援手，把昆明升平坡新宅租给方苏雅。方苏雅喜出望外，在昆擅自设立法国总领事馆，以既成事实倒逼清政府同意。王炽小赚一笔法郎且无所谓，从此得以傍上欧洲"洋人""通"了滇越铁路，那就一本万利了。正好清政府以"土药"抵制"洋药"，王炽又不失时机，再开一条"黑路"：插手鸦片长途贩运，垄断广帮（广东、广西）业务。

红道、黑道、白道、洋道……王炽"路路通"，钱库"日日满"。据有关资料，从1887年到1911年，王氏家族全部红利达389.9万两白银，可谓富埒王侯，海内称豪。

不过，人算不如天算，时势到底比人强。1911年，辛亥革命爆发，清王朝垮台，天顺祥借贷给清府大员的公私款项无处讨要，各地分号陷入危机。掌柜们见势不妙，或营私舞弊，或携款潜逃，顿时树倒猢狲散，天顺祥一落千丈，不得不逐个盘点收庄。

不过，王炽没有看到这一切。早在1903年，王炽就在昆明病逝了。所有的幸与不幸，都定格在68岁的"享年"上。滇中文人赵藩书赠挽联一副，云：

是豪侠人材，固瑕瑜不掩也；

当商战世界，宜中外共惜之。

○市长工资全部送"捕快"

庾恩锡像

1930年底，任职一年多的昆明市市长庾恩锡辞去职务。这位庾恩锡是个奇人，当了13个月的市长，没有领过一分钱的工资，离任之时一次结清，可领滇币6245.1元，尽管此时庾恩锡开办的烟厂正面临"财政危机"，他却惊世骇俗地宣布，这笔钱自己一分不要，全部捐赠给全市的警长和警士，给他们每人发10元的津贴，但巡官以上的警官没有份。当时的警长、警员不仅仅是"捕快"，还承担了不少市政管理工作，庾恩锡用自己的工资给他们发津贴，也是一种感谢的表示。

这已经不是庾恩锡第一次辞去官位了。早在1920年，庾恩锡就担任过云南省水利局局长，但他干得心不在焉，仅仅一年后就辞职不干了。庾恩锡老家在墨江，是民国初年滇军将领庾恩旸的四弟。庾恩旸是护国战争、靖国战争的著名战将，出征贵州时被刺杀，死得莫名其妙。当局爱屋及乌，才让庾恩锡做了省水利局局长。但庾恩锡无心官场，他的爱好是园林建设，留学日本时，他学的就是园林。回到昆明，民生凋敝、贫穷落后，庾恩锡无法施展身手，只得小试牛刀，亲自设计，把兄长庾恩旸遗留下来的崇仁街老宅扩建成"庾园"。后来还在大观楼对面建成庾家花园，在白鱼口建起了石头房别墅，都是昆明园林精品。

庾恩锡曾在上海的民国路开办过南方烟草公司，和国内外烟商竞争，失利后带着卷烟机械回到昆明重新创业，在昆明庆云街建立了云南第一家机制卷烟厂——亚细亚烟草公司，这也是当时云南规模最大的烟草公司。为纪念兄长庾恩旸曾参加的昆明"重九起义"，庾恩锡把自己的高端产品命名为"重九"，一度走红全省。但不久又在外面的恶性竞争中走入困境。就在此时，庾恩旸的老部下龙云当上了云南省政府主席，特地邀请庾恩锡出任昆明市市长。庾恩锡也想在市长位置上为昆明的园林事业做一番努力，决定出山任职。他担任昆明市市长13个月，先后主持改建了翠湖、古幢、金碧等公园，还和帮助他设计建造庾园的书画家赵鹤清联手，重新设计、扩建了庾园对面的大观公园，如今大观楼旁的假山、楼前的烟墩，都是那时的作品。

昆明市当时由省民政厅直辖。庾恩锡在工作中，深感"事权不一"，掣肘甚多，市政建设受到不少限制，坚决请求辞职。当局几次挽留无效，只得同意，另聘他担任省府建设委员了事。此时，尽管庾恩锡的烟厂正面临严重的"财政危机"，他仍然把13个月的工资捐赠给全市警长、警士，社会舆论一时愕然，赞叹不已。

庾恩锡的烟厂到底没有维持住，只好出售了事。1936年，庾恩锡又应龙云的邀请，再次请赵鹤清为助手，主持太华寺、圆通寺的园林改扩建工程，在两座寺庙广植花木、增建院舍。就在这次重修时，在圆通寺后崖壁上发现了唐代南诏时期的"元封年号摩崖题刻"，一下子把圆通寺的历史推到了1000多年前，在云南佛教史、昆明城市史研究上都有重要意义。

1942年，云南纸烟厂成立，接过庾恩锡创建的"重九"烟名牌，再次投入生产。"重九"烟标图案被设计为盾牌形象，寓意"众志成城、全民抗战"。昆明烟民纷纷弃吸外烟而改吸"重九"，"重九"成为爱国的标志行为，被称为"交抗日税"，重九烟也被称为"抗战烟""爱国烟"。直到今天，盾牌烟标的"大重九"仍然是云烟的一大品牌。

○ "反动派"市长杀反动派

1930年7月，中共地下党在陆良发动武装暴动，因配合失误遭受失败，国民党当局趁势严厉镇压。没想到当时的陆良县县长熊从周竟然是共产党的秘密党员，堪

熊从周画像

称"地下党的地下党"。危急之时,熊从周派人护送暴动领导人转移,然后张榜悬赏缉拿,又亲自坐堂审问,竭力保护参加暴动的被捕者,挽回了部分损失。更绝的是,这位"反动派"县长还以"陪杀"之名,把杀害暴动负责人的反动分子处决了。后来熊从周以"无名散匪假借共产党之名,行抢劫报仇之实"结案并上报省当局,竟得传令嘉奖,并于1931年5月调任昆明市市长。

熊从周是一位传奇人物,玉溪人,早年弃医从军,参加过昆明"重九"起义、护国战争、北伐战争和广州起义,在云南和广东多地担任过县长,与共产党人结识,并深受影响,1928年任临安(今建水)县长时秘密加入共产党。

熊从周任昆明市市长时,正是国民党反共清党高潮之际,中共地下党被破坏,大批党员被捕入狱。熊从周直接参与办案,他暗中销毁证据,敷衍审讯,以证据不足、"误捕"之名释放了不少地下党员。就是关在省监狱里的地下党员,熊从周不能直接过问,也通过各种关系营救了一批地下党骨干。

熊从周之任市长,也有自己的性格。他官至市长,没有公馆,仅租普通民房两间,里间作卧室,外间会客,每天步行上下班,生活十分简朴。城市改造中往往会损害下层市民的利益,如威远街拓展街道,兴修市场,让商民自建铺面。1932年11月,不少"贫困小户"上书请求缓行,陈述"每间铺面非凑集滇票万元不能着手",小民"何有此余力"?"若一动工改造,多有饿死"。熊从周也不相逼,"耽延日久不见动工",上司斥责"市政府执行不力,殊属不合",下令"至迟在(民国)二十二年(1933年)五月以前一律修建"——就在此限期后不久,1933年7月,熊从周就被调离了。当时的旧城改造拆迁,致使不少人家"流离失所,无所归依者不知几许矣"。

(见《昆明市志长编》等)

○自费"测天"拒收买

1931年"九一八事变"后不久,一个日本人找到昆明钱局街53号的小楼,摸进设在这里的"私立一得测候所",找到主人陈一得,自称从天津测候所来,想重金收购"一得测候所"观测记录的历年昆明气象资料。陈一得知道,这个天津测候所设在日本租界,是为日本侵略中国服务的。陈一得曾到日本考察过东京中央气象台,当时日方台长曾拿出一本《云南雨量之分布》向陈一得请教,这本书是陈一得的业余研究之作,以当时云南官府的眼光,看不出有多大的价值,而日本人却千方百计收集到手,珍藏在日本中央气象台的图书馆里。陈一得当时就很吃惊。他很清楚,和平时期,气象资料事关国计民生,而战争时期,气象资料更是行军打仗、排兵布阵、航空作战的重要依据。日本对远在万里之外的云南气象如此重视,必有所图。果然,不出几年,日本就发动了

私立一得测候所设立于陈一得在钱局街的家中

"九一八事变",侵占了中国的东三省。尽管此次日本人求购气象资料的出价很高,而陈一得为开办测候所已经耗尽多年积蓄,生活捉襟见肘、入不敷出,但事关国家安危,他不为所动,严词拒绝了日本人的要求。

日本人显然没有读过陈一得早先写的诗:

关檄惊传九一八,一朝毒焰袭中华。

百年国耻愈增恨,坐令国人半失家。

陈一得严拒外国人收买昆明气象资料已经不是第一次了。法国人开办的河内测候所也曾和陈一得联系,称愿意提供津贴,每天以电报交换气象记录。陈一得知道此事至关重要,将法国人的来信转送省政府,当局竟置之不理。后来昆明市政督办(市长)张维翰得知,这才和陈一得商量,把"私立一得测候所"改为"昆明市代用测候所"。有关国际交换资料事宜,由市政府出面办理。陈一得这才得以摆脱纠缠,专心从事气象、天文观测和研究。

外国人在陈一得面前屡碰钉子并非偶然。陈一得本来叫陈秉仁,是云南盐津人,少年时参加科举童生试,成绩名列前茅。此后科举被废,陈秉仁被保送到昆明的高等学堂学习法语,以第一名的成绩考取公费留学比利时。不料因为参加学潮,登台讲演反对法国修建滇越铁路、反对出卖云南"七府矿权",保护国民利益,被清政府取消公费留学资格。当时陈秉仁曾赋诗曰:

门户洞开揖盗来,蜿蜒黑蜥遍城隈。

吾定断臂誓相斗,夷虏终归化草莱。

公费留学无望,陈秉仁只身远赴上海筹集资费,准备自费留学,恰逢辛亥革命爆发,陈秉仁站在革命者一边,参加了推翻清朝封建统治的斗争。辛亥革命后,陈秉仁又考入优级师范学习理化,再以优异成绩毕业,在昆明中学、师范学校任教多年,以教学严谨、为人正直著称。在此期间,陈秉仁迷上了气象和天文,努力钻研,学有所成。1926年,陈秉仁利用到南京开会之机,到国内各地和日本、越南参观、

考察天文、气象、地震台、所。在南京中央观象台见习时，陈秉仁深受启发和激励，到上海自费购买了一批气象、天文观测仪器，运回昆明，准备填补云南的空白，开创云南的气象、天文事业。

1927年，法国人修建滇越铁路时在昆明建立的气象观测所关闭，就在这一年，陈秉仁在昆明钱局街53号院内创立了"私立一得测候所"，成为云南近代气象学、天文学、地震学事业的先驱。此之"一得"，取《史记》中"愚者千虑，必有一得"之意，陈秉仁也从此自号"一得"。这是云南第一个、中国第二个国人自办的"气象站"。陈秉仁在院子里装起百叶箱，支起风向杆，拆下小楼的部分屋瓦，用简易天文望远镜观察天象。安装好各种设备后，陈秉仁和妻子、弟弟、侄子一道投入工作，轮流观测昆明的气压、气温、湿度、蒸发、雨量、风向、风速、云、能见度等。每天早上6点、下午2点和晚上9点，他们都要定时记录一次，坚持观测达10年之久，从未间断。陈一得把获取的气象实测资料免费送给政府、学校使用。陈一得还应邀到航空学校讲气候学，到讲武学校讲解夜行军时如何辨识北极星等，并为此编著了《航空气象学》一书。"一得测候所"还负责昆明城头定时施放午炮、校对街钟等工作。1934年，"一得测候所"被中央大学地理系考察团誉为"科学化之家庭，硬干苦干的机关"。

1936年，陈一得受命在太华山建立省立昆明气象测候所，并担任所长，"私立一得测候所"才正式结束了历史使命。1937年全面抗战爆发，南京失守，紫金山天文台沦陷，当局有意在内地建立天文分台，对此早有"奢望"的陈一得发表《昆明气象与天文观测》一文，主张"设立天文台之标准条件，应以气象为首要"，并以大量的科学论证得出结论："昆明气象，适宜于天文观测，实较优于南京。"为建立昆明凤凰山天文台（今中国科学院云南天文台）提供了重要的科学依据。1943年，为支持美国抗战志愿空军飞虎队和驼峰航线飞行，陈一得又拿出大量气象资料，为抗日航空、空战提供了气象保障。

1947年，陈一得对一家杂志表露心声，认为在"不把人当人的封建官僚的社会"里，"封建势力、官僚政治实在是中国科学工作的最大阻力"。他"从没有想到从官僚机关，求得对个人生活上的帮助"，"科学工作至为艰巨，专门从事科学工作者要不惜牺牲一切，精神物质任何享受，皆非所计。故聪明人多不愿做；有愿者，亦多借为晋身之阶，猎取荣利。若真以科学工作为终身事业者，必带几分傻气，虽常被人窃笑，亦所不顾"。

○敲醒"睡狮"免淘汰

1917年，一个奇人从北京来到昆明，每天五更一过，就手拿大号木绑，走街串巷，边走边敲，放声高喊："五更起床，现已六更，你们还不起来？洋人欺侮我们，当权者误国，再不起来，中国就要亡喽！"有人问他的名字，他说叫"李六更"。

按旧日的时辰划分，只有五更之说，奇人自称"六更"，催人奋起，可见别出心裁。

这位李六更本来是天津举人，原名李德崇，曾在东北做过官，因为"痛时事之日非、人心之渐死"，毅然辞官回乡，"舍政界而就社会，不做官而为民"，矢志"开导人民之智识，尽我一己之天职，保我国家之图存"。当时国弱民穷，满目疮痍，惨不忍睹，李六更常当街痛哭，不能自已。后来每天五更一过，他就身披写着"戒除大烟"口号的彩色布条，手拿大号木梆，上面又写着"唤醒同胞，改良社会"八个大字，走街串巷，边走边敲，每次六下，最后一声敲得特别响，敲完就高喊"中国将亡""同胞速醒"。李六更就这样敲了十几年，甚至变卖家产，把"六更爱国梆"从家乡敲到京城，人称"六更先生"。

这纸新乐府讲述的就是李六更的故事

当时李六更衣着不整，有些人看不惯，认为他"形同疯癫"（《清稗类钞》），"大类疯人"，甚至讨厌他，开会募捐时把他推出会场（《澄斋日记》）。其实，李六更不仅击梆救国，还在街头演讲，散发传单，列强狼子野心，更看得清清楚楚。世传李六更为蔡锷之死所写挽词，有"死于共和已成而实未成之时，可谓不善死"之句，堪称大智大奇，何来"疯癫"之说？

后来李六更在社会上影响越来越大，蔡元培为他题写了"睡狮棒喝"四个大字。并点拨他敲梆不如办报，影响更大。1917年的5月，李六更办起了《六更公报》，反对封建专制，反对列强入侵，唤起民众，救国图强。李六更自称"见我同胞之民，天交五更尚属未醒，六更不畏人讥诮为疯狂，不畏人笑骂我为缺德，毅然手持木梆，身披戒大烟告示一张，每日将近五更之时，六更则心惊而起曰：六更及吾同胞均当起而救国，不然，二十年后，祖国亡矣，四万万同胞沦为异族牛马，他族不以人类目我也。二十二省大好河山，天演淘汰，同归于尽也。岂不悲哉，宁不痛乎？千载一时，万年一日，断不可轻于让退也，实不能不急起而直追也！"

李六更所作所为，引起社会各界普遍反响，刺痛了北洋军阀政府。《六更公报》仅办了一个多月，就被当局查封，李六更被通缉，不得不出走，跑到云南，继续唤醒国民，并参加孙中山组织的护法运动。

有一天，李六更在昆明街头敲梆讲演，人群中有一位老人听得热血沸腾，表示尽管年老体衰,也要跟随李六更左右,唤醒同胞,救国救民。李六更对老人十分赞赏,又问:"我是打梆救国,先生怎么办呢?"老人慨然道:"那我就敲锣吧!"说完就和李六更一起到街上买了一个大铜锣,又找木匠做了个大锣槌。老人的孙女读过女子学校,见爷爷救国心切,也十分支持,取下头绳织了个铜槌套,送给爷爷作纪念。李六更在昆明得了个知音同道,十分高兴,两人相约行走昆明大街小巷,一个六更击梆,一个七更敲锣,呼唤市民早起救国。时间一长,影响越大。因为昆明老人姓芮,又得了个"芮七锣"的称号,与"李六更"并称,成为当时昆明的两大奇人。

"芮七锣"本名芮际文,清代任过武职,还参加过护国滇军。后来李六更见"云南王"唐继尧对孙中山存有二心,便离开昆明,前往广州找孙中山去了。一说芮七锣也随同前往,勠力同心,誓死救国,竟死于广东。李六更追随孙中山转居上海,不久病故——二老为救国救民,堪称鞠躬尽瘁,死而后已。

提到这两位奇人,当年昆明《义声报》称:"北有李六更,南有芮七锣,一六一七,一南一北,遥遥相对。使中国多有如两老者数人,则卖国贼早授首矣!"

(参见《昆明市志长编》等)

○独赴"一战"抛忠骸

第一次世界大战爆发后,中国站在协约国一方卷了进去。由于国力等原因,1917年中国虽然正式对同盟国宣战,却未能派出一兵一卒参战,仅仅派出14万劳工,担任协约国的后勤支援工作,并付出了数千条人命的代价。出现在欧洲战场上的中国军人只有一个,就是24岁的昆明回族青年马毓宝。马毓宝先参加法军驻非洲屯戍军,中国正式参战后,他又走进欧洲,加入法国外籍志愿军团的义勇敢死队,先后参加了法国索姆河大战、色尔河大战和哈姆大战,两次受重伤:一次头部中弹,伤势严重,一次身负重伤又中了毒气。被送到后方医治时,不等伤势痊愈,马毓宝就拒绝各方"退一步"的安排,义无反顾,坚决重上前线,投入战斗。1918年9月2日,在突击进攻时,马毓宝中弹倒地,壮烈牺牲,年仅24岁。马毓宝不仅是唯一参加第一次世界大战的中国军人,还是唯一牺牲在第一次世界大战战场上的中

马毓宝像

国军人。据有关史料，被卷入第一次世界大战的约有 6500 万人，其中有 1000 万人丧生，2000 万人受伤。马毓宝独以一己之牺牲，成为"中国对于欧战尽职之证据"，并以此载入史册。

马毓宝出身云南讲武堂，参加过孙中山领导的"二次革命"，担任义军的营长。后来回到云南，参加护国起义，战后调任蒙自保安团教官。当时第一次世界大战打得正激烈，马毓宝对德国统治者发动战争、祸害世界的暴行十分愤慨，对友人说："天下难道就没有一个人可以杀其威风吗？我发誓一定要灭此暴国，不共戴天！"因为中国当时还没有正式参战，马毓宝作为中国军人，只能先到非洲，积极训练，做好准备。中国加入协约国对德宣战后，马毓宝马上写信给云南省当局请求批准参战。当局即以正式公文致中国驻法公使，并照会法国陆军，马毓宝终于被编入法国陆军外籍志愿军义勇挺进团，开赴法国前线作战。中国政府派驻法国的军事代表、陆军中将唐在礼接见马毓宝，对他称赞有加，并让他在前线逐日将战情写成日记后传给唐在礼，作为观战报告转交中国政府。

在法国战场上，马毓宝身经血战，万死不辞。每遇交锋，马毓宝必身先士卒，屡负重伤，获得法国国家荣誉十字勋章。中国驻法公使和观战人员极为称赞马毓宝的英雄气魄，对他的才智和品德十分推崇，一方面为他自豪，一方面又为这个打仗不要命的昆明青年的性命担忧，推荐他到巴黎的陆军军官学校深造。这时马毓宝又说了这样一番话："德国太残忍，天下人应共诛之。中国名义上加入了协约国，而无一人与德国作战，我深以为耻。我知道各位都是爱惜我，但我怎么敢只爱惜自己的性命，而使人怀疑我贪生怕死！"（《续云南通志长编·马毓宝传》）

马毓宝牺牲前 5 个月曾给法国友人写信说："3 天来，我们都在战斗中。以我们团为首的'钢铁师'，在 18 日的上午，冲破了德军的阵地，德军感到非常吃惊。我们至少向前推进了 17 公里，并俘虏了许多敌人，获得大量战利品。尽管我们有些损失，但我们士气高昂，我们比以往更为坚决地要战斗到底。"当时的法国驻滇领事这样说："马毓宝的英雄品质，使所有的法国人民对他表示出赞赏和感激的心情，他为中国争光，为他的出生地云南带来了极大的荣誉。"（《百年军校·将帅摇篮》）

1920 年春，昆明各界人士在忠烈祠为马毓宝举行了追悼大会。孙中山亲自书写挽词"黄胄光荣"，前总统黎元洪也题赠了"邦家之光"大幅横额。广州军政府追赠马毓宝"陆军步兵中校"军衔，显示直到阵亡，马毓宝还保留了中国军人的身份。当时有人赋诗《题马中校毓宝遗像》，把马毓宝比为唐代平定"安史之乱"时屡立战功、慷慨赴死的名将"南八"——南霁云：

不羡封侯做鬼雄，招魂西域阵云空。

男儿死耳追南八，参战应推第一功。

清官、贪官人人"歪"

元代的大德年间,云南动荡,"诸蛮拒命",士民不安。翰林学士虞集指斥当权者有违名臣赛典赤·赡思丁之道,不举惠政以"安遐荒之人",而行禽兽之道,"渔食"滇中。更有甚者,"启事造衅,以毒害其人",以至百姓"冤愤窃发",造成乱局。往昔"箪壶迎徯之民","老死且尽",后世"格于贪吏",深受其害,当然"自远于恩化"。有见识的"吏士"默不作声,统治者"又不识察其情状",于是"一隅之地,常以为中国忧","不亦悲乎"。虞集引史为训曰:"张乔斩奸猾长吏九十余人,而三十六部尽降;诸葛孔明用其豪杰,而财赋足以给军国;史万岁贪赂,随服随叛;梁毗一金不取,酋长感悦;李知古以重赋僇尸;张虔陀以淫虐致乱。"(元大德《云南志略·序》)

虞集所举史例,全在元人李京的《云南志略》中:

——东汉安帝时,滇中三十六部造反,益州刺史张乔率兵讨伐,"蛮夷"部众申诉横遭"侵犯"情状,张乔奏斩"长吏奸猾侵犯蛮夷者九十余人","三十六部闻之,悉来内附"。

——蜀汉诸葛南征,"悉收豪杰以为官属,出其金银、丹漆、牛马,以给军国之用。终亮之世,夷不复返"。

——隋文帝时史万岁南征,因"贪赂"至生边患,"蛮夷"先降"复叛",动荡不安。后来派梁毗收拾残局,酋长们送来不少金宝,梁毗恸哭道:"此物饥不可食,寒不可衣,汝等以此相残,何为今将此来,欲杀我也耶?"梁毗"一无所取,蛮酋大悦"。

——唐睿宗时，御史李知古收服南诏，"增置郡县"，强征重赋，"诸部皆叛"，杀了李知古，"以其尸祭天"。

——唐天宝年间，南诏王阁罗凤妻女到姚州，都督张虔陀"皆通之"，又"多求乞"，阁罗凤"不胜其忿"，发兵"攻陷姚州"，杀了张虔陀，又连败唐朝大军，割据一方达两百年之久。

提到这些史事，虞集感叹道："此于事至较明白者也，其术不甚简易乎！"（《云南志略·序》）然而，此后700年间，不但元吏不明白于此，明吏、清吏也不明白于此，劣政横行于世，贪官不绝于朝，最后亡朝亡国。清嘉庆三年（公元1798年），白莲教起义首领受审时大呼"官逼民反"，据说嘉庆皇帝颙琰为之震动，第二年就赐死曾到昆明"治贪"的大贪官和珅，一时"和珅倒，嘉庆饱"。曾任云贵总督的漕运总督富纲因贪污被判处"绞监候"（绞刑缓期执行）、曾任云南巡抚的伊桑阿被判处"绞立决"（绞刑立即执行）。据说后世发现了嘉庆皇帝写的《御制骂廷臣诗》，其版本之一为：

满朝文武着锦袍，闾阎与朕无分毫；
一杯美酒千人血，数碗肥羹万姓膏。
人泪落时天泪落，笑声高处哭声高；
牛羊付与豺狼牧，负尽皇恩为尔曹。

嘉庆皇帝杀也杀了，骂了骂了，终于无用。还是清末滇中名士赵藩的成都武侯祠联写得好：

能攻心则反侧自消，从古知兵非好战；
不审视即宽严皆误，后来治蜀要深思。

昆明地处边隅，又是风水宝地，"山高皇帝远"，历代官员贪或反贪、廉或反廉，无论正反，都牛气冲天——"歪"（昆明方言，厉害）得很。

○一贪边患起，一廉大治来

史万岁塑像

隋代的开皇年间，约在公元590年前后，"南中大姓"爨翫自恃"山高皇帝远"，举兵叛乱，后来被隋文帝杨坚招抚，封为昆州（辖今昆明一带）刺史。不料没过多久，爨翫不堪官吏压榨，又树起了叛旗。隋文帝派大将史万岁率兵讨伐。

史万岁是隋朝开国功臣、有名的常胜将军，曾在西北边境和剽悍的突厥骑兵对阵多年，对付爨翫之类的部落首领，自然游刃有余，手到擒来。大兵压境，爨翫起初还据险抵抗。史万岁势如破竹，逐一击破，把爨翫逼向洱海地区。行军途中，史万岁见到一块"诸葛亮纪功碑"，背面刻着"万岁之后，胜我者过此"九个大字。史万岁不以为然，让左右推倒石碑，继续挺进。史万岁率部从滇池杀到洱海，大破爨翫三十余部，虏得男女人口两万多。爨翫大为恐惧，再次请降，南中再次平定。

爨翫求降时，献给史万岁一颗稀世夜明珠，又刻石立碑，颂扬史万岁功德。史万岁很高兴，上奏隋文帝，准备带爨翫回朝请封。但爨翫阴存二心，用大量金宝贿赂史万岁，只求留在云南。史万岁收了金宝，竟然留下爨翫，径自班师回朝。

当时杨坚的四皇子杨秀受封蜀王，镇守成都。史万岁南征去来，都要经过杨秀的地盘。杨秀爱财，得知爨翫送给史万岁不少金宝，也眼红起来，派专人来索要。史万岁这一下为难了：不给会得罪皇子，给了就等于承认受贿。史万岁思来想去，干脆把到手的爨氏金宝全部扔到江里去了。杨秀贵为皇子，什么好处都没到手，自然怀恨于心。史万岁回到朝中，大获赏赐。没想到事过不久，爨翫那边又反了。杨秀乘机上书，弹劾史万岁收受贿赂，放纵反贼，"致生边患""无大臣节"。隋文帝查清事实，召史万岁对证，史万岁还想抵赖。隋文帝大怒，要下杀手。史万岁这才"惧而服罪"，又得朝臣说情，捡得一命，被贬为平民。但后来史万岁还是被隋文帝杀了，其中一大罪名，还是这笔要命的"贿宝"。（见《隋书·史万岁传》《滇考》等）

滇中昆州等地大乱之时，位于滇西北和川西南的西宁州却平安无事。治理西宁的是隋初名臣梁毗，梁毗担任刺史11年，刚正清廉，四野敬服，地方安宁，传诵一时。

西宁州原来也是多事之地，蜀汉时南中大姓造反的根据地就在这里。梁毗到任之时，当地豪族大姓追逐奢华，以手中黄金多少论富贵，你争我夺，相互攻杀，终无宁日。为了在"竞富"中占上风，这些豪族大姓又争相向梁毗行贿，送来不少金子。梁毗把豪族大姓们请来，把黄金堆在木案上，对着金子失声痛哭。豪族大姓们被弄得莫名其妙，面面相觑，不知如何是好。

梁毗流着泪说："这些东西饿了不可以吃，冷了不可以穿。你们却为了它相互厮杀，生灵涂炭，死伤无数。现在又把这么多黄金送给我，是不是也想杀了我呢？"梁毗说完，就把所有的黄金退还给豪族大姓。豪族大姓们大受感动，从此不再相互攻击，动荡不安的西宁州真正得到了安宁。隋文帝听说此事，对梁毗大为嘉奖，并将梁毗召回京城，提升为大理卿（见《资治通鉴·隋纪》等）。明人冯甦在《滇考》中提到史万岁和梁毗时，感叹道："从此看来，清官和污官的区别，就在贪与不贪而已！"

据明天启年间的《滇志》记载，当时滇池南岸的晋宁州有座土城（今晋城），有9座城门，12条街道，为隋代刺史梁毗所筑。按此说，梁毗很可能还兼管过滇池一带，大概是为史万岁收拾残局吧。

○豆干两块治腐败

明成化年间，宪宗朱见深派亲信太监钱能镇守云南。这个钱能恃宠肆虐，贪淫奢靡，以敛财为能事，无所不用其极。有个富翁生了癞疮，他就把富翁的儿子招来，说其父的癞疮会传染，为避免瘟疫流行，必须扔进滇池。富翁一下就慌了，为了保命，只好献上一大笔钱，才免于一死。还有个姓王的人卖槟榔发了财，人称"槟榔王"。钱能将此人抓来，硬说其称王造反，要治其死罪，吓得这个商人把全部家产送给钱能，才捡得一条命（明万历《滇略》）。其后任镇守太监虽然也都是"贪求无厌"之辈，但听说钱能的这些作为，无不耻笑（清嘉庆《滇系》）。

王恕画像

钱能荼毒百姓，危害云南，人人痛恨。钱能不但害民，还坑官，命令云南布政使和按察使，每隔五天都要前来作揖拜见，来时钱能总是不出现，让手下代为受礼。按察司副使陈骐到了钱府，总是挺腰直立，不揖不拜，或者干脆称病不来。一日相见，钱能大声呵斥，陈骐则厉色反驳。钱能示意左右用刑，陈骐急速退出，并上书弹劾钱能，反被中伤罢职。后来钱能得了病，云南巡按御史郭瑞上奏明宪宗称:"钱能刚决果断,统一政务,功绩卓著,如今得病,恐怕要被召还京师休养,请求皇上垂恩,让钱能永远镇守云南。"巡按身负"代天巡狩"、整饬吏治之责,却如此助桀为虐,于是钱能更加肆无忌惮,为所欲为,竟与边境的干崖、孟密土司私下来往,收受大量金宝,又把手从云南伸向外蕃安南(今越南),向安南王黎灏索取玉带、宝绦、蟒衣等珍奇之物。黎灏图谋不轨,借口护送重礼到昆,派兵北上,试图打通安南到昆明的通道。

然而钱能和黎灏的盘算在新任云南巡抚王恕面前撞了墙。这位王恕(谥号"端毅")以耿直强干著称,素有威望。当时朝臣奏请让王恕来云南任巡抚,就是为了遏制钱能。王恕不负所望,把钱能所作所为查得一清二楚,还抓获了出境私通安南的钱能亲信。得知黎灏有犯境之心,王恕马上调兵遣将,加强边境防守。黎灏见王恕已有防备,不敢轻举妄动。王恕又上奏明宪宗,弹劾钱能私通外国,其罪当死,又请求将钱能罪行公之于世,以禁绝贿赂,稳定边疆。王恕知道钱能有"通天"之势,还谏劝明宪宗道:"从前因为安南镇守官员任用不当,致使一方陷落敌手。如今钱能危害更大,岂能不顾边境安定,而舍不得惩处一个钱能?"

钱能从朝中"内线"得知此事,十分恐惧,连忙动用驿车向明宪宗进献黄鹦鹉,又托人向明宪宗求情,并请求召还王恕。明宪宗有意包庇亲信太监,只处理了钱能的几个作恶的手下,而竟然把王恕召回朝廷,掌管南京都察院。后来刑部查出钱能受贿事实,明宪宗也搁置不问,钱能由此逃过一劫。当时昆明有民谣曰:

王恕再来天有眼,

钱能不去地无皮。

王恕到昆明任职,唯恐扰民,不顾年老体衰,单身自来,不带僮仆。他到昆明后,处处洁己奉公。王恕府中仅有一个土灶,一个竹食箩,每天供应猪肉一斤、豆干两块、菜一把而已。王恕自律自俭如此,昆明人无不敬佩,把王恕说的话刻在碑上,焚香礼拜(清道光《昆明县志》)。就是钱能,也不得不服。接替王恕的新任巡抚来到云南,钱能探得此人"十分敬重"自己,竟笑着曰:"王恕只是不该和我作对,不然,这样的官儿只配给他提草鞋。"后来钱能改任南京守备,而王恕为南京兵部尚书,二人竟在南京重聚。钱能领教过王恕的厉害,行事收敛不少,对人说:"王公是天界之人,我只能恭恭敬敬地侍奉他。"(《明史·王恕传》)

这个钱能后来"老死京师",滇人大叹:"不知天道何在?"但大家又相信,钱能是在朝廷斗争中被毒死的,并非善终——恶有恶报,"亦不为无也"(明万历《滇略》)。

○以阉治阉把贪官逮

杨一清（谥号"文襄"）是昆明安宁人，明成化年间进士。其生于云南安宁，长于湖南巴陵，老于江南镇江，所以晚年又自号"三南居士"。杨一清少年时就能写一手好文章，读书过目成诵，被称为"奇童"，并推荐为秀才，14岁通过乡试，考中举人，明成化八年（1472年）考中进士。步入仕途后，杨一清先后出将入相，两登首辅（大学士），三任总制（总督），政声卓著，名重一时。

《明史》说杨一清其貌不扬，而处事警敏。明正德年间，杨一清任陕甘总督。当时太监刘瑾深得武宗朱厚照宠信，专权四年，残害忠良，作恶多端。杨一清拒不阿附，也遭到诬陷，被迫退休。刘瑾结党营私，大肆贪污。各地官员升迁赴任，回京朝觐述职，都必须向刘瑾行贿送礼，动不动就是白银千两，有的高达5000两，时称"见面礼"。有的官员送不起这"礼"，只得向京师富豪借贷，又被称为"京债"。刘瑾还派亲信出京，四方敛财，仅在湖广就搜刮"馈银"10多万两。刘瑾还公然卖官，早期升个官要数百两银子，大同巡抚刘宇一下子就送上数万两白银，刘瑾大喜过望，把他升为兵部尚书，加太子太傅（《明史·刘宇传》）。但刘瑾横行霸道，树敌太多，和另一个太监张永反目成仇。当时安化王朱寘鐇以清除刘瑾为名，在宁夏起兵造反，关中告急，朝廷震动。朱寘鐇在檄文中，列举刘瑾种种罪状，但地方官员惧怕刘瑾，没有一个敢如实上奏。

紧急之时，明武宗起用杨一清率军镇压，

杨一清画像

安宁杨一清故里碑

而让张永为监军。大部队还没有到达，杨一清的故将仇钺就把朱置镭抓住了。等到张永到来，事已平息。杨一清有意接近张永，二人相谈甚欢，杨一清知道张永与刘瑾不和，就拉着他的手说："此次成功平叛，全靠你出大力。不过，外患易除，内患又怎么办呢？"张永不解，杨一清就在手掌上画了个"瑾"字。张永明白了，却感到为难："那人时刻围着皇上转，到处都是他的党羽耳目，能拿他怎么办？"杨一清慷慨地说："皇上不是也信任你吗？如今大功告成，可乘报捷之时揭发刘瑾，就说他海内民愤太大，搞不好还会激起变故，危及朝廷。皇上必定会诛除刘瑾，让你取而代之。"张永还是不放心。杨一清又说："万一皇上不信，你就伏地磕头痛哭，请求死在皇上面前，剖心明志，皇上必定会感动。如果皇上同意惩治刘瑾，你动作要快。"张永听后，勃然而起，说："好，老奴就下决心一搏，不惜一死，报效朝廷！"

张永按照和杨一清商定的计谋，回京献捷时，趁朱厚照夜间赐宴，出示朱置镭声讨刘瑾的檄文，并密奏刘瑾不法罪行共17桩之多。明武宗喝多了酒，垂下头说："刘瑾太辜负我了。"张永趁机奏言："这件事必须马上处置。"明武宗下诏连夜逮捕刘瑾，流放到凤阳。（见《弇山堂别集·中官考六》《明史·杨一清传》）刘瑾不死心，还想东山再起。杨一清又和张永设计，请明武宗亲自查抄刘家，结果抄到一块伪造的国玺、五百个出入宫禁的穿宫牌，还有衣甲弓弩、王公专用的衮衣和玉带等违禁物品。刘瑾日常所用的一把扇子中，竟然藏着两把匕首。明武宗大怒，说："奴才果然要谋反。"下旨将刘瑾当街凌迟处死，并斩首示众。刘瑾被处死之日，受害人从四面八方赶来，争吃刘瑾之肉，以雪心中之恨（《明史·刘瑾传》《明史纪事本末》）。

明代阉宦专权，势焰张天，贪得无厌，朝中官僚无力对抗，不少人竟投入阉党，充当打手。有明一朝，能颠覆阉党的人极少，而以杨一清为代表。时人称杨一清"功著边徼，名显社稷"，实不虚也。

明嘉靖年间，状元杨慎曾过镇江，前往拜见杨一清，当面请教读书的疑问，杨一清述说如流，杨慎敬佩不已。后来杨慎被充军云南，曾在杨一清故里安宁的遥岑楼讲学，在楼旁立了一块"大学士杨文襄公故里"碑，在楼前题写了一块"文献名邦"大匾，还撰书一联：

相业四朝称第一；
人文六诏羡无双。

昆明城中的翠湖北畔，原来也有一座杨文襄公祠，门前有联曰：

名世五百年，文武经纶，公真不朽；
故乡七十里，湖山俎豆，神其来歆。

○衙门洗净清官来

明代成化年间，顺天巡抚杨继宗被贬到昆明做按察副使。那个顺天巡抚本来就不好当，管的是京畿之地，天子脚下，"天"字号权贵不少，个个"通天"，横行霸道，为所欲为，无人敢问。杨继宗不吃那一套，把权贵强夺的民田全部收回，发还原来的主人，还上书指责朝中太监和文武大臣贪贿残暴，奏请明宪宗朱见深召回出镇地方、作恶多端的太监。"通天"的权贵们对杨继宗十分嫉恨，多次攻击中伤。明宪宗也对杨继宗不满，把他从京畿重地贬到万里之外的云南来了。

杨继宗画像

其实，明宪宗对杨继宗也不是不了解。杨继宗是山西阳城人，明天顺初年进士，担任嘉兴知府时，就以清廉著称，有官员行为非法，遭到杨继宗抵制，就伺机报复，突击搜查杨府，强行打开箱柜，只见几件旧衣。宫中太监路过嘉兴，地方官按例要送厚礼，杨继宗只送些菱角之类的土产和历书之类。太监们强索钱财，杨继宗马上发出公文，让太监去府库自取，并说："那里有的是金银钱宝，留下个收据就行了。"太监们张口结舌，恨恨而去。当时地方官员进京朝觐天子，都要带着厚礼先去拜见大太监汪直。杨继宗进京时，汪直想见他，却被杨继宗拒绝。明宪宗曾问汪直："来朝觐的官员谁最廉洁？"汪直回答："天下不爱钱的，唯有杨继宗一人。"后来有太监说杨继宗的坏话，明宪宗问："你说的就是那个不爱钱的杨继宗吗？"杨继宗出任嘉兴知府时，随身只带了一个仆人。九年任满之后，杨继宗被破格升迁为浙江按察使。后来母亲去世，杨继宗离任守丧，还乡时身边仍然只有一个仆人、几卷书，被誉为"明朝天下第一清官"。明宪宗公然把这个"天下第一清官"赶出京畿，也可见当时的世道。

直到明孝宗登基后，杨继宗才得调到湖南，提拔为按察使。杨继宗到任后，命令手下挑来几百担水，冲洗衙门厅堂，表示要清除贪秽之气，然后才登堂问政。没过多久，明孝宗又升杨继宗为云南巡抚。昆明是杨继宗任过职的地方，无论是在都指挥使衙门、布政使衙门还是按察使衙门，都有不少老同僚。杨继宗重返昆明，升任云南一把手，也算得是"衣锦还滇"，众人都来欢迎，谈笑风生，十分高兴。应酬了一阵，杨继宗站起来作揖告别说："明天还有公事，请诸君原谅。"杨继宗退到后堂，马上起草奏章，弹劾罢免了八个贪腐和不称职的官员。此后不久，杨继宗就逝世了——他用最后一口气和腐败官员进行了最后一次斗争。

（见《明史·杨继宗传》、民国《新纂云南通志》等）

○尚书早朝无腰带

明万历年间,昆明进士严清升任朝廷刑部尚书,官至正二品。严清为官清廉,家无余财,衣食简朴,"与童仆同甘苦"。虽然官至尚书,严清仍旧本色不改,竟然无力添置一条二品官员的腰带。上早朝时,严清只好系上升官前的素犀腰带,有人见了,当面嘲笑道:"大人当年那条七品官的玳瑁腰带还在吗?"严清也不答话,一笑置之。

严清是云南后卫(今昆明北门街)人。明嘉靖二十三年(1544年),严清考中进士,年仅20岁。在四川富顺知县任上,严清公正廉洁,体恤百姓。后来严清进入工部任职,主持修建京师外城和皇陵,"肥缺"之大,人求之不得,严清却严于律己,又严格管理,朝廷审计时,自上而下,没有一例贪污。担任四川巡抚时,严清强化廉政,官吏畏惧,相互劝诫,很少有人因贪腐被处理。

严清当过大理寺卿,又先后三次担任刑部尚书。明神宗朱翊钧在位时,大学士张居正、太监冯保当权,各部尚书争相依附,唯有严清刚正不阿。张居正死后,冯保被抄家,抄出一本朝臣送礼清单,满朝文武赫然在册,独缺"严清"二字。神宗朱翊钧从此对严清另眼相看,任其为吏部尚书。严清选官用官,都要认真考核、审查,严守各道关口,无人可以侥幸升官,冗余官员一律裁剪淘汰。朝臣和属官都知道严清廉正,不敢私递条子、请托办事。朝廷内外、官场上下,风气为之一清。由于劳累过度,严清只做了六个月的吏部尚书就得了重病,不得不回乡休养。回到昆明,严清仍然住在以前做秀才时的旧房子里。地方官府看不下去,几次要为严清修建新宅,都被坚决拒绝。

严清离开朝廷后,每到用人之际,明神宗都会问:"严尚书病好了吗?"后来神宗用人心切,不由分说,先任命严清为兵部尚书,再派专使来昆明迎接严清就任。但严清病情确实严重,不能动身,只好作罢。

为纪念严清,昆明人在北门街立了座世恩牌坊,这一带也被称为世恩坊

严清最后在昆明北门老宅逝世。严清被誉为明代三大清官之一,和海瑞齐名。为纪念严清,昆明人还在北门街修建了一座"世恩坊",可惜后来被毁,如今更是痕迹全无了。

(见《明史·严清列传》、清《云南府志》、民国《新纂云南通志》等)

○巡抚舍身治腐败

明嘉靖年间,世代镇守云南的第八代黔国公沐朝弼作恶多端,其谋害亲侄,夺取爵位,对母、嫂无礼,又擅杀无辜,掠取公产,霸占民田,藏匿罪犯,贿赂京官,无所不为。由于云南地处边远,沐朝弼手握重兵,尽管骄横不法,朝廷投鼠忌器,一直没有处理,沐朝弼更加无法无天。到隆庆初年,朝中议论此事,仍有人担心惩处沐朝弼会引起士兵不满,激起边疆少数民族反叛。丞相张居正坚持要赏罚分明、统一号令,沐朝弼纵然在万里以外,也要朝令夕行,违法必惩。

但是,张居正也没有贸然行事,他首先想物色一个可靠的官员到云南做巡抚。此人必须廉洁

南京将军山沐朝弼墓被盗后的情景

正直,善谋敢干,还要有声望,既能惩治不法,又能稳住大局。想来想去,张居正想到了工部右侍郎邹应龙。这个邹应龙是兰州人,明嘉靖年间进士。担任御史时,邹应龙曾冒死上书,弹劾权相严嵩把持朝政、排除异己、贪赃枉法,其子严世蕃凭借父权,卖官索贿,贪得无厌,腐化堕落。嘉靖皇帝历来宠信严嵩,这回听进了邹应龙的话,下旨让严嵩退休,把严世蕃下狱治罪,邹应龙声名大振,升任通政司参议。到隆庆初年,又任工部右侍郎。张居正让他来担任云南巡抚,彻底解决沐朝弼的问题,当然是再合适不过了。

邹应龙不负众望,到云南之后,首先查清了沐朝弼的罪行,然后奏请罢免沐朝弼,而让沐朝弼之子沐昌祚代父镇守云南。张居正派出专使,骑着快马赶到昆明,以迅雷不及掩耳之势,抓捕了沐朝弼,递解到京城。云南有邹应龙坐镇,各方都不敢轻动,稳住了局势。沐朝弼自知罪孽深重,请求赐死。朝廷念及沐家祖上的功绩,仅将沐朝弼削籍为民,软禁在南京,最后禁锢而死。2006年初,位于南京将军山的沐朝弼墓被盗,后来考古人员仅清理出几枚银币,其他金、银、铜、铁、玉器、瓷器等大量的珍贵文物被盗墓贼洗劫一空,成为轰动一时的盗墓大案。

明代大臣贪腐和皇帝有千丝万缕的关系，反腐特别不易。邹应龙早先参罢严嵩之后，嘉靖皇帝还忽忽不乐，公然说："严嵩已经退休，他的儿子已经服罪。有人胆敢再提此事，当与邹应龙一并斩首。"邹应龙当时虽然得到提升，名震朝野，却深感自危，一时竟不敢到任新职。直到严世蕃被诛，邹应龙才得自安。

邹应龙性格耿直，在朝中朝外，都拿下过违法乱纪、腐败贪酷的权贵，同时也得罪了一批实权人物，包括大太监冯保。明万历初年，邹应龙进京述职时，因镇压地方造反不力被朝臣弹劾。冯保为了报复，就趁势让邹应龙辞职。邹应龙听说自己被罢免，不等继任者到来，就封印而去。结果再遭弹劾，被削去官籍，死在家中。有地方官上奏说，邹应龙身后遗田没有几亩，房屋没有几间，又没有抚恤，让朝野人士深感遗憾。朝廷这才下诏恢复邹应龙的官职，并拨出银两，安葬了邹应龙。

（见《明史·邹应龙传》、民国《新纂云南通志》等）

○升不升官总挠腮

20世纪中叶，北京明十三陵考古发掘轰动了世界，明神宗朱翊钧的定陵被打开，在其尸骨下发现了79锭金元宝，皇后娘娘尸骨下则有21锭。不少金元宝上还铸着产地名称、铸造日期，还有经办官员、金老板、金匠的姓名等。令人吃惊的是，这些压棺金元宝几乎全部出自云南，出自云南矿监杨荣、云南巡抚陈用宾的任上。

陈用宾是福建进士，万历二十一年（公元1593年）任云南巡抚、右金都御史。到任之后，陈用宾也很想有一番作为。当时外敌骚扰，边境不安，陈用宾发动兵民抗敌，在滇西筑起内八关和外八关，以巩固边防。清康熙《云南府志》称其"有雄略，用兵如神"。

但在内政上，陈用宾却遇到了劲敌。当时云南有"税监"杨荣坐镇，此人挖地三尺，横征暴敛，为明神宗征矿税，捞金锭，又趁机中饱私囊，大发横财，把百姓逼得卖儿卖女，水深火热。昆明有民谣唱道：

金取于滇，不足不止；

珠取于海，不罄不止。

杨荣以天子为后台，陈用宾奈何他不得，两次上疏朝廷，请求停征矿税，纾解民困，却不得采纳。杨荣变本加厉，肆虐不已，搞得云南民不聊生，变乱蜂起。陈用宾忧心忡忡，束手无策之际，却想起了铸铜殿。当时土司造反，道路阻塞，云南东川一带出产的铜都运不出去，陈用宾用这些铜在昆明鹦鹉山上铸成铜殿，供奉道教神祇，以求国泰民安。铜殿还没铸成，云南变乱加剧，陈用宾却得官升右金都御

陈用宾金殿题联

史加兵部侍郎,支从一品俸。陈用宾铸铜殿没求来太平,迎来的是升官发财,正打歪着,多少让他有点儿哭笑不得。铜殿建成,陈用宾题一联曰:

春梦惯迷人,一品朝衣,误了九霄仙骨,鸡鸣紫陌,马踏红尘,教弟子向哪头跳去?

空山曾约伴,七闽片语,相邀六诏杯茶,剑影横天,笛声吹海,问先生从何处飞来?

国将不国,仕途险恶,陈用宾心中有数,却回天无力,有心向道,又自拔无方。身在官场,欲罢不忍,矛盾之极,出家成仙还是坐地升官,成了一个大问题。三思之后,陈用宾选择了"官""仙"双逮的路子,调和手段是道家太极之术、老子无为之道。

金殿建成四年之后,杨荣滥征受阻,大发淫威,"杖毙数千人",并把拒不从命的文武官员抓了起来,昆明六个卫所的军官全部被捕,搞得"人人自危",最后激起兵变。情势急迫,陈用宾敷衍应付,暗中添火加油,一时兵民万人渡过滇池,杀向昆阳税监府衙,放火烧了杨荣官署,把杨荣及其党徒掠夺来的财产一烧而光,更乱刀砍死杨荣,扔进火中。昆阳火光冲天,陈用宾闻变,走出衙门,就近坐下,袖手旁观。城中百姓登城远望,隔海观火,人心大快。事后陈用宾趁机上奏,朝廷终于"罢中使不遣"(《明史纪事本末》)——罢除了云南矿监。

杨荣乱后不到一年,因武定知府勒索地方,激起土司反抗,兴兵直逼昆明城下,逼要武定府印。当时昆明城防空虚,无力抵抗,陈用宾只得用缓兵之计,将武定府大印拴在绳索上,吊到城外,解了城围。第二年,朝廷调动重兵,剿平武定。陈用宾因"纵敌"被弹劾,下狱九年而死(清道光《晋江县志》)。

当初国事不修,那边民困难舒,这里官运亨通,陈用宾明知凶多吉少,有归隐山水之意,却犹豫再三,心存侥幸,欲包容朝衣仙寰,兼得鱼与熊掌。其救国有心,治滇无力,奈何以糊涂救之,以无为治之,也算是道家之术。然而先生之心可贵,先生之行却难,最后将自己的性命也搭了进去,可惜。

○廉洁刚直哪怕被人害

清人戴絅孙称昆明士人刚直不阿,以趋炎附势为耻。下笔之时,他一定想起了明嘉靖年间的孙继鲁。此人是明嘉靖年间进士,进入官场后,一直清高自持,拒攀高枝,还一"犟"到底,甚至为此付出了性命。

这位孙继鲁是昆明东门外的右卫人,自幼跟随父亲宦游湖南一带,少年才学显露,却被当地秀才嘲笑:"不过是《千字文》的水平罢了。"后来孙继鲁担任湖南提学使,到任之时,便召集当地秀才考试,以《千字文》中"起、剪、颇、牧"为题,凡文不对题者,全部贬为劣等。

孙继鲁曾任江苏淮安知府。淮安地方富庶,每年由附加税征来的"羡银"不少,按规定可以作为他这个知府和总督、巡抚的补贴。孙继鲁身居"肥缺",本为有福之人,却一犟再犟:一犟自己分文不取;二犟而不容总督、巡抚"分肥"——把顶头上司的财路也断了。朝廷派驻江南的"织造太监"横行霸道,搜刮地方,孙继鲁拒不配合,坚决抵制。那太监本为"通天"之辈,回到北京后,就向明世宗朱厚熜告了一状,诬了孙继鲁一堆"莫须有"之罪。孙继鲁的顶头上司也乐得让他倒个大霉,谁也不肯为他说话。朱厚熜听信一面之词,把孙继鲁抓到京城治罪,幸亏当朝大学士夏言出手相救,才得以幸免。

当时朝廷宫廷斗争激烈,夏言此举也有拉拢孙继鲁的意思。但孙继鲁却"犟"而不买账。他认为自己本来就无罪,夏言不过说了几句真话,无须登门拜谢。夏言很不高兴,但也不便明说,却把孙继鲁安排到边远的贵州黎平担任知府。黎平是苗族聚居的山区,历来是多事之

孙继鲁画像

地。孙继鲁到任后，廉洁自守，整顿吏治，严禁扰民，恩德守信，平等待人，一时境内秩序井然，苗民心服口服。时人称：治理边地，与其派千军万马，不如选配一个廉吏就足够了。

后来孙继鲁担任山西冀南参政，当地皇室宗族为非作歹，孙继鲁不避权贵，依法惩治。孙继鲁升任山西按察使时，百姓沿路相送，那些皇室宗族出动100多人，将孙继鲁拦下，搜查行装，寻机报复。结果出其所料，孙继鲁的行李中仅有几件旧衣服，那些皇室宗族不得不佩服，当即设宴道歉，并为孙继鲁送行。

明嘉靖二十六年（1547年），孙继鲁做了山西巡抚。当时山西边境屡受北方游牧民族侵扰，朝中为应对之策争论不已。这时孙继鲁的"犟"脾气又来了，他直言不讳，认为上司布兵有误，朝廷决策不妥。孙继鲁此"犟"激怒了朱厚熜，又把孙继鲁抓了起来。虽然兵部认为孙继鲁言之有理，原来强搜孙继鲁行装的山西皇室宗族也上书为他喊冤。但大学士夏言对孙继鲁积怨在心，明知朱厚熜此举过分，却不肯为孙继鲁再说句公道话。结果孙继鲁被关进牢狱，忧愤成疾，毒疮发作，冤屈而死。死前孙继鲁仍然不改那个"犟"字，仍然坚持读《易》经，赋诗言志，至死不屈。狱中无笔，孙继鲁就用破碗画墙为诗，竟达百首之多，其中有《狱中》诗曰：

忧国忧民意自深，谏章一上泪沾襟。

男子至死心无愧，留取芳名照古今。

孙继鲁为政清廉，深得民心。他在卫辉知府任上时，因得罪宦官被捕下狱，百姓涌向囚车，把道路堵得水泄不通，号啕大哭，有的人甚至卧在路当中，竟被囚车压死。卫辉百姓曾为孙继鲁建祠堂，立大碑，颂扬他的德政。祠堂早毁，大碑于近年出土，详记孙继鲁事迹，并有祠堂建成后"数万人把香而来""号呼震天地"等语，可见孙继鲁之得民心。孙继鲁冤死之后，山西士民赶到京城，哭了好几天，北京还一度罢市。孙继鲁后来葬在昆明莲花池，传说他死不瞑目，闯入天子梦中，申诉冤情。天子也吓了一跳，连忙追赠孙继鲁兵部左侍郎之职，并赐予谥号"清愍"。

孙继鲁生前深知官场险恶，曾叮嘱后人"子子孙孙不许为官"。清康熙年间，孙继鲁的六世孙孙鹏违反祖训，先考中举人，又到山东任泗水知县，颇有政绩，却遭排挤，被罢免回乡，这才体会到"抛却一官去如瞥，归来仍卧读书窟"（《自题梅花书屋小照诗》）的快意，其有《移居》诗一首，极为轻快：

一上飞云居五华，松涛声里好为家。

西风昨夜吹来早，寒菊当门独自花。

后来孙家子弟世代行医，出了不少医道高手。孙继鲁的孙子不但博览儒书，还精通医术，明崇祯年间还曾到太医院任职，被解职归来后，专心治病救人，不计报酬，族人乡里有困难，总是竭力相助，后来93岁无疾而逝。据说旧时昆明小西门有万松草堂,就是孙家创办的。万松草堂创制的小儿救急丹,是老昆明有名的儿科良药。

昆明螺峰山石壁上刻有孙继鲁的《春日登峰螺峰山》诗:

乳石嶙峋异,寻声曲径通。

藏蛟吐阴气,蹲虎画吟风。

人自半空下,峰由石转中。

星罗千万户,俯看夕阳红。

(见明《滇略》《明史·孙继鲁传》、清道光《昆明县志》、民国《新纂云南通志》等)

○两代清官"刘青菜"

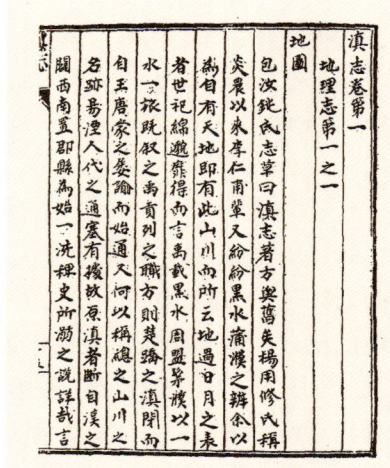

刘文征留给后人的《滇志》

明代的嘉靖十九年(1540年),家住云南府后卫的刘体仁考中举人,做了四川新繁县令,后来升任四川保宁府通判。刘体仁为官清正,行政简约,惠爱于民,甚至在官衙里种菜,自给而食,被当地人称为"刘青菜"。刘体仁清廉自持,勤于政务,劳累成疾,在任上病故。

刘体仁为官清贫,身后留下的,仍然是一个"赤贫"之家,但也留下了安于贫困、刻苦尚读的家风。他有三个儿子,两个考中进士,一个考中举人。小儿子刘文征是万历年间进士,步入仕途后,从县令一直做到右布政使,都有父亲的风范。

刘文征在昆明时,曾就学于泰州学派大师罗汝芳,精于王阳明之学。他不但为官清廉,一身正气,执政也有泰州学派的"亲民"之风。刘文征初任四川新都县令,因为那里地处交通要道,往来达官贵人扰民,县民疲于奔命,不堪其苦。刘文征认真推行"一条鞭法",让农民全部归田。刘文征处理政务,多亲力亲为:清丈土地时,他亲手丈量,以免加重农民负担;征收租赋时,他亲手校量,以避免滥取滥征;清查库藏时,他亲自做账,以杜绝弊端;朝廷翻修宫殿,向地方征献名木大树,他亲自外出办理,竭力避免扰民,直到贡献完毕,民间还不知道有"采树献木"之事。刘文征处理民间诉讼也别出心裁,自有一套。他总是让告状的人拿着传票把被告传来公堂,然后三言两语,化解纠纷。大堂之上,一天到晚不责打一人,几个月不责罚一两银子。新都境内，官民和谐，千家万户，一派平安景象，刘文征也由此名扬川中。当时新都县属于成都府管辖，刘文征每次到成都开会办事，城中儿童都会手拉手跑到街上，争相围观，还会问上一句："你就是新都的刘清官吗？"

刘文征经历了明代的嘉靖、隆庆、万历、泰昌、天启五朝，在四川、广西、贵州、浙江、陕西五个省做过官，也把他的为官之道带到了五个省，最后带回了老家昆明。刘文征为官30年，参加过张居正的改革，试图缓解不断加深的社会矛盾；也镇压过民众造反并累累得手，以维护明朝的统治。但刘文征也从亲身经历中感受到，民众的造反和官府的腐败和压榨分不开。虽然官运亨通，但他仍然听从夫人张氏的劝告，急流勇退，保全名节。刘文征担任浙江绍兴知府时，正是社会矛盾激化之际，刘文征坚持称病引退，归乡时把省下来的公费几百贯铜钱全都留在衙门里，继任官员发现后，派人跑了几千里路，送给正在返乡路上的刘文征，刘文征笑着婉言拒绝了。后来朝廷征用，刘文征复出，不久又被召入北京做官。刘文征再次请求引退，并封存官印，登船而去。尽管上司竭力挽留，甚至登门相劝，无奈刘文征志不可改，只好放行。

刘文征为官清廉，家境贫寒，回到昆明后闭门读书著作，地方官员来访和资助，一概拒绝，时间一长，竟然到了青黄不接的地步，要靠借贷才能维持生活，还是一个"刘青菜"。后来朝廷要起用刘文征为南鸿胪卿，刘文征接连三次上疏请辞，朝廷无奈，让刘文征以太仆卿的待遇退休。明天启六年（1626年）六月，刘文征辞世，享年72岁。和父亲一样，刘文征身后家徒四壁，仅书案上留下几部儒经，一时竟无法下葬。后来云南官员向朝廷请求抚恤，才算以礼安葬了这位"刘清官"。

论刘文征一生，明代兵部尚书、昆明进士傅宗龙写有《刘太仆传》，并盖棺定论："天下一人而已。"刘文征所纂《滇志》，以明人而记明事，体例精密、记事完备，独具价值，本书从中获益不少。

（见民国《新纂云南通志》《滇南碑传记》等）

○清官"迎贼"城门开

明朝末年，李自成大军拿下北京，明崇祯帝自杀，清军乘机入关，天下大乱，风雨飘摇。在云南，滇南土司沙定州突袭昆明，赶走明代镇守云南的末代黔国公沐天波，盘踞城中，为所欲为。此时占领四川的大西军被清军赶出四川，又趁乱打进云南，势如破竹，一路攻到昆明城下——这年是1647年，南明永历元年，清顺治四年。

这时，盘踞昆明城的沙定州自知不是大西军的对手，便烧了昆明南城门，跑回滇南老巢去了。在昆明城中主事的是明朝的云南巡抚吴兆元。沙定洲退出昆明后，

崇祯皇帝画像

吴兆元听从城中百姓请求，搜捕投奔沙氏、祸乱昆明者，全部押到绿水河打死，城内城外共打死两百多人，初步稳住了局势。此时孙可望率大西军逼近昆明，声言顺我者安，逆我者杀。昆明无力守城，人心惶惶。一班绅士耆老相约跑进衙门，再三哀求吴兆元率城中军民迎降大西军，以保全"一城生灵"。吴兆元听了半天，似乎不为所动，说了一句："守城为上策。"乡绅们全都吓坏了，下跪大哭道："求老祖爷救全城百姓生命。"到了这个地步，吴兆元长叹一声，无可奈何地说："就依你们吧。"

大乱之年，这位吴兆元注定是个悲剧人物。沙定州起事之时，官军开始还进行了抵抗。不料沙氏早就勾结昆明城中兵将，胁迫吴兆元下令收兵，以致沙定洲得逞。沙氏占了昆明，又劫持吴兆元，强逼他上奏南明朝廷，诬陷沐天波谋反，被沙定洲讨平，请求让沙定洲代替沐天波镇守云南，并传令各郡县听从沙定洲号令。吴兆元不从，沙定洲就夺了他的官印，把他关起来，盗用吴兆元的名义奏报南明朝廷，请求让沙氏独镇云南。这样一来，吴兆元恶名在外，有口难辩。随后打来的大西军是张献忠的余部，被明朝正统官员视为盗贼，若真降了这些"贼"，吴兆元就更是跳进黄河洗不清了。

吴兆元是明万历年间福建进士，曾在京城刑部、工部做官，在任时杜绝弊端、恪尽职守、严加管理、廉洁忠贞、克己奉公，又先后在地方县、府、省衙门任职，所到之处，清除积弊，轻徭薄赋，与民休养生息，很得人心。明崇祯皇帝朱由检登基之初，曾宴请四位"郡守廉异者"——全国清官楷模。这四个"清官"中，吴兆元是第一名。

吴兆元到昆明后，也以"重民"享誉一时。明崇祯八年（1635年），吴兆元升任云南左布政使。当时朝廷决定加征云南饷银12万两，并向云南重新征收每年2000两贡金，滇中百姓不堪重负。吴兆元千方百计减轻民众负担，甚至动用库存先行缴纳，再奏请朝廷或停或免，滇人无不感恩戴德，云南也得以稳定。后来吴兆元进京觐见崇祯皇帝，被授予右副都御使巡抚云南，并赐给银币和御前果品，并说这是对在万里之外效劳的功臣的奖励。吴兆元返回云南，更是大兴德政，推广教化，发展生产，让百姓安居乐业。北京失守后，吴兆元曾派人统兵北上，试图救亡复国，因道路受阻，只好放弃，保境安民而已。不料昆明大难临头，才敷衍了沙定洲，又来了孙可望。大西军进军云南，实行"顺者安，逆者屠"——负隅拒战，满城皆屠；献城迎降，则秋毫无犯。吴兆元早就接到报告，交水（今沾益）、曲靖、江川、临安拒战抗"贼",结果被屠城;而陆凉、宜良献城投降,则相安无事。宜良献城后,大西军为赶路,甚至不入城而去。正是吴兆元的"重民"理念,使得他不顾身败名裂的危险,决定与民妥协,开城迎"贼"。大西军兵临昆明,驻扎在城外石虎岗,派出哨骑到城下三市街侦察,只见昆明城门不闭,商户已摆好香案,准备迎接大西军。孙可望等人接报大喜,马上举兵入城。昆明老幼簇拥着吴兆元出城迎降。大西军入城后,果然下令安抚,秋毫无犯,昆明民心稍定。

吴兆元见昆明百姓逃过一劫,心安之余,当天晚上就以死明志,但自缢未死。孙可望听说后大为气恼,让人把吴兆元放下,又翻箱倒柜地搜查了吴府,结果一无所获。孙可望也不得不感叹吴兆元的"清节",留下了吴兆元的性命。吴兆元见了孙可望,凛然而立,坚决不跪,孙可望也不为难他。但10多天后,吴兆元仍然绝食自尽,以一死而自证清白,享年74岁。吴兆元临终时没有一句话谈到私事。吴兆元儿子扶灵回乡时,滇中父老一路哭祭,送了几百里。

(见清《滇南纪略》《行朝录》《滇考》等)

○卖身搭着老娘卖

300多年前昆明士子想走仕途,可以去找吴三桂,只要粗通笔墨,不但官位可期,还有银子可进,而且数目不小。据此行中人透露,一万两是常例,搞不好还有两三万的进项。如此好事,只要在一张契约上画个押就成。但当时昆明读书人多不屑吴三桂为人,远避官场,奉母读书,否则,就是蹲监坐牢,也不行此捷径。不过也有人想得通、放得开,不但出卖自己,还连着老母亲一起出卖,真是咄咄怪事。

此人叫冯甦,浙江进士,早先跟着洪承畴的清军来到云南,当上了楚雄知府。后来洪承畴回北京,吴三桂封了平西王,一家独大,一手遮天。冯甦还想升官,就只有投靠吴三桂了。他的"路线图"是先拜吴三桂的亲信胡国柱为师,然后向吴三桂"卖身"要官要钱。大概吴三桂给的数目和冯甦的期望值差距太大,冯甦灵机一动,搭上老母亲,来了个母子"打包出售",最后卖得两万七千两银子。冯甦此举终获成功——口说无凭,有字为据,白纸黑字,见于明人刘健的《庭闻录》:

冯甦编撰的《滇考》

楚雄府知府冯甦，原籍浙江临海人，今同母卖到平西王藩下，收身价二万七千两。

冯甦母子"双卖双逮"，智商非同一般。但昆明人却不看好这出戏，街头巷尾遍传民谣曰：

吴三桂好为人主，

冯甦好为人奴，

胡国柱好为人师。

吴三桂大概也对这个"母子同卖"的进士存有戒心，冯甦后来在官场上也没有什么"进步"，其心中不满，也可想而知。吴三桂起兵叛乱，冯甦先是从军出征，半路上钻个空子溜出来投了清军，后来做到刑部侍郎，但名声却完全臭了。

冯甦写过一本《滇考》，本来还不错，近代云南名士赵藩为此书写跋，直斥作者"为人不足道"，为书跋中绝无仅有。冯氏的其他著作也饱受世人冷落，据说其曾参与纂修康熙《云南通志》，《云南通志》却耻于"冯甦"二字，将"冯甦"拒之书外，无论序言、署名，一概不提此人。

据《清稗类钞》记载，当时吴三桂买"奴"，"多者金数万，少亦万余"。冯甦身价不算太高，搭上老母也没上三万，为何独得青史留名？一说冯甦卖得太牛，卖自身也还罢了，竟把老母也搭了上去，岂不青史留名，谁青史留名？一说冯甦身为进士，学问不浅，著作等身，特别有名气，所以被刘健特别点出，作为"卖身"士大夫的代表人物。

其实，除做学问之外，冯甦在云南做了15年的官，也不是没做一件好事。如他在保山赈济灾民，请停增赋；在楚雄抑制豪强悍兵，"察奸雪枉"等。后来的人为冯甦说话的也有。云南河阳（今澄江）学者赵士麟为冯甦作传，就有一番精彩的议论："凡有稀世之功，必有稀世之议；有稀世之议，必来浅夫之谤"。时日一久，诽谤自然消没，功绩自然彰显，然后知冯甦"当日之为人"（《读书堂彩衣全集》）。

但《庭闻录》作者刘健并非"浅夫"之辈，其父刘昆与冯甦是同时代人，又同在云南做官。后来吴三桂反清，刘昆不愿跟着乱来，被流放到腾冲。当时之事，刘昆对儿子刘健说了不少，刘健据此写成《庭闻录》。书中还收录了一些诏令和吴三桂的奏议，当来自官府档案无疑。不知冯甦的卖身契是不是偏偏夹在档案里，又偏偏落到刘健手中？果真如此，冯甦就是不想青史留名也没有办法了。据说冯甦原名冯再来，因为死而复生，才改名冯甦（《西河集》）——可谓死而复生易，洗清骂名难也。

○ "白地"巡抚遭兵灾

清康熙十二年（1673年）十一月十五日，云南巡抚朱国治来到昆明五华山平西王府，催促吴三桂"搬家"。清初各地"藩王"尾大不掉，危及立足未稳的清政权，康熙皇帝采取措施，或者"移藩"，或者"撤藩"，以免后患。吴三桂也假意上书请求撤藩，康熙帝趁势批准，并派出专使来到昆明，处理撤藩事宜。专使和云南巡抚朱国治三天一催，连催几次，吴三桂总是以各种借口推诿，暗中却在准备造反。这一次朱国治催得着急，扬言吴三桂再不给个

朱国治画像

回话，就要如实上奏朝廷处置。不料吴三桂把脸一沉，大骂朱国治："呸！朱国治，你这个贪污小吏，就不容我住在这里？"朱国治开始还有底气，反问道："我身为巡抚，贪在何处？"吴三桂又骂："你还犟嘴！你从前勒索大理知府冯甦3000两银子，他还是向我借的。你这些年贪污狼藉，那些赃钱多半都来自我这里，现在还有当时的记录可查。"朱国治竟哑口无言，还是旁人打了几句圆场，拉着朱国治告辞而出。10天之后，吴三桂就喊出了"兴明讨虏"的口号，扯旗造反了。而此前三天，吴三桂胁迫朱国治跟着作乱，朱国治严词拒绝，破口大骂，当即被杀。

这个朱国治并非省油之灯。清顺治年间，其在江苏巡抚任上时，就以搜刮地方出名，人称"朱白地"，又制造江南"奏销案"，以"抗粮"的罪名革去13 500多士绅、秀才和数百官吏的功名，又制造"哭庙案"，把金圣叹等18个文人抓起来，说他们蛊惑人心，倡议动乱，违反国法，全部押到南京三山街砍头。清初为稳固统治，制造了"江南三大案"，其中两案就出自朱国治之手。《清史稿》就说这个朱国治名声刻薄，世人更是恨之入骨。朱国治自觉作恶太多，借口为母守丧，请求辞职。获得批准后，朱国治唯恐百姓为难自己，不等新官接任，就偷偷溜出南京，结果因擅离职守被革职为民。后来朱国治又得起用，于清康熙十年（1671年）任云南巡抚，加太子太保兼少保。康熙皇帝任命朱国治，有监视吴三桂的用意。不料朱国治到任之后，仍旧不改"朱白地"的贪婪，一来就克扣军粮，导致滇中生变。省内各地官吏来见朱国治，都得送上见面礼，而且明码标价：一等州府银子三千两，其他州府两千；一等县一千，二等县八百，三等县六百等，许多不许少。大理知府冯甦拿不

出这许多银子，竟被逼得哭起来。吴三桂先是冷眼旁观，后又果断出手，借钱给知府、知州知县们向朱国治送礼，以此收买人心，又留下证据，作为把柄以要挟朱国治，关键时刻，果然有效。军中兵士对朱国治克扣军粮怨气冲天，朱国治被杀，乱兵竟一哄而上，将其骨肉剁碎吃光。吴三桂起事，云南不少地方官员跟着造反，冯甦还做了吴三桂"天下都招讨兵马大元帅府"中主管司法审判的"刑曹"——朱国治为渊驱鱼，功不可没。

吴三桂之乱平定后，朱国治被清廷列为死难大臣，得到褒扬抚恤。但"朱白地"之名，始终是这位"忠义"之臣抹不掉的一大污点，留给后人许多思考。

（见《清史稿·朱国治传》、清《吴三桂始末》《甲申朝事小纪》《滇事总录》等）。

○"两面总督"好名又好财

清康熙年间，朝廷出兵讨伐吴三桂叛乱，一大批能臣干将率军打到云南。平叛之后，不少官员留在昆明任职。经过战争的考验，这些官员大多能励精图治，以实心推行实政，善后处理得当，战后重建顺利，百姓生活恢复。担任云贵总督的蔡毓荣更功不可没。然而不出数年，蔡毓荣就因贪腐而身败名裂，令人慨叹。

蔡毓荣为明朝降将之子，深得康熙皇帝玄烨的信任，先后获任刑部侍郎、湖广四川总督、湖广总督加兵部尚书等。"三藩之乱"中，蔡毓荣率领绿旗兵征讨吴三桂，从湖南一直打到云南。平定吴三桂叛乱后，蔡毓荣调任云贵总督，更将吴周弊政列为十条，并据此提出著名的"筹滇十疏"：一是开荒免赋，二是整顿土官，三是收集逃兵，四是开源理财，五是处理叛官，六是没收军器，七是捐输积谷，八是肃清盗匪，九是推行实政，十是整修城衙。此之十策，除没收军器一条外，都得到康熙皇帝批准，列为朝廷的治滇纲领。蔡毓荣招徕流散百姓，恢复农业生产，每户补贴三两银子，帮助他们建房，并借给耕牛、种子，让他们从事耕种，不至于流离失所。他还把吴三桂的藩庄田产划归附近州县，再分给农民耕种，后来更将这些田地作价出售，永远废除庄田。由于政策务实，官员用心，不久以后，滇中就一改凋敝景象，人烟相连，生产恢复，经济好转。如此政绩，蔡毓荣功不可没。蔡毓荣调离云南后，昆明人在城南石虎冈建

蔡毓荣为白帝城题写的"汉代明良"匾，有"明君良臣"之意

蔡公祠，每年春秋致祭，可见民心。

然而，令人吃惊的是，后来蔡毓荣奉调入京任兵部右侍郎后，却被人奏了一本，说当初攻破昆明城时，蔡毓荣将吴三桂的宠妾八面观音私纳房中，又将吴三桂的嫡孙女、郭壮图的儿媳私匿为妾，并接受吴三桂要员胡永宾的重贿，为他隐瞒身份，蒙混过关，报请释放回籍。据揭发，这个蔡毓荣居官贪酷，品行污秽，依恃财势，笼络人心，内外无不周到。攻下昆明城后，吴周的家族财产，理应赏给兵丁，蔡毓荣却私吞黄金200两、白银80000两，又将缴获的珍奇财货全部纳入私囊，馈赠高官要员。当时康熙皇帝的侍卫出差云南，蔡毓荣唯恐事发，送上银子800多两，又嘱咐儿子在京城再送银100两等。经吏部、户部、刑部会审核实，将蔡毓荣定为死罪，要立即斩首，并追回所贪金银财货。康熙皇帝赦其一死，仅籍没家产，枷号三个月，鞭打一百，全家流放黑龙江。过了不久，康熙帝再宽大处理，将蔡毓荣召回京师。

对于蔡毓荣的秽行，康熙帝早有所闻，还在征讨吴三桂时，就有人揭发其畏战自保、夺人战功、行贿兵部等事，当时康熙皇帝就说："蔡毓荣不过随大兵行走，没有立下尺寸之功"，但因蔡毓荣终究有些能力，等到他回到京师之后才处理，可见康熙皇帝的心计。

蔡毓荣当年上《筹滇十疏》，其中有这样一段话："吴三桂集团剥夺百姓，害民图财，侈靡腐化，上下骄纵淫欲，争相堕落，终于酿成大乱，可以看出，奢和俭是关乎政治的大事。如今我们在京都万里之外做官，俸禄微薄，地瘠民穷，如果没有寒门儒士那样的节操，还可能做一个好官吗？"蔡毓荣自称"经常告诫下属，衣食要简易，随从要减少，馈赠要严禁，宴游要停止，玩好要自律。如今纨绔之习已得到警戒，奢靡之风已得到遏止。然而，由奢入俭难，也是人之常情。因此不能放任自流，必须常抓不懈，才能见到成效。"但就是同一个蔡毓荣，竟至于"隐藏逆女，贪取逆财，行贿受贿，种种不法"，其之为官、为人如此。民国《新纂云南通志》说蔡毓荣生平"瑕瑜互见"，实在是公允之论。

（见《清史列传》《清实录》、清雍正《云南通志》、民国《新纂云南通志》等）

○清官断案有大爱

清康熙十九年（1680年），江都进士张瑾被任命为昆明县令。此时刚刚平定吴三桂之乱，昆明市是重灾区，遭难最多，民生凋敝。当时各级官府所需，无论是田赋还是徭役，多半就近索取，取之于昆明，用之于官府，百姓苦不堪言。张瑾到任后，奏请朝廷减赋减税，但不得批准，于是自为设计，招徕流亡人口，开荒万亩，增加粮产，均徭薄赋，以应官府需要，百姓负担得以摊薄、减轻。没想到当地驻军也看中了这万亩新垦地,想收来做军队的牧马场,张瑾坚决不同意,当局纠缠了张瑾一年,还是没用,只好作罢。张瑾的"直"名也由此传开。

昆明有条闸河,每到雨季,洪水卷来大量沙石,壅堵河道,酿成水灾。每年都要征用民力,开挖疏浚河道。张瑾为此忙得不可开交,而上司又准备把另一条河引入闸河,再流进滇池。张瑾急了,画了张地图,拿着去找上司讲道理:"闸河年年沙石堵塞,水灾不断,怎么还容得下其他河水?"但省里大员固执己见,张瑾指着地图大声争辩说:"谁对谁错,看看这张地图就清楚了。你们怎么忍心陷百姓于死地!"最后,总督范承勋开口了:"张县令是对的。"张瑾以下抗上,据理力争,终于为百姓免去一场大难。

按照当时的规定,县民要向县府贡献银子,每天10两,作为县令的"公费"。张瑾一来就革除了这条陋规,他说:"我已经领取了朝廷的俸禄,百姓已经够苦了,不能再从他们身上取得好处。"当时官员的俸禄并不高,七品县令的年俸仅45两银子,除日常生活开支外,还要撑持门面,离开了"公费",日子就很难熬。总督范承勋听说此事,认为这个张瑾和《孟子》里的廉士陈仲子有得一比,他问张瑾身边有几个人,张瑾回答:"一个儿子,两个随从,两个家仆。"——原来张瑾到昆明上任,为了不增加百姓负担,连家眷都尽量"精简"了。范承勋不信,派人暗中调查,确认张瑾所说属实,十分惊异。张瑾取消县衙的"公费"后,上级衙门征用的钱粮、徭役也随之减少,让昆明百姓喘了一口气。

张瑾坐堂执法,无不清正,冤案疑案难案,到了张瑾手里,往往迎刃而解。刚到昆明时,县衙待办的案子数以百计,张瑾秉公断案,处置得当,名噪一时。后来省内其他州县有了疑案,也常常交给张瑾办理,不少冤案在他手中得到平反。军队将领的仆从杀了人,案子交由县衙处理。省里的按察使宴请张瑾,为军将求情。张瑾表面答应,但回到县衙,仍然依法治罪,毫不含糊。昆明一个士子聘一女为妻,巡抚家仆的儿子横刀夺爱。士子告到县衙。张瑾问清事实,让士人和聘妻在县衙当堂举行婚礼,然后判案说:"按照大清法律,任何人不得娶有夫之妇。请新媳妇坐上我的车舆,新姑爷骑上我的马,由衙役护送回家。有敢抢夺者,必治其罪。"如此大张旗鼓地处理,无疑是一场生动的法治教育,震慑了那些仗势欺人、为非作歹者。当时就有人作歌作诗,盛赞张瑾为民做主。

张瑾办案也不是一味蛮干,为自己博取名声,更考虑到被害者的利益,往往留有余地。有个豪强欺侮乡绅,张瑾亲自出马,将豪强抓来治罪,正要动用杖刑,听说豪强的妻子病了,就停止用刑,先把豪强关起来。第二天,乡绅来为豪强求情,张瑾就把豪强放了。有人不理解,张瑾说:"乡绅的势力总归比不上豪强。豪强被捕,家里又有病妇,这时用杖刑,他和乡绅的仇就结得更深,后患无穷。不如我来做恶人，让乡绅来以德报怨，他们之间的怨气就可以消解了。"张瑾委曲办案，以安民生，以定县境，可谓用心良苦。

张瑾在昆明做了3年知县，善政不少，名气很大，却因劳累过度，最后病逝在任上。昆明百姓巷哭路祭，并绘制张瑾画像，藏在家中，以作纪念。在名宦祠祭祀张瑾那天，官民还为他立了一块"遗爱碑"。

（见《清史稿》《清史列传》、民国《新纂云南通志》等）

○清廉反被清廉害

清康熙五十九年（1720年），杨名时被派到昆明来做云南巡抚。杨名时是江苏人，康熙年间进士，从小就有志于"圣学"，后来刻苦学习，成为清代的理学名臣。在官场沉浮了30年之久，年届花甲之时，杨名时终于成为封疆大吏。他在云南为官行政，从宽从简，着力疏解民困，一时官民称誉，百姓拥戴，威信极高。

杨名时是清初著名的清官、廉吏。清初官吏俸禄不算高，但州、县官府可以在正税之外再征附加税，叫作"羡余"，自己留一部分，再送给总督、巡抚一部分，称作"规礼"，实

杨名时画像

际上是官僚的一项特殊补贴。征收"羡余"的弊端太多，不少官员从中渔利，大肆贪污。雍正皇帝胤禛当政后，改由总督、巡抚征收"羡余"，自己先留下一部分，再分发给府、州、县官一部分，称为"养廉银"，试图以制度化的"补贴"来消除流弊。杨名时是正二品巡抚，年俸为银子155两，禄米155斛（约7750斤），按规定可以得到"养廉银"17000两，为年俸银的110倍。就在雍正皇帝铁腕改革之际，杨名时上奏说："地方送给巡抚的规礼，臣下一无所收。所有'盐规'五万二千两，一部分用来修理盐井、盐灶，剩下四万六千两，用来补充历年驻藏官兵的军费，补贴银厂所欠税收，赔偿前任总督、巡抚运粮倒毙的牛马等。"这明摆着是一件好事，不料雍正却回了道圣旨说："总督、巡抚的'羡余'养廉银，并不包含在正税中。拿应当拿的，用应当用的，既不可剥削百姓，也不可矫枉过正，沽名钓誉。行事合情合理合法就行了。此类情事不必再奏报。"

杨名时碰了个软钉子，不知作何感受。雍正皇帝后来似乎忘了这事，御书"清操凤著"大匾一块，送给杨名时，表彰他为官数十年，清正廉洁，躬身勤政。杨名

时则称颂雍正皇帝"孜孜爱民"，如"日月之光明"，普照天下。雍正三年（1725年），66岁的杨名时又升为兵部尚书、云贵总督兼云南巡抚，一时位极人臣。

在云南任上，杨名时多次为民请命，雍正皇帝认为他"洁己有余，勤公不足"，便发布上谕，把杨名时等封疆大吏斥责为"洁己而不奉公"的"清官巧宦"，说他们自恃操守廉洁，"以为可以博取名誉而悠悠忽忽，不能处理好地方事务，敷衍了事，推卸责任，姑息养奸"，"此等之人"比"操守平常之人"更为坏事。

据说康熙皇帝晚年选任官员，最重视的是操守，结果不少官员只图清廉的虚名，而不做实事，成为一大弊端。雍正皇帝认为这些官员如同"木偶"，中看不中用，对社稷民生毫无裨益。雍正皇帝对杨名时等"科举清官"早就不满意了。但杨名时却不知厉害，于雍正五年（1727年）再次奏请减免云南盐税，奏本中无意泄露了雍正皇帝密批，被雍正皇帝抓住把柄，解除了他的总督之职，但仍然让他代理巡抚。第二年又有人密告杨名时贪赃营私、借欠亏空府库等等。雍正皇帝罢免了杨名时，另派官员来昆明任巡抚，并审理杨名时案。新任巡抚在大堂上摆好刑具，准备开审。不料成千上万的昆明军民拥到衙门外，大叫："你敢让杨公受刑，就是逼着我们造反！"新任巡抚慌忙把刑具收了起来。审讯的结果，证实了那些密告都是诬陷，但又认为杨名时曾收受"盐规"银58000两，应判处绞刑。而这些"盐规"，正是六年前雍正皇帝所谓"取所当取，用所当用"的银子，没想到又成了杨名时的罪名。案件报到刑部，认定杨名时的罪名是居心不良，欺骗朝廷，没有君臣之礼，建议判杨名时"斩监候"——死缓。雍正皇帝大概也觉得这些罪名定得太勉强，下旨先让杨名时一年内赔清"盐规"银58000两，然后再做处理。杨名时为官清廉，哪里拿得出那么多银两？后来雍正皇帝开恩把"赔款"减为3000两，但杨名时家中所有值钱的东西都卖了，连夫人的首饰都取下来充数，也凑不够200两银子。杨名时只好一直"待罪"下去，一直"待"到雍正皇帝驾崩，也没赔清这笔冤枉账。

杨名时在昆明"待罪"7年，客居行馆，闭门读书，专治理学，潜心著作，讲学不止。此时杨名时生活极为清苦，甚至到了揭不开锅的地步。昆明士民争相送上米粮蔬菜，以解燃眉之急。乾隆皇帝登基之后，把杨名时召回北京，赐给礼部尚书官衔，兼管最高学府国子监的教务，并再次参加军机重地南书房事务，侍奉皇太子读书，可谓尊荣之至。在这段时间里，杨名时仍不忘云南，奏请革除弊政，减轻滇人负担，增加国子监云南学生的乡试录取率等，都得到批准。清乾隆元年（1736年）九月，杨名时病逝，享年77岁。杨名时身后无所积蓄，由朝廷赐给费用，才办完后事。

（见《清史列传》《雍正朝汉文朱批奏折汇编》、民国《新纂云南通志》等）

○ "文盲"买官反腐败

清雍正元年（1723年），户部郎中李卫被刚继位的雍正皇帝任命为直隶（今河北）驿传道员，他还没来得及上任，又改任云南盐驿道员，赶到昆明来主持盐政。

盐业是清代朝廷财政的一大来源，由官府专营，收入仅次于田赋，办盐务是肥缺。康熙末年盐务废弛，百弊丛生，云南盐政更是糟糕，不少盐政官员利用职权，营私舞弊，侵吞盐税，中饱私囊，大秤收银，小秤卖盐，甚至开挖新盐井也隐匿不报，窃为私有。李卫的前任盐道任职四年，就贪污盐银10万多两。雍正皇帝临时改变任命，让李卫来云南主持盐政，也可见此中弊端之严重。

对李卫的到来，昆明官场、百姓也很期待。但李卫进了昆明城，却不免让人失望。昆明人会看麻衣相，这个李卫身高六尺二寸，远看高大魁伟，膀大腰圆，近看脸盘阔大，一脸的白麻子，个个大如铜钱，又腰腹十围，堪称大胖子。走得更近的人还说，李卫的两个鼻孔之间是相通的，他的官位是花钱买来的，看来也是个大老粗，没有文化。

但也有知道内情的人说李卫来路不凡。这个江南铜山（今江苏徐州）人自幼习武，后来花钱捐官，到兵部做了个员外郎，又升任户部郎中（相当于今天中央部委的司长）。当时一个王爷的下属在征收钱粮时做手脚，每征收1000两银子要额外加收10两，用来做王爷的私房钱。李卫几次劝阻都没有用，一气之下，便把银柜抬到库房的走廊上，写上"某王赢余"四个大字。这一来等于公开了王爷的贪污劣行。当时几个王爷正在争抢皇位，此事十分敏感。那王爷得知此事，吓了一跳，连忙制止下属多征钱粮。这件事让雍正皇帝印象深刻，继位不久，就让李卫来收拾云南盐政的烂摊子来了。

昆明人不久就发现了李卫的另类举动。李卫不是科举出身，识字不多，公文奏章都由师爷起草，然后读给李卫听，李卫口述修改，往往都能切中要害，如有神助。李卫还喜欢听人说书讲故事，每当讲到忠臣遇害，李卫悲愤难忍，甚至会拔剑而起。更让人哭笑不得的是，李卫每次弹劾别人，总要让人抄留一份，常常拿给被弹劾的人看，还洋洋得意，以示"公开公正"。

不过，李卫整顿起盐政来却出手不凡。他先从吏治入手，革除弊端。前任盐道亏空盐银119000多两，李卫让贪官们分摊赔偿；原巡抚甘

李卫画像

国壁私自挪用盐税银子，李卫命令留在云南的甘国壁儿子替父还债；有的官员拜谢上司时挪用了600两盐税银，也被李卫勒令全部归还。这样，当年就追缴了盐务积欠银子11万两，罢免了好几个盐官，八个月就扭转了云南官盐亏空的局面，盈余3万多两银子。雍正皇帝十分高兴，对李卫大加鼓励，要他"一切但放胆做去，自有朕做主"。第二年，李卫升任云南布政使，成了"藩台"大人，但仍然兼管盐务。在云南布政使任上，李卫曾亲自进山擒获两名"盗贼"，显示了自己"捕盗"的才能。李卫励精图治，竟然累到咳血。雍正皇帝认为他"急于报效，用心太过"，亲自赐给药物，以示抚慰，还鼓励他说："你为人刚直，一心办事，忠诚勤敏，毫无顾忌，没有辜负朕对你的赏识提拔。"

李卫在官场十分另类，总是不按常理出牌，一方面出奇制胜，拿下了政绩，一方面粗放纵狂，也带来了问题。在昆明任职时，李卫自恃天子恩宠，谁也不怕，对顶头上司也不敬，私下称云贵总督高其倬为"老高"，称云南巡抚杨名时为"老杨"，又在自己做仪仗用的高脚牌上大书"钦用"二字，还收受别人馈赠的马匹、古董等。雍正皇帝得知，下诏训诫李卫："朕听说你恃能放纵，操守不纯。收受四川马和古董的事，都应该检点。你还自制'钦用'仪仗牌，是不是可以停止了？你做事要谨慎，不要忘乎所以。"李卫竟不以为然，为自己辩解说："臣受皇恩太重，就是有人嫌、有人怨，我也能承受。"雍正皇帝再次教训他说："不避嫌怨和盛气凌人、骄慢无礼完全是两回事。你要认真加强修养，努力做个完备的人，不要辜负朕的知遇之恩。"尽管雍正皇帝几次苦口婆心进行教育，李卫仍然不改恃宠傲人、恃才傲物的性情，他和同僚互相参奏、缠斗不休。雍正皇帝就把他调到浙江担任巡抚去了。

在雍正皇帝的眼里，天下封疆大吏最优秀者，唯有鄂尔泰、田文镜、李卫三人。还让李卫和田文镜总结自己为官行政的经验，编成《钦颁州县事宜》（又称《训饬州县规条》），"钦定"之后，颁发全国，成为州县官员的"官箴"。这三大名臣中，鄂尔泰和李卫都在昆明任过职：鄂尔泰当过云贵总督，李卫则当过云南布政使。早年李卫和同僚相互攻讦，雍正皇帝让鄂尔泰表态，鄂尔泰为李卫说了不少好话。雍正十一年（1733年），李卫官至直隶总督，参劾鄂尔泰的弟弟、户部尚书兼步军统领鄂尔奇，说他营私舞弊、违法乱纪、滋扰百姓，鄂尔奇被革职查办。河东总督田文镜先和李卫过不去，后来又想结好李卫。李卫母亲故世，田文镜派人带着重礼来吊唁。李卫把来人推出大门，又把田文镜的名帖扔到厕所中，大骂道："我妈再饿，也不会喝小人的一勺水！"

李卫捐官出身，识字不多，最后能做到直隶总督，成为一品要员、封疆大吏，实属罕见。雍正皇帝痛恨有名无实、怠政无为的官员，而李卫恪尽职守、实心苦干，正是雍正心中的"忠臣"典型。李卫被称为清初汉族官员第一人，是有道理的。

现代电视剧《雍正皇帝》中有李卫,《李卫当官》中更有李卫,但写来写去,都缺了李卫在昆明的事迹,这不能不说是一大憾事。

(见《清史稿·李卫传》、袁枚《直隶总督兵部尚书李敏达公传》等)

○督、抚互咬被"双逮"

清乾隆年间,昆明发生了一起官场贪腐大案,史称"金炉案"。涉案者是两个封疆大吏:云贵总督恒文和云南巡抚郭一裕。

恒文是满洲正黄旗人,历任兵部给事中、贵州布政使、湖北巡抚、湖广总督、山西巡抚等。此人行事干练,多有主见,素称"能治事",被乾隆皇帝弘历派到昆明担任云贵总督,时间是乾隆二十一年(1756年)二月。不料仅仅一年之后,云南巡抚郭一裕就参了恒文一本,说恒文借口打造金炉上贡天子,压价购买黄金,中饱私囊,其巡查军营之时,又放纵家人,勒索部下等。

乾隆皇帝接到郭一恒的奏本,当即吃了一惊,这不仅是因为下属参劾上司,还因为此前不久,恒文刚刚弹劾贵州粮道沈迁,揭发其勒索下属官吏,后经查实,沈迁被判斩首。不料此案刚刚了结,恒文自己又撞进法网来了。乾隆皇帝大为震怒,让刑部尚书刘统勋会同贵州巡抚定长审理此案。结果查明,恒文以进献贡品为名,低价强购,勒索下属,从中贪获白银数万两,全部属实。不仅如此,这个恒文巡视军队时,还放纵家人收受下属的贿赂。让人始料未及的是,对簿公堂之际,又查出进贡金炉的首议者竟是检举者郭一裕,而这个郭一裕同样也让下属压价购买黄金铸造贡炉,不料恒文把金价压得更低,招来民怨。郭一裕唯恐出事,"不利于己",这才先发制人,上书揭发恒文,以求自保。

以进贡的名义勒索下属,被毁的是天子的名声,得利的是封疆大员。当时乾隆皇帝正在自树"明君"形象,对此自然难容,马上下旨将恒文、郭一恒押送京师惩办。那时恒文被查出家产高达数万两白银,乾隆皇帝认为,恒文任湖北巡抚不过六年,即使不吃不喝,也不可能有几万两银子的家产,而恒文的父亲、祖父又非富有,这笔钱一定恒文贪污所得。乾隆皇帝痛斥

"金炉案"所涉之金炉

恒文身为封疆大吏，竟以进献为名，私饱己囊，"负恩罪大"，赐令其自尽。涉事的知府、知县等官员50多人，也分别受到降级等处分。乾隆皇帝又斥责郭一裕为"庸鄙"之徒，早在山东巡抚任上时，就曾请求进贡万两银子，又为官营私，以经商牟取暴利，但他还不至于像恒文一样贪婪，下旨将郭一裕革职充军，"以为大吏庸琐者戒"。当时云南有人议论说，郭一裕敢于揭发长官贪污，本来是好事，就因为他是汉人官员，结果落得个充军的下场。如此一来，以后还有谁敢揭发贪官？乾隆皇帝听说，为拉拢汉人官员，特旨加恩，准许郭一裕输金赎罪，以平息汉人官员的不满。几年之后，还让郭一裕担任河南按察使，官衔三品，直到退休——按察使的职责是监察全省官员，而"明君"乾隆皇帝竟让戴罪贪官担任此职，还真让人看不明白。

（见《清史稿·恒文郭一裕列传》等）

○ "能吏"监铜发黑财

清乾隆元年的江南进士钱度堪称"能吏"。他做过吏部主事、监察御史、安徽徽州知府、广西巡抚等，还当过江安督粮道、河库道。他工作勤奋努力，十多年里两次连任，颇有政绩，得到乾隆皇帝的四字嘉奖："久任奋勉。"清乾隆三十三年（1768年），钱度做了4年的云南布政使后，又升任广西巡抚。但仅仅半年，钱度就因事被处罚，停发养廉银，调回云南，仍然担任布政使。

当时官员的俸禄不高，朝廷以"养廉"为名，发放高额补贴。如云南布政使年俸仅为银子155两，禄米155斛（约7750斤），日常生活和应酬，府内仆役、轿夫、门房的工钱和犒赏，都得从这里开支，显然入不敷出。但按照规定，云南布政使又可以领取养廉银8000两，为年俸银的51倍，这就让藩台大人能过上体面的官场生活了。乾隆皇帝让钱度回任云南布政使，却停了他的养廉钱，以示惩罚，也让钱度大失脸面。不过，布政使虽然只是总督、巡抚的属官，但位阶为从二品，又掌管一省的财富、民政，实权不小。钱度浸淫官场数十年，深谙各种明规则和潜规则，要弄点钱，实在也不是难事。

钱度回到昆明任职刚刚一年，乾隆皇帝下旨查办云南运铜弊案，让犯罪的

乾隆皇帝画像

官员赔偿损失。钱度上报的赔偿标准很低,被乾隆皇帝驳回,痛斥钱度"屡获罪戾",因朝廷"格外加恩",才得重任云南布政使。但其"沽名取巧之恶习"不改,应严惩不贷。因为当时正对缅甸用兵,而钱度"经手承办军需",用人之际,乾隆皇帝只对其"革去顶戴,仍留云南布政使之任,以观后效","倘若不改,必重治其罪"。

钱度担任江安督粮道、河库道时,积累了不少管理财赋的经验,加上多年在云南做布政使,对地方的情况也熟悉,在乾隆皇帝的重压之下,努力做出了一些成绩。两年后,乾隆皇帝又让钱度监管云南铜厂。这个"监管"非同小可。清初全国铸钱缺铜,闹起了"铜钱危机",云南的铜成了大清帝国重要的经济支柱,"通京铜运"成了大清帝国的经济命脉,每年"京运"的滇铜达600多万斤,支撑着"乾隆盛世"下大清帝国的经济发展。在这种情况下,乾隆皇帝让钱度监管铜厂,算是莫大的信任。但是,尽管乾隆皇帝用尽心计,仍然被钱度耍了。钱度以"能吏"而"监铜厂",表面上交出了说得过去的成绩单,背后却做了不少手脚。

清乾隆三十七年(1772年),钱度"监铜厂"才几个月,当时的宜良知县朱一深就揭发钱度居官贪婪,收集金玉物件,勒令属员高价购买,从中获利。乾隆皇帝马上派刑部侍郎袁守侗为钦差大臣,赶到昆明,会同云贵总督彰宝、云南巡抚李湖查办此事,同时诏令各地督抚协查。不久,贵州巡抚奏报说,钱度的家人携带400多件金玉器皿来到贵州,已被查获扣留。江西巡抚也奏报查获钱度家人和船只,载有钱度从云南运回原籍的白银29 000多两,还有钱度给儿子的亲笔书信,叮嘱儿子妥为收贮这些银两,"或做地窖,或做夹壁,以作永久之计"。不久,江西巡抚又密报称,截获钱度的幕僚叶士元及其所携带的白银两万两。

乾隆皇帝接报后称这些事"实堪骇异"。他认为,钱度几年未得养廉银,仅仅靠俸禄,"若非婪索多赃,安得有如许积聚"?乾隆帝下诏把这些人犯全部押到昆明,让钦差大臣等一并"严加刑讯,务得实情,按法究拟"。与此同时,乾隆又下诏搜查钱度在江宁原籍的家宅,果然查出埋藏在深窖里的白银26 000余两,寄存在他处的金子2000两。乾隆帝得报,痛斥"钱度之负恩败检竟至于此","有肆意婪赃盈千累万如钱度之甚者,实可痛恨,若不严审究拟,如官常国宪何"!

钱度浸淫官场多年,颇有心计,听说江西截留了他的29 000多两白银,就供称自己克扣预付购铜的银两,得赃银20 000多两,试图隐瞒藏在原籍的巨额金银。此说竟蒙过了袁守侗、彰宝、李湖等人,他们联名上奏乾隆,准备以此定罪结案。乾隆皇帝大怒,严厉斥责袁守侗、彰宝、李湖轻信钱度,"所讯情节,尚多不实不尽,欲图草率了事",要他们"另行严讯确供,据实复奏",并将钱度逮送京师再审,"如有不实不尽,经朕另行讯出",定要问罪。

乾隆帝一认真,办案官员也不得不认真,钱度也不得不供认:他利用布政使执掌府库和"监铜厂"的权力,在发放预支的购铜款时,每百两银子取回扣一钱七八分,这样,前后共发放银子2200多万两,钱度就扣下了40000多两银子。钱度还逼迫属官购买他的玉器古玩,从中多收价银。而其子也依仗父亲的权势,"婪索多赃,携货售卖"。钱度父子在云南所贪银财,总数高达八九万两银子。乾隆皇帝核实之后,下诏将钱度"斩立决",立即押赴法场斩首,其子则处绞监候——判处绞刑,缓期执行。

（见《清高宗实录》《清史稿·钱度传》等）

○半夜辞官真痛快

清嘉庆年间,云南进士刘大绅辞官归来,主讲昆明五华书院。当时不少士子学风不正,除了官样文章,不知如何做学问。刘大绅精心传授经、史、诗、古文,引导士子向上,学风为之一变,培养了不少人才,而以戴纲孙等五人名气特别大,号称"五华五子"。

刘大绅字寄庵,云南华宁人,祖籍江西,清乾隆年间进士,曾在山东做官十多年,仕途经历,世所仅见,充满传奇。刘大绅因为爱民而得罪上司,大得民心却仕途不顺,10多年当的都是知县之类的七品官——因为上司不满,升是升不上去;因为百姓苦留,辞也辞不了。后来得到上司表彰,甚至天子也开了恩,算是升了官,刘大绅却不干了。他多次辞官,因百姓阻止未成,只得乘过年之时,衙中半夜无人,匆匆拟写辞呈,最后以"养母"为由退出官场,回到昆明讲学,找回了自己。

刘大绅任山东新城知县时,恰逢3年连续大旱,刘大绅竭力赈灾,救活不少饥民。后来奉调到曹县做知县,正待离开新城,继任者都来了,数千新城百姓却堵住道路,请求刘大绅留任,结果上司又让刘大绅留任了3个月,这才到曹县上任。没想到曹县的灾荒比新城还重,刘大绅以工代赈,接济民夫万人,又请求暂缓征收河工秸料,以免影响秋收。上司不但不听,反而限刘大绅10天内征齐,否则就要治罪。百姓得知,不到10天就交足秸料300万斤,刘大绅得免一难。后来刘大绅又准许百姓推迟缴银纳税,待谷价上涨后再上缴,以减轻农民负担。上司得知此事,严责刘大绅"擅自缓征",另派官吏前往曹

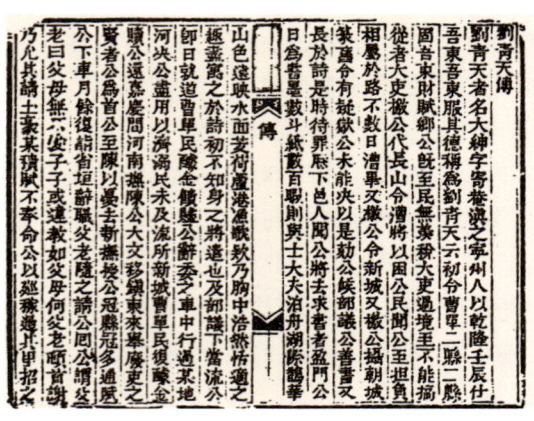

清《寄庵诗文钞》中有刘鸿翱撰写的《刘青天传》一文,赞的就是刘大绅

县征赋。曹县百姓担心刘大绅被调走,争相纳税,新官才到,税已纳完,刘大绅再过一关。不料上司竟因此悟出一条征赋捷径,再让刘大绅催收历年所欠赋税,否则仍要另外派人征收。曹县百姓唯恐刘大绅被调走,又竭力完税,昼夜不停,几天就缴纳了三万多两银子,留住了刘大绅。

刘大绅见如此下去,终非长法,长此以往,反而坑害百姓,于是顺水推舟,引咎辞官。曹县百姓闻讯,围住县衙不让刘大绅走,一个个声泪俱下,又向上级官府请愿。正好有大官路过曹县,见此情景,也劝刘大绅留任。然而,刘大绅这个"好官"也实在难当。其清廉自持,生活窘迫,除夕之夜竟无过年之钱,曾写诗自嘲:

博来朋友宜春帖,剩有儿童压岁钱。
好是明朝堪笑处,新年错认是今年。

窘迫如此,刘大绅不得不和老妻一道,在衙门后刨地而食,其又有诗曰:

朝暮斋盐莫漫嗟,不妨长作老农家。
山妻亦是安贫妇,自荷长钽学种瓜。

内外交困,刘大绅渐有辞官之意,其诗曰:

乘除相间已凄然,此夕何缘又客边。
祀灶一家翻两地,思乡万里只孤悬。

刘大绅有心辞官,唯恐消息透露,士民挽留,难以得逞,便趁正月初一过年之时,夜半三更写下辞职文书,又自取印信加盖,自封文书发出,连书吏都被蒙在鼓里。后来上司的批文送到,此事木已成舟,当地百姓无奈,痛哭流涕相送。

刘大绅辞职的理由是患病,待病情好转后,又被任命为山东文登知县。此时新城县要筑城墙,官府应当地百姓请求,让刘大绅先回新城主持工程。刘大绅费尽心力,新城刚刚竣工,却因旧时在曹县缓征田赋获罪,罢去官职,流放戍边。新城、曹县百姓得知,纷纷捐款为刘大绅赎"罪"。刘大绅终得免刑而归。大概官场中也有人从中看出刘大绅过人之处,向嘉庆皇帝颙琰大力举荐。嘉庆皇帝下诏表彰刘大绅"操守廉洁、兼有才能","民情爱戴",让山东巡抚代书赠"好官可用"四字大匾,并召见刘大绅,以示恩宠,又让他到山东做福山、朝城知县。因为遭受水灾,刘大绅请求减赋,被上司驳回。刘大绅再度称病辞职,不得批准,却得升职,先代理青州府同知,又任武定府同知。恰遇蝗灾横行,刘大绅捕蝗虫、赈灾民,劳苦一番之后,以"母老终养"为由,终于离开官场,返回昆明。据说刘大绅离开山东后,新城县民作《遗爱图》十九幅,描绘刘大绅事迹,以为纪念。主讲昆明五华书院时,刘大绅心情大好,曾赋《春晓望太华山》一诗,诗中有句曰:

登高大呼众山应,云灵水怪心胆寒。
凿池习战务勤远,拳石不以当雄关。

移鸡移马为金碧，汉武非圣宣非贤。

天生我辈行乐耳，山可游也其游焉。

刘大绅为官廉正，讲学精当，诗文上乘。他写的《哑孝子传》被收入《清史稿》。直到抗日战争时期，全国通用的初中《国文》教科书中，刘大绅的《哑孝子传》和《东南山中看桃花后记》两篇文章都被选为必读课文，深受学子和各界的好评和欢迎。

（见《清史稿》《国朝先正事略》，民国《新纂云南通志》等）

○反贪才知贪财来得快

清代最大的贪官是乾隆皇帝弘历的宠臣和珅。据说这个和珅早年也曾经清廉，奉旨到昆明审理云贵总督李侍尧贪腐案后，竟然踏上了贪腐的不归路，直到身败名裂。

那是清乾隆四十五年（1780年），曾经担任云南粮储道的海宁到京城领受新职，趁机上书乾隆皇帝，揭发云贵总督李侍尧以办贡品和回京修房之名，勒索下属。乾隆皇帝素来痛恨官员贪污行为，早在登基之初就说过："身为人臣，最重要的就是一个'廉'字。"这个李侍尧自己贪腐，却以办贡品为借口，把罪名栽到天子身上，这还了得？乾隆皇帝当即大怒，马上查封了李侍尧在京城的房屋财产，命令户部侍郎和珅赶到昆明查办此案。

这个李侍尧并非等闲之辈。《清史稿》说他"短小精敏，过目成诵"，和下属说几句话就知道其才品如何，因此众人见他就怕。李侍尧深得乾隆皇帝宠幸，到云南之前曾担任两广总督、户部尚书、正红旗汉军都统、湖广总督、武英殿大学士等，有"才臣"之称。乾隆四十二年（1777年），李侍尧以军机大臣兼任云贵总督。早在两广总督任上时，李侍尧曾查处过右江镇总兵李星垣贪腐案，将李星垣判处绞刑，那是康熙二十九年的事。没想到16年后，李侍尧自己又成了贪腐查处对象了。早在乾隆二十二年（1757年），李侍尧的前任、云贵总督恒文就因为勒索部属、大办贡品被赐死。乾隆三十七年（1772年），云南布政使钱度因勒索部属金玉被乾隆帝处死。这回轮到李侍尧了，结果会如何？

乾隆四十五年（1780年）三月，和珅乘驿站快马赶到昆明，先向李侍尧宣读圣旨，让其停职待查。李侍尧拒不认罪，和珅也不相逼，径自游山玩水，待李侍尧放松警觉，和珅暗中将李侍尧的管家抓来严刑逼供，取得李侍尧罪证，又传来李侍尧属下官员，把罪证亮了出来，这些官员不得不承认向李侍尧行贿之事。和珅这才向李侍尧摊牌，李侍尧不得不认罪。经和珅查明：李侍尧以各种借口向下属勒索银两共计3万余两，显然，这只是李侍尧勒索、受贿金额的冰山一角。此中细节让人瞠目结舌：李侍尧曾让仆人向昆明知县强行推销珍珠，一颗竟然要价白银三千两。他还将一颗珍珠强卖给下属的同知，要价两千两，强卖之后，又把珍珠要回来。和珅在李侍尧在昆明的住所中抄出金银、珠宝、洋货、名画共901项，坐实了李侍尧的罪行。乾隆皇帝得到奏报，大怒道："李侍尧身为大学士，历任总督，竟然如此贪腐，负恩忘义，真是做梦都想不到！"马上下旨将李侍尧革职，由和珅押解进京审讯。

在调查处理报告中，和珅建议将李侍尧"下斩监候"——判处死刑，缓期执行。但内阁大学士和九卿坚持要"斩立决"——马上砍头，乾隆皇帝惜才，有意留李侍尧一命，又征求各地总督、巡抚的意见，各督抚认为乾隆皇帝此举是杀一儆百，为表白自己，都赞成"斩立决"，独有安徽巡抚闵鄂元主张"斩监候"。乾隆皇帝马上借梯子下楼，判处李侍尧"斩监候"。那些行贿或被勒索的官员也一并革职，送到新疆伊犁充当苦役去了。

和珅办案有功，充分显示了才干，深得乾隆赏识，还在回京路上，就被提拔为户部尚书、议政大臣。回京之后，和珅更向乾隆皇帝奏报云南吏治废弛，府、州、县官库多亏空银两，亟须清查、整顿，还谈到云南盐业管理、钱币制度、边境事务等，说得头头是道。乾隆对和珅十分赏识，甚至准备委任和珅代李侍尧为云贵总督，善后云南问题。但和珅刚刚办完李侍尧案，不宜接替李侍尧，于是授予和珅御前大臣兼都统之职，赐其长子丰绅殷德为和孝公主额驸，待成年后举行婚礼。

至于李侍尧，被判斩监候不过半年，就被乾隆皇帝"特旨"放出，"赏给三品顶戴，并戴花翎，赴甘肃总办军务"，镇压造反去了。

清乾隆《御笔平定台湾二十功臣像赞》中的大学士、三等忠襄伯和珅画像

清乾隆《御笔平定台湾二十功臣像赞》中的闽浙总督李侍尧画像

李侍尧大难不死，但也本性难移，此后仍"屡以贪黩坐法"，乾隆皇帝也一再袒护。出人意料的是，乾隆皇帝还几次让李侍尧查处各地贪腐案件：乾隆四十六年（1781年）查处甘肃冒赈（贪污救济款物）案，总督勒尔谨、前布政使王亶望、布政使王廷赞、兰州知府蒋全迪、皋兰知县程栋等20人全被处斩，而李侍尧得加太子太保。乾隆五十年查处湖北江陵知县孔毓檀侵赈案，孔毓檀被夺官——这个李侍尧毕竟有些本事，后来出征台湾有功，以画像入列"紫光阁平台湾二十功臣"，显示乾隆皇帝对李侍尧恩宠如一。

李侍尧任职昆明期间，在黑龙潭立一块线刻唐梅碑，并题《龙泉观唐梅图记》，盛称"滇之卉木，甲于直省，梅犹称首"——这位显赫的"能臣"兼"贪吏"在昆明留下痕迹，唯此而已。

乾隆皇帝对李侍尧的贪腐一赦再赦，助长了地方官员以进贡为名大肆侵贪之风，即便乾隆皇帝多次下旨停止进贡，但从来没有得到认真执行。不少地方官员以进贡为能事，公事废弛，贿赂公行，官官相护，以谋仕进，对清代吏治产生了恶劣的影响。到昆明查处李侍尧案，还成为和珅仕途的一大转折。此前和珅还比较注意清廉。其任户部侍郎时，有人行贿买官，和珅拒贿之余，仍为此人谋了个职位，事后接受了此人的吃请，却拒绝了此人的厚礼。查处李侍尧案时，和珅私吞了部分赃物，不但没有暴露，还得到乾隆皇帝赏赐，一时贵为皇亲国戚，内外百官争相巴结。和珅初尝权力的滋味，感觉好极了。从乾隆皇帝对李侍尧案的处理中，和珅还得出结论：只要哄住皇上，再贪贿也是小事。于是时间一长，和珅更肆无忌惮，大行贪污，广结党羽，垄断权力，贪污受贿，敛刮民财，迫害政敌，成为清朝第一大贪。

（见《清史稿·李侍尧传》《清史稿·和珅传》等）

○不惧纨绔查国泰

清代第一贪官和珅"首贪"于昆明，后来又"首栽"在昆明人钱沣手上。这位钱沣号南园，清乾隆年间进士，先后任国史馆编修、御史等职。清乾隆后期，官场贪腐成风，竞相奢华，钱沣以清廉自持，有"廉吏"之誉。在湖南学政任上时，钱沣多次视察各县。按当时的规矩，学政所到之处，当地学子要凑钱献礼，这叫"棚规"，已实行多年。但钱沣一概不收，各县有民谣相传："钱沣来了不要钱"。在京任职时，钱沣没有购置豪华的车马，出行骑的是骡子，据说那骡子还瞎了一只眼——钱沣善于画瘦马，有"瘦马御史"之称。

钱沣为官刚正不阿，极富传奇性。其祖上叫钱铸，于明成化年间到昆明做官，当时宫中太监钱能坐镇云南，以同姓拉拢钱铸，钱铸洁身自好，以阿附为耻，逃到滇西躲避，直到钱能离开，钱铸才回昆明。钱沣继承了祖上的刚直之气，初入政坛，就一反官场明哲保身之风，弹劾代理陕甘总督毕沅，说他对甘肃谎报灾情、冒领赈济、大肆私吞的贪腐大案负有责任。查实之后，毕沅被处分降级。当时和珅正得宠，权倾一时，贪污受贿，无所不为，朝臣皆不敢言。和珅党羽、山东巡抚国泰营私舞弊，盗用府库银两，钱沣时任湖广道监察御史，愤而弹劾国泰，这时是乾隆四十七年——1782年。

钱沣画像

钱沣楷书《荀子致仕》，也是他的座右铭

这个国泰是纨绔子弟，乾隆皇帝弘历派大学士和珅、左都御史刘墉和钱沣一道前往山东查办此案。和珅更事先向国泰通风报信。国泰得知，急忙向商人借来银两，充作库银，"填平"库存，试图掩盖罪行。按照清代的法律，如果弹劾大臣不实，弹劾者要坐牢甚至杀头。钱沣面临严峻的考验，和珅自以为得计，就等着看钱沣的笑话了。

钱沣也知道此中水深，他预先准备好寿衣寿材，又将儿子托付给友人，准备以死抗争。不等和珅出发，钱沣就微服先行，在半道截获了国泰写给和珅的信件，知道二人借银填库，应付检查。钱沣心中有数，却不动声色，将此信奏报乾隆皇帝。和珅也探得风声，要收买钱沣，被钱沣拒绝。

众人来到山东，但查府库，银两果然不缺。和珅让人抽查了几十封库银，没有发现问题，便宣布检查完毕，没有亏空。钱沣坚持封存府库，并全盘开封清查，果然发现库中银两多半为商家的杂色银，而不是成色十足、色泽明亮的帑银。钱沣当机立断，发出布告，限期让商人领回商银，否则一律充公。数日之间，商人纷纷赶来领银，如数将商银领回，并揭发国泰勒借银子之事，国泰罪行全盘败露。和珅为开脱自己，将国泰抓来亲自审问，结果审出国泰贪污索贿8万两之巨，国泰当即被乾隆皇帝赐死。钱沣、和珅一行回京之后，乾隆皇帝拿出国泰写给和珅的信件，和珅只说是国泰一厢情愿，此事不了了之。

国泰一案处理后，钱沣声名大振，但乾隆皇帝并不高兴，先让钱沣连升三级，又放到外地去做官，再找个借口降职，最后又弄回京城做御史，稽查军机处。和珅是军机大臣，值班经常缺席，又被钱沣参劾。和珅更对钱沣咬牙切齿，见钱沣清贫，身无厚衣，便暗中报复，凡有操心劳苦之事，都推给钱沣去做，让钱沣夜入暮出，不得歇息。清乾隆六十年（1795年），钱沣突然死于北京的云南会馆。一说钱沣积劳成疾，得病而死。后钱沣之子整理父亲诗稿，在其枕下发现奏本底稿，长达数千字，开列和珅罪状20多条。有人说钱沣正准备参劾和珅，不料和珅抢先下手，将钱沣毒死。钱沣逝世后5年，和珅终于事发，被抄家赐死。

钱沣出生在昆明银匠之家，故居在今天北京路与尚义街交汇处的茶花园址，早年这里立有一碑，碑上刻有袁嘉穀所书大字："大清御史钱南园先生故里。"传说钱沣出生在盘龙江边，那年昆明大旱，母亲怀着他去参加求雨。大雨如愿而至，母亲喜极而胎动，避进江边农家生下儿子，父亲为他取了个乳名叫"水生"，满周岁后，又正式取名为"沣"。钱沣自幼家贫，奋发苦读，十几岁时才艺初显，人称"滇南翘楚"。其为官刚直清廉，又精于诗文书画，被誉为"滇中第一完人"，清代知识分子的泰山北斗。

钱沣生活俭约，在京城做官时，身边只有一个做饭的仆人，俸禄多半用来接济亲戚、族人、朋友。在外做官时，钱沣仍念念不忘故乡。昆明经常发生水灾，钱沣曾提出治理六河方案，并捐资兴修故乡水利工程。钱沣还家，曾赋《还家》诗，自云"入门见父母，惜我颜面鼇。长跪进致辞，行李实惨凄。为言不足忧，吾肠便藿藜。诸弟出营食，顾见蓬头妻"，"阿长将米归，黑盐手并赍。喜传豆角熟，不但食黄齑"——身为当朝御史，家中境况如此，钱沣自己也感叹："堂堂七尺躯，壮齿生久齐。饥寒上累亲，不如跪乳羝"——清廉为官，家无余财，累及父母，饥寒交迫，不如回乡尽孝，奉养双亲。

钱沣死后归葬昆明龙泉镇羊肠村北山，今墓已得修复。翠湖东畔旧时有钱沣祠，俗称"草公馆"。民国初年的《昆明市志》记载，每逢钱南园诞辰，不少老昆明人都要备办祭品，互相邀约，前往祠堂或墓前拜谒，"犹有推崇乡先达之遗风"。草公馆于民国时被拆毁，但原馆所在的小巷仍然叫"学士巷"。清人施有奎曾题《钱南园先生像赞》曰：

身致富贵，躬守清贫。

亦严履蹈，不苟笑嚬。

正色立朝，遇事直陈。

懿章每上，权杵怒嗔。

公不为动，中心安仁。

我瞻眉宇，咄咄逼人。

（见《清史稿·钱沣传》，民国《新纂云南通志·钱沣传》等）

○ "严都老爷"反贪死得怪

清乾隆年间，昆明宜良出了个叫严烺的才子。他从小禀赋过人，7岁能文，11岁入县学，13岁考上秀才，16岁考中乡试副榜贡生，22岁考得乡试第一，摘下解元桂冠，29岁考中进士，此时是乾隆五十八年（1793年）。严烺步入官场后，曾在北京都察院任监察御史。他性直敢言，多次弹劾朝中权贵，京城满族、汉族官员对他又敬又怕，称之为"严都老爷"。严烺还多次上书，抗论时政，奏请革除云南运铜弊端，改进钱法、仓储等，都有益于国计民生，得到朝廷认可。

嘉庆皇帝画像

清嘉庆十二年（1807年），严烺受命巡视山东漕运，后来担任甘肃兰州道员，接着又升为甘肃布政使。在此任上，严烺弹劾了70多个贪官污吏，全省吏治为之一清。视察省府银库时，严烺发现库中银两短少，后来查实他的顶头上司、陕甘总督有挪用贪污之嫌，并有许多不法之事。严烺当即越级上奏朝廷，并奉旨拷问案犯，随即被调回京城，与案犯对质，结果证明案情属实，陕甘总督受到严惩。

严烺还在京城的时候，嘉庆皇帝突然夜间紧急召见，对严烺神秘地说："听说你的仇人将要动手，对你很不利。现在布政使司的位置没有空缺，只有湖北按察使司的职务还空着，你现在就赶快去上任吧。"严烺惶恐受命，连夜整理行装，赶赴湖北，就任按察使。这时严烺才发现自己的顶头上司竟然是犯案总督的弟弟。那人时时想为兄报仇，对严烺百般刁难。幸而严烺廉正自持，那人对他也无可奈何。后来严烺劳累过度，死在任上。严烺身后无余钱，难以治丧，幸而得到同僚相助，严家才得以扶棺回滇，葬于故土。

《新纂云南通志》称赞严烺做官"凛然难犯，抗论时政，利害分明"。但读严烺传记，仍然让人发怵：何人要害严烺，连嘉庆皇帝都无力制止，只好半夜召见并让严烺连夜逃出京城。而到湖北任职时，顶头上司却恰好是被严烺弹劾惩治的贪官之弟，他不能明目张胆地报复严烺，就不能不露痕迹地把严烺累死？严烺结局，不明不白，奇诡难辨，又成历史一谜。

（见清《宜良县志·宦迹》，民国《新纂云南通志·严烺传》等）

○清贫去来御史台

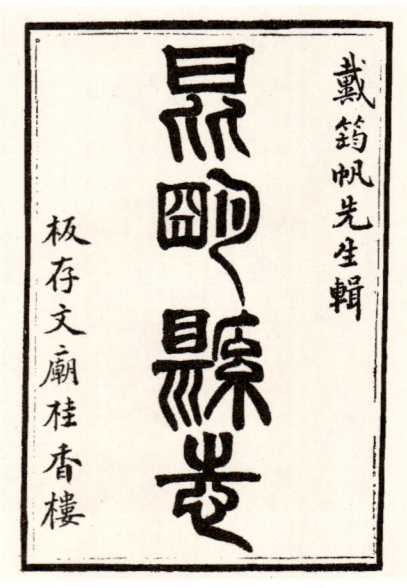

戴纲孙编撰的《昆明县志》

戴纲孙还编撰有《云南地志》

清嘉庆、道光年间，昆明五华书院出了五个才子，被称为"五华五子"，其中之一是昆明人戴纲孙，住在五华山北麓（今小梅园巷）。戴纲孙自幼丧父，家境贫寒，但勤奋好学，悟性很高，15岁中秀才，24岁考上举人，正是清嘉庆二十四年（1819年），主考官是有名的禁毒大臣林则徐，戴纲孙也由此和林则徐结下了师生之谊。近年发现了一封林则徐给戴纲孙的信，长达20页，其中谈到停止中英贸易、整顿海防、赴大理剿办地主武装等事，可见二人交往之深。清道光九年（1829年），戴纲孙考中进士，后来任工部主事，再升任给事中。久居京师，戴纲孙闲暇之时，多闭户读书，或与京城学者往来，交流切磋学问。

戴纲孙官不大，但性情刚介耿直，鄙视以势压人的权贵，而视志同道合者为挚友，倾心相交，肝胆相照。清道光二十六年（1846年），戴纲孙升任监察御史。按清代的制度，京官俸禄较少。监察御史权大官小，仅为从五品，年俸仅有80两银子、80斛（约4000斤）禄米，而同为从五品的知州，除了80两银子、80斛禄米外，还有500两到2000两的"养廉银"，高出正俸的5.25~24倍。京官不但要维持体面的生活，还有大量的官场往来，仅靠俸禄生活过于清苦，即使有了朝廷的"恩俸"，享受双俸（不含禄米），但这80两的"恩俸"和上千两的"养廉银"比起来，无疑是一个地下，一个天上。为了让官员感到公平，朝廷规定做满三年御史之后，可以转到地方的府、道任职。所以，御史们做满三年，无不弹冠相庆，饮酒祝贺，认为可以到地方上去做官发财了。唯独戴絅孙任满三年，眼看每年几千两白花花的银子就在面前了，他却不为所动，请求留在御史台。戴絅孙一心研究学术，创作诗文，对他来说，京城的文化环境就更为重要。

戴絅孙"大隐隐于朝"，先留任监察御史，后来又转到吏部、户部、兵部、工部、刑部任给事中，始终在京城任职。在此期间，戴絅孙以一己之力，历时五年，编纂完成了《昆明县志》，这是昆明的第一部县志，历史价值很高，本书引用颇多。

咸丰皇帝登基后，让百官上书建言。戴絅孙一连递上两个奏本，自以为一片忠心，上可以报国，下可以安民。不料奏本被留在宫中，束之高阁，杳无回音。戴絅孙壮志难酬，既不屑于博取声名，也不甘于尸位素餐，心中十分矛盾，在家中彷徨徘徊，泪流不止，终于决定托病辞职回乡。回到昆明，戴絅孙执掌育材书院，专心讲学，并有不少著述，可惜大多在后来的战乱中散失，只留下一部《昆明县志》、一部《味雪斋诗文抄》，其诗雄健古丽，其文淡雅简净，都有盛名。

（见民国《新纂云南通志·戴絅孙传》等）

○制度反腐费安排

清道光年间，中国输了鸦片战争，军费开支巨大，英军肆行抢掠，战后还有巨额赔款，国库白银大减，财源日益枯竭，社会矛盾激化。危机重重之下，朝廷把眼光放到云南，盯住了这块银币与铜币铸造原料的供应地，正是全国金融财政的命脉所在。清康熙年间，云南年产铜量最高曾达到1400多万斤，其中1100万斤以上用于铸钱。清代中期，云南矿业逐渐衰落，道光年间更是衰败不堪。新矿厂开发不出来，不少老矿厂又歇业，产量大大减少。

清道光二十七年（1847年）三月，62岁的"禁烟名臣"林则徐被任命为云贵总督，他到昆明来的一大任务，就是振兴云南矿业。林则徐到昆明后，先平定了迫在眉睫的滇西乱局，同时跋山涉水，调查矿情。道光二十九年（1849年）三月十四日，林则徐到任昆明两年之后，写下《查勘滇省矿厂

林则徐在滇刻像

情形试行开采折》，上奏道光皇帝，呈报了云南矿厂的问题和改革的设想。

林则徐发现，云南矿业的衰败和官员腐败分不开。而官员腐败又是"官办矿厂"的体制造成的。当时矿厂全部"官办"，先由官府向铜厂发放采铜的本钱，然后收铜抵本，这叫"放本收铜"。如果不能收回，就让矿政官吏摊赔。这就为官吏贪污埋下了伏笔：官吏只管放本收铜，并从中勒索，而不关心矿山生产。当时矿厂有课长、客长、炭长、锅长、硐长、镶长等，号称"七长"。矿政官员不可能时时驻矿监督，只能依靠"七长"，"七长"就成了"半官员"。他们相互勾结，巧立名目，居中渔利，大肆剥削。官府还以"归功铜""养廉铜""捐铜"等名目向矿厂摊派。层层盘剥之下，矿工们衣食无着，不少厂民也因赔不出"铜本"而逃亡。矿政管理吏弊丛生，贪污腐败蔓延，上至督抚、下至胥吏，都自定陋规，巧取豪夺，云南矿厂岂能不衰败？

针对这些问题，林则徐的办法是，从制度入手，矿厂不能官办，也不能个人独办，而由商民"朋资伙办"：把商民召集来，调动他们的积极性，让他们共同出资，伙同办矿。办好了就奖励，办得不好，矿厂散了，也不追究。这样一来，官员有监督之权，而无须摊赔，也少了插手的借口，防止他们通过部属进行勒索，还可以减少"七长"设置，降低生产成本，节约开支等。林则徐说，如此改革，"似可"消除"官办"的各种弊端。

关于"朋资伙办"的方案，林则徐没有进一步阐述，但看得出来有几分类似现代的股份公司制。在170年前的中国，能提出如此设想，确实不容易。有人认为，林则徐这番话开了"官督商办"模式的先例，指出了19世纪中国工业现代化的捷径。不过，林则徐在提到"朋资伙办"的关键处两次用了"似"字，一是"似仍招集商民，听其朋资伙办"，一是"似可常行无弊"，可见他对"朋资伙办"也心中无数。这个折子上奏后半年，林则徐因病重辞职，还没来得及推行"朋资伙办"就离开了昆明。这样，林则徐的"似"字，就成了一个永远的问号。但无论如何，林则徐从改革办矿体制着手，制止贪腐，发展矿业，就是今天来看，也是一个不错的思路。昆明人宋嘉俊曾写诗赞林则徐曰：

轻裘缓带自风流，儒将行帅费运筹。

白银矿开滇海外，红军队起粤山头。

刘荣画策攻洋岛，苏轼遭谗谪惠州。

功德数余论文事，词华彪炳亦千秋。

○贤妻倡廉离不开

清道光二十七年（1847年）中秋之夜，昆明西箭道东边的云贵总督府内，总督林则徐和夫人郑淑卿在小花园里摆下酒席，全家人对月饮酒，兴致很高。这里的庭院、长廊等建筑，都透着林则徐夫妇家乡福建的风格，让林家上下都感到十分亲切。酒过三巡，林则徐有点儿醉了，对大家说："这里的风光景物好是好，如果再有宫灯10盏，沿着长廊挂上，再有素心兰10盆，罗列其中，那就尽善尽美了。"

林则徐画像

林则徐说了也就过了，不料中秋节后不到一个月，小花园的长廊檐下果然宫灯高挂，迎风摇曳，石阶花台上兰花陈列，清香扑鼻。郑夫人见此情景，却高兴不起来。她挑开门帘，找到丈夫说："这些花、这些灯倒是赏心悦目、称人心意了。然而花是辗转几次才弄到的，挂灯也花费了不少钱。我们身居高位，不容易发觉那些经常在身边察言观色的人。只要偶然有点偏好，就会落进他们的圈套。我们做事要慎重，说话要谨慎，不能不多加小心。"林则徐恍然有悟，不停地点头，马上叫人把宫灯、兰花全部撤下送回去。

清代后期风雨飘摇，内外矛盾交织，错综复杂，林则徐是清官，又是能吏，还是鸦片战争中的主战派。他廉洁刚正，疾恶如仇，在官场沉浮40多年，多次身居高位，也多次遭人暗算，政治对手虎视眈眈，面前的诱惑和陷阱无可计数，而林则徐终于能在官场立足，离不开自己的贤内助。郑淑卿出身进士之家，知书达理，聪敏贤惠，能识大体。到云南之前，林则徐夫妇身体都不太好。郑夫人陪护林则徐来到昆明，为他悉心调理身体，也为他拾遗补阙。可惜，就在这个中秋节后两个月，郑夫人就病逝了。林则徐哀痛之余，撰挽联云：

林则徐手书"十无益"格言

同甘苦四十四年，何期万里偕来，不待归耕先撒手；

共生成三男三女，偏值诸儿在远，单看弱息倍伤神。

遭此打击，林则徐身体更江河日下，一年之后不得不辞职，告病还乡。又过了一年，林则徐也病逝了。

清道光二十九年（1849年）十月，林则徐离昆东归，数万百姓不期而至，焚香载酒，拦路相送，妇女儿童更是泪流满面。林则徐拒绝昆明官绅为他建祠刻碑，赋诗叹道：

西风匹马别昆明，丛桂留芳菊有英。

也触故园三径想，欲寻孤艇半篙撑。

名场回首升沈幻，客路销魂岁月更。

独有停云劳怅望，柴桑一老最关情。

林则徐是带着郑夫人的棺柩离开昆明的。回乡路上，他一定想起了贤内助的逆耳忠言，有《舆纤》诗云：

山行也学上滩舟，牵挽因人不自由。

一线划开云径晓，千寻曳入洞天秋。

漫疑负弩经巴蜀，便当浮槎到女牛。

不为丝绳标正直，此身谁致万峰头！

（见高拜石《南湖录忆》、来新夏《林则徐年谱新编》等）

○巡抚杀官又"越财"

清代云南高官中，最具传奇性的当数咸丰、同治年间的云南巡抚徐之铭。这位"老公祖"级的封疆大吏不但鱼肉百姓，更胆敢杀官越货，连陕西巡抚都被他派人"杀"了"越"了，而两任天子都拿他没有办法。派来处理此案的几个总督之类，因畏惧徐之铭而不敢前来昆明，堪称"另类"中的"另类"。

这个徐之铭是道光年间的贵州进士，做过翰林院编修，还当过知府、按察使，咸丰年间升任云南巡抚。此人贪婪无度，搜刮百姓，卖官索贿，无所不用其极，又生性狡猾，心辣手狠，就连总督张亮基也被他排挤出云南，而一手提拔徐之铭的，据说就是这个张亮基。《昆明市志长编》说徐之铭"为人品质恶劣，声名狼藉，常将官绅女眷留在署中。一次他叫副将麟志之妻进署，认作干女，麟志不肯，就遭撤职。徐之铭"经常在署演戏宴客，贿赂公行"。由于时局多乱，"清政府对之不满，但又无可奈何"。清末云南"状元"袁嘉毂记述滇事，痛斥徐之铭"误滇"："庸懦误事，地方涂炭，罪在斯人！"（《滇绎》）而究其实，又岂止于此哉！

当时云南战乱不已，民生凋敝，徐之铭见百姓身上榨不出多少油水了，便另辟蹊径，盯住了离职官员。不少官员做了"三年清知府"之后，多携带"十万雪花银"全身而退。徐之铭看准机会，暗中安排府中家奴、手下副将何有保半路打劫，杀官越货。云南山高水险，道路不靖，又值多事之秋，兵荒马乱，加上徐之铭以一省最高军政长官之职多方隐瞒掩饰，何有保一再得手。被劫官员钱财大多来路不正，死了的白死，捡得一条命的也不敢大肆声张，加上畏惧徐之铭狠毒，只有忍气吞声，息事宁人。

徐之铭得了劫财，又向上行贿送礼，疏通关系，建立起更大的保护伞，更加肆无忌惮地"杀官越货"。

清咸丰十年（公元1860年），云南布政使邓尔恒升任贵州巡抚，离任之前，先派人护送行李上路，此时圣旨又下，让邓尔恒改任陕西巡抚，更显重用。邓尔恒正在高兴，消息传来，他的行李在滇黔两省交界处被劫，邓尔恒明知是何有保所为，也只有先忍下来。

接下来的故事有两个版本：一说徐之铭为邓尔恒设了个告别宴，邓尔恒喝多了酒，道出行李被劫之事，说面见皇上时，一定要讨个说法。徐之铭心惊之余，便起了杀机。一说徐之铭行事不端，遍污家中佣女，声名狼藉，邓尔恒劝阻无效，两人自此结怨。徐之铭担心邓尔恒揭发，便将邓尔恒置于死地。

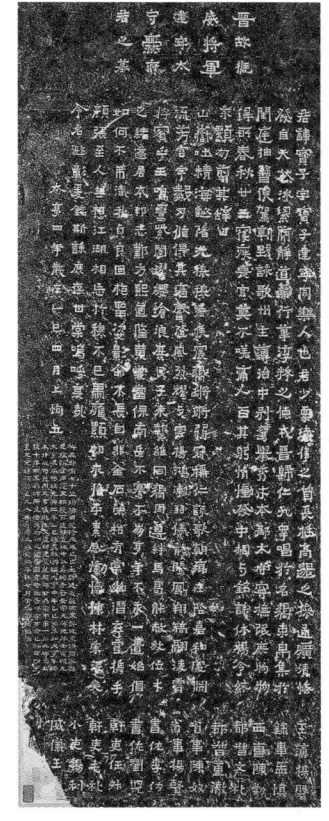

被徐之铭杀害的邓尔恒曾任曲靖知府，其在任上发现、保护了有名的爨宝子碑

大概邓尔恒也有预感，离昆上任之时，一路小心。开始也没事，没想到夜宿曲靖知府衙门时，竟被人杀害，全部财物被劫。主持灭口的是何有保，办案的是主谋徐之铭，结果可想而知。徐之铭假装调查了一番，就以"盗杀"奏报结案，不料被咸丰皇帝看出破绽，任命刘源灏为云贵总督，让他赶往昆明处理此案。刘源灏畏惧徐之铭，称病拖延半年之久，最后告老还乡。后又派福济任云贵总督，福济也不敢到任。直到咸丰皇帝驾崩，此案也没得到处理。同治皇帝刚刚即位，朝廷就撤了徐之铭的职，派潘铎为总督并让前任云贵总督张亮基督办军务，命二人到昆明处理此案。当时云南混乱，徐之铭首鼠两端，上下其手，局势复杂。潘铎、张亮基先后到了四川、贵州，竟驻足不前，不敢进云南。

后来朝廷多次催促，潘铎才来到昆明。此时徐党内讧，杀害邓尔恒的凶手杀了何有保，已被处死。潘铎来到昆明，将何有保开棺戮尸，为借徐之铭稳定局势，对其网开一面，降级留用。徐之铭以巡抚杀巡抚，被撤职查办数年，离职不走，继续为害，最后竟然无事。后来在一片混乱中，潘铎被徐之铭暗中出卖丧命，徐之铭自任代理总督——奇事连连，不可思议。事定之后，徐之铭又被夺职，听候治罪。此时新任总督劳崇光也不敢进入云南，留置贵阳"遥制"而已。直到清同治五年（1866年），劳崇光才到昆明上任，此时徐之铭已经踪影全无了。或说此时徐之铭已死，或说徐之铭扮作僧人，携宠妾潜逃，蒸发人间，不知所终。

〔见《清史稿·潘铎传》《纪我所知集》（《云南掌故》）〕

○ "贪蚀帑库"编志来掩盖

清光绪年间，官府两次编修《云南通志》，两次曝出贪腐丑闻。

前一本《云南通志》从光绪九年（1883年）开始编修，到光绪十七年（1891年）完成，前后八年，耗费银子数万两。云南学者赵藩斥责说此书修志者有官有绅，先后几次换人，但换来换去，都不是修志的料。这群编纂者不是风尘中的俗吏，就是乡间的腐儒学究，还有一些低级猥琐之辈。他们本无才学，唯"志在薪水"，于是大家一起拖延时间，拖得越长，自然薪水越多。主持修志者是时任云贵总督的岑毓英，他在清咸、同年间"勘定"云南，然后兴师动众编修地方志，意在为自己树碑立传。编纂者也心知肚明，一味逢迎。由于史事不远，当事人都还在，或正或邪，全在编纂者秉笔一书。于是又有编纂者徇私纳贿，在文字中夹杂种种恩怨。此书中《戎事》一章，详细记载岑毓英的种种功绩，增加到九册之多。附录的《忠义》《列女》，也是咸、同年间的死者名录。所记史事是非失实，多处作伪，误导后人，而文字鄙陋、行文冗长，举不胜举（《续云南备征志序》）——文人贪腐，而望其佳作，不亦谬乎？

更奇的是，这本多处作伪、鄙陋冗长的《云南通志》出版后才五年，岑毓英刚刚死去，云南官府又要出新的《云南通志》了。这回主事的是云南矿务督办唐炯。这个唐炯是道光年间贵州举人，因镇压地方农民起义和石达开太平军有功，升任云南布政使，率军驻扎边地，与法国殖民军对垒。后来在军前升

唐炯像

任云南巡抚，唐炯喜不自禁，听说朝廷要与法人议和，就忙着到昆明上任，结果兵败失地，被革职拿问，判入"斩监候"——缓期死刑。历经三次秋审，唐炯三次逃过一死，最后又奉命来云南戍守，不久又得赏巡抚衔，督办云南矿务。

此时的唐炯在昆明遇到了老相识、同庆丰票号的大老板王炽。唐炯早年主政四川盐茶道，因急需钱款，得王炽相助，借得10万两银子，解了燃眉之急。唐炯也投桃报李，让王炽参与川盐经营，发了一笔大财。唐炯出任云南矿务督办大臣后，又委派王炽为矿务公司总办。王炽经营有方，大获其利，富甲全滇。唐炯督办云南矿务15年，每年仅仅向北京解运铜100万斤，这与王炽的暴富形成了鲜明的对比，招来了舆论的责难。

据赵藩《续云南备征志序》所记，唐炯任滇矿督办，即将被裁撤时，发现府库亏空很大。为弥补亏空，当时有小人给他出主意，让他出面请求云贵总督崧蕃，说刚刚出版的《云南通志》并不怎么样，应当重修改写，而最能胜任此事者，就是唐炯。此计果然得逞，唐炯受任总纂，主持编修新志，于是纠集一班亲信，分工合作，将以前的志书拿来，胡乱切割，删删减减，又新增"洋务"一门，以应付崧蕃。待书稿完成，唐炯马上把稿子寄到四川岳池，请工匠刻版，草草赶印成册，事成后报销白银数万两，补上了府库亏空，逃过一劫。此书现称《续云南通志稿》。后代史家评论，此书"资料不出前志，仅精简字句而已。印本仅装成一百册，不及前志的半数"（林超民《云南地方志书》）——"滇为大有为之地，《志》亦大有为之书"（光绪《云南通志·序》），但在贪腐之下，即便是修书，亦一代不如一代，一志不如一志，一书不如一书矣。

至于昆明民间，这个唐炯最可恶者，是多管闲事，禁止妇女入寺烧香，被讥为"糖心包子到云南，吃得俸禄管婆娘"。又说唐炯死后装棺回乡，昆明坊间笑其"有朝一日遭报应，敲着马锣回家乡"。而据《清史稿》，唐炯于光绪三十一年（1905年）"谢病归"，死于贵州老家。昆明人编此歌谣，实对其为官之不齿、为人之不屑也。

（见赵藩《续云南备征志序》《清史稿·唐炯传》等）

古碑古字多异彩

在清代形成的"碑学"中,"滇碑"占据了一个重要的位置,其所戴历史、所镌书法,均别具一格,为金石学家所重视。随着近现代出土、发现的昆明金石文物越来越多,考据视角越来越广,所获信息也越来越丰富——从石寨山青铜器上考察

缺席文字的滇国史，从马哈只碑考察郑和身世和下西洋之秘，从小屯地震碑考察清代地震灾害，从西南联大纪念碑考察当年从军抗日的"八百壮士"，都是"常规动作"。

由于"山高皇帝远"，不少昆明"滇碑"制作得无规无矩，不拘一格，又得幸免于历代官府"斧正"和文人"雅训"，保留下许多不一样的原生文化形态，如安宁王仁求碑上的"女皇"武则天造字，筇竹寺"圣旨碑"上的元代蒙古语、汉语口语，更有乡间所立"免派鱼鸭"的"廉政碑"、商人所立公布账目的"用实核明碑"、县民所立警世"贪官遗臭碑"等，实为"敢为天下先"之作，至今仍有重要价值。

○ "元封"年号刻陡崖

圆通寺后崖壁上的"寿"字为唐代南诏在此建补陀罗寺时所刻

1936年5月2日，昆明兴建圆通公园时，负责设计的艺术家赵鹤清在螺峰山南的盘坤崖上发现了一个巨大的"寿"字，直径达五六尺。赵鹤清见此字粗拙，凿痕清晰，认为是新近才刻上去的。在"寿"字右上方，又发现两行字，镌刻在没有铲削的石壁上，其中一行刻的是"元封元年春元月奉"，另一行看不清。第二天，赵鹤清让工人搭起支架，把这两行字拓了下来，细心研究，判断为"元封元年春元月奉诏书于崟嵩之石壁"16字，书法多在隶、楷之间，古拙可爱。其中"召"字为篆书繁文，而"壁"字奇古，貌似汉书篆体。

赵鹤清认为，这个"元封"显然是汉武帝的年号，"元封元年"是公元前110年。当时发现的西汉石刻不多，最早的是山东曲阜孔庙里的五凤刻石，刻于西汉宣帝五凤二年（公元前56年），比盘坤崖石刻晚了50多年。这个发现让赵鹤清兴奋不已，他为报纸撰文称，这是云南年代最早的石刻，"为世界金石家所不及见，由我发现之，由我先见之，岂不快哉"！

螺峰山发现西汉摩崖石刻的消息传开，引起了文化界的关注，进一步深入考证的学者不少，有的学者认为这十六字石刻确实出自西汉的元封元年，但也有学者提出了不同的见解。

1937年6月，由云龙在当时的《云南日报》上发表文章，认为史书上确有西汉使节到访昆明的记载，但汉代的"昆明"并非今天的昆明，而在丽江。而汉武帝改元"元封"之时，已是当年的十月，不可能有个"春元月"。按照明代阮元声《南诏野史》的记载，唐代南诏王异牟寻曾改元为"元封"，自称日东王，并效仿秦皇、汉武，册封五岳名山，四渎大河，立三皇之庙。异牟寻此时巡幸拓东城，命令从臣在螺峰崖上刻字纪功，完全可能。（《圆通山摩崖"元封"字考》）

1941年，云南地方史学者方国瑜也对这方摩崖石刻进行了考证，他认为，从崖壁上的凿痕看，"寿"字应该是后来刻上去的，原来的石刻不止于"元封元年春元月奉诏书于窑嵩之石壁"16字，有部分石刻被铲去，才刻上了这个"寿"字。而刻文中的"元封"，应当是南诏王异牟寻的年号，即唐德宗兴元元年（784年）。因为石刻受损，作者和事迹都不可考了。另一学者赵式铭认为，据《汉书》记载，汉武帝当年封泰山后回到宫中，群臣都为他祝寿，这才改元为"元封"。所以盘坤崖的"寿"字还是有来由的。但又有人认为，这个"寿"字书体古拙，苍劲圆润，兼有篆隶楷三体笔意，至于刻痕较新，是后人沿着原来的笔画重新刻过，时间约在明万历年间整修圆通寺之时。

（见民国《新纂云南通志》等）

○王官坟碑"曌""囦"怪

唐代初期，武则天空前绝后地做了女皇帝，把国号也改为周，还别出心裁，制造新字，树立权威。武则天将自己的本名"照"改形为"曌"，表示日月当空，普照大地，无上崇高。但武则天究竟创造了多少新字，一直是个谜。明嘉靖年间，被充军到云南的状元杨慎在昆明发现了一块《大周故河东州刺史之碑》，此碑立于武则天时的周圣历元年（698年），历经800多年，倒卧在安宁葱蒙卧山（云龙山）东坡的荒草之中。人们在碑文中发现了150多个武周时期使用的新字，其中有9个是武则天创造的。而有人查遍了《千唐志斋》中的154块武周时期志石，也只找到18个武则天造字。《新纂云南通志》说此碑所书武则天创制的字最多，实非虚言。

杨慎发现此碑，兴奋不已，为之赋《过石庄访唐河东州刺史王仁求碑》诗曰：
唐代河东守，周朝圣历时。
土花封绿字，石发被金碑。
泣露麟犹卧，嘶风马自悲。
荒原谁过问，郡乘不曾知。

《大周故河东州刺史之碑》是昆明地区仅存的唐碑，位于今小石庄村后，碑文所记的"河东州刺史"叫王仁求，此碑又称"王仁求碑"，已被列为全国重点文物保护单位。因年代久远，剥蚀严重，今又建立碑亭，以保护此碑。

王仁求碑通体为红砂石刻，灵龟（赑屃）形底座，高2.8米，宽1.5米。碑文出自唐初名士闾丘均之手，行文流畅，辞藻优美。唐代大诗人杜甫有《赠蜀僧闾丘师兄》诗，盛赞："世传闾丘笔，峻极逾昆仑"。按碑文所记，王仁求是安宁人，西爨白蛮大姓，富于才略，官至河东州（今西洱河地）刺史，任上扶持生产，造福一方，时称贤吏。王仁求曾建议唐王朝在云南设置郡县，并率部抗击南诏军队。王仁求病逝于唐高宗咸亨五年（674年），此后10年武则天才登基，他不可能做过武则天的周朝之官，但其子王善宝为父立碑时，却称父亲为"大周故河东刺史"。这和王善宝得武周朝廷青睐，曾宿卫京师有关。但武则天也曾为大唐皇后，王善宝为何明目张胆地把"大唐河东刺史"写为"大周河东刺史"，也让人不解。

王仁求碑文题为《唐朝故使持节河东州诸军事、河东州刺史、上护军王府君碑铭并序》，计有1634个楷书汉字，全为王善宝手书，笔画古劲，淳厚古朴，为人称道。其中将"地"书为"埊"，将"国"书为"圀"，将"月"书为"囝"，都是武则天所创之字。由此也可见王善宝对武周王朝之"忠"。据南宋范成大《桂海虞衡志》记载，当时的大理国文书和佛经题识上，仍然使用"圀"字——自称时用"圀"，称宋朝则用"国"，以示二者有别，似以"圀"为尊而以"国"为卑——而这个"圀"就是"武后所作'国'字"。可见，早已在中原失传的武则天造字，在云南一直用了600年，直到南宋时仍在用，也是个奇迹。清乾隆年间，王仁求碑书法又得到著名金石学家王昶的大力推崇，声名大振。当时来昆明做官的外地人离任时，大多要拓下一纸碑文带走，夸示于人，引以为荣。

葱蒙卧山上有王仁求父子墓，重建于清乾隆年间，民间称"王官坟"。此墓竟在王仁求碑百米以外，已令人不解。而1989年，考古工作者又在附近二三十米外一条冲沟的断崖上发掘出一复斗形砖室古墓，出土砖雕残片上有"大唐使持""讳仁求"字样和一批随葬的彩绘陶、骑马俑、骆驼、马牛等，被确认为王仁求夫妇真正的合葬墓。两墓相距约20米，与百米之外的王仁求碑呈大三角布局，更让人大惑。此中谜团，至今无解。

王仁求碑的碑额上刻有佛龛，佛龛中雕有释迦、多宝佛像，还有须弥座和七宝塔等，有学者认为，这是佛教传入昆明最早的物证，证明佛教传入昆明，最晚不会迟于唐初。

王仁求碑

王仁求碑的碑额正面当中雕一佛龛，内有两个佛像

○西爨王碑今何在

据明代正德年间的《云南志》记载，昆明县东15里有座西爨王墓，还有一块西爨王碑，题额刻的是"大周昆明隋西爨王之碑"，碑文和王仁求碑一样，都出自蜀人闾丘均之手，而由"洛阳人贾余绚"书写。除此之外，明清两代的云南志书都记载了这块"大周昆明隋西爨王之碑"，如明万历年间李元阳编纂的《云南通志》、明天启年间刘文征编纂的《滇志》，还有清代修纂的几部《云南通志》，文字和明正德年间的《云南志》相同。

近代《新纂云南通志》认为，这块爨碑就在昆明附近，明清史志中还记有撰文者、书写者的姓名，可见是实地考察后的记录。不过，隋唐两代滇池附近并没有叫"昆明"的地方，只有一个"昆州"，大概是这块碑上的"州"字剥蚀，被误认为"明"字了。隋代割据滇池地区的爨氏首领叫爨翫，隋军打来时归附朝廷，被封为昆州刺史，后来又起来造反，与史万岁带领的隋军对抗，失败后不得不投降。隋军离去不久，爨翫又反了，接着又失败，被押到长安杀了头。那时滇池地区就属于西爨，隋代当过昆州刺史的唯有爨翫一人。隋代的西爨王之墓，只能是爨翫之墓。当时爨翫的儿子爨宏达和父亲一起被抓到长安，爨翫被杀，爨宏达被罚为奴。唐代初期，爨宏达被放回昆州，仍为刺史。很可能就在此时，爨宏达带上父亲的棺木，归葬昆州。武后建立周朝时，又立了块墓碑，所以叫"大周昆明隋西爨王之碑"，和《大周故河东州刺史之碑》类似。这块碑应为"大周昆州刺史隋西爨王之碑"，后人把"州"字误认为"明"字，又省去"刺史"二字，才成了"大周昆明隋西爨王之碑"。

早年昆明城郊的古碑

西爨势力灭于南诏，西爨王碑恐怕凶多吉少，但墓堆多半还在，唐代《云南志》（《蛮书》）就说滇池边的晋宁州"幅员数百里，西爨王墓，累累相望"。据近代学者考察，从昆明东郊的关上起，直到滇池东南的晋城一带，果然古墓累累，民间称之为"梁堆"坟，其中不少被认为是"西爨白蛮"墓，大概就是《云南志》（《蛮书》）上所说的"西爨王墓"了。至于墓碑，明代地方志书还有记载，仍然有可能遗留下来，值得关注。清代学者师范又把昆明"甚多"的"梁堆"

称为"梁王墓",认为是元代梁王王子的坟墓(《滇系》)。而早在明正德年间的《云南志》就有记载:"梁王墓在进耳山,梁王名孛罗,元宗室"。

历史上,还有一类人十分关注"梁堆"和"西爨王墓"。历代都有一些大胆贼人跑去掘墓,据说也挖得些金玉杂物、兵器家私等,只是没听说有发大财的,惹火烧身的倒有几个。清代学者师范在《滇系》中说,相传明嘉靖年间,昆明板桥一个村民见"梁王墓"夜里发光,以为其中定有宝藏,便斗胆挖开梁堆,不料中空无一物,只找到一个破匣,匣中有一口剑。村民将剑带回家里,不料半夜剑光大起,光映半天,四邻大惊,以为起火,纷纷赶来扑救。不料邻居赶到时,那光却消失了。掘墓者又惊又怕,便把剑暗中扔到山中。那剑在山中劈出一个巨大的水洞,深不可测,隐隐有声。人们都不敢进洞,还把那宝剑尊为"龙剑"。

○回鹘文碑白话解

昆明西郊筇竹寺曾藏有一部元武宗海山特赐的大藏经,后来又得了元代仁宗爱育黎拔力八达颁赐的圣旨,让当时的筇竹寺住持玄坚护持藏经,又命地方官府保护寺产,免征赋役。玄坚把这道圣旨译成汉文,刻成石碑,得名圣旨碑,又称白话碑或白话圣旨碑。此碑背面还刻有一通蒙古文字,不少人认为就是元仁宗圣旨的蒙文。

云南地方史学者方国瑜对此进行求证,并于1937年春取回蒙古碑文拓片,求教中外蒙文专家,一时竟无人能识,只说是古代的蒙古文,而且十分重要。方国瑜求索不止,直到1979年,历经整整42年之后,终于找到了满意的答案。

经专家确认,筇竹寺圣旨碑背面所刻蒙古文,并不是元仁宗爱育黎拔力八达所颁圣旨的蒙古文原文,而是元代云南王阿鲁的蒙古语令旨,令旨没有汉文译文,是完整的古代蒙古文碑铭。这道令旨颁发于元顺帝至元六年(1340年),此时已是元末,比同碑正面所刻圣旨颁发的时间晚了34年。其碑文以回鹘式蒙文书刻,碑额为八思巴文,意思是"云南王藏经碑"。

此碑上的八思巴文、回鹘式蒙文背后玄机不少。元朝建立后,世祖忽必烈也想学秦始皇统一文字,实行"书同文",以巩固其统治。于是命"国师"八思巴创制了一套拼音文字,既可以拼写蒙古语,也可以拼写汉语。朝廷曾强力推行八思巴文,却遇到了蒙古贵族的抵制,他们坚持使用传统的回鹘式蒙文。后来八思巴文流于形式,成为碑额之类的"表面文字",用来应付朝廷,而碑文之类"实质文字"仍然用回鹘式蒙文。昆明筇竹寺的云南王藏经碑就是一个典型。

现存古回鹘式蒙文碑刻不多,云南王藏经碑是数得上的一块,被收入不少研究

古代蒙文的专著。用汉语"硬译"出来后,也是白话,语气类似此碑正面所刻元仁宗的圣旨:

天的气力里,皇帝福荫里,怎的这里耆宿百姓给俺树碑了呢?这里耆宿百姓给俺树碑了呢?这里耆宿百姓说:"伯忽、阿禾、秃坚诸王叛后,俺的百姓非常困乏,死者被弃下,残存者缺乏食物,寻食物去了。俺的送亡者多多啊!如今俺的死者如同活了一般,俺的逃亡者全部归来了。太师来后,俺的田禾好起来了,俺的百姓做生意也如前一般了,树俺的缘故如是。"这些耆宿百姓这般说着树碑了。若说树碑啊,俺的善行何在呢?是札牙笃皇帝福荫里,双亲先前的功德的缘故啊!这些耆宿百姓哪里想到俺这般好呢?是皇帝的福荫啊。如今俺阿鲁想啊,为报答大长公主收继的恩情,双亲养育的恩情,把自己梯己钱与筇竹寺。楮币一百五十锭,每年用其利息诵大藏经为皇帝祈福,并报答大长公主收继的恩情,双亲养育的恩情,给该寺以为常住。这诵大藏的楮币,是俺的梯己钱,不拣兄弟、亲戚、伴当、奴婢,均不得争夺,着筇竹寺收执。

令旨

俺的令旨至元六年龙年孟春二十五日写于观音阁

筇竹寺这块圣旨碑背面,就是回鹘蒙文云南王藏经碑

○马哈只碑罩雾霾

明初主持"七下西洋"的郑和是不是昆明人,早年有过不同的说法,直到郑和的父亲马哈只墓和马哈只碑在晋宁月山上被发现,此事才最后论定。马哈只墓、碑至今完好,已列为云南省重点文物保护单位。但围绕马哈只墓、碑的谜团,仍有不少。

马哈只墓位于月山西坡苍松翠柏之中,石墓为长方形,坐东向西,墓前有碑三座,今又围栏建亭,前后安装玻璃,以为保护。其右碑刻《明史·三保太监郑和传》,为清乾隆年间文人师范书录;左碑刻《郑和太公墓志铭跋》,为夏光南撰、陈钟毓书。二碑均为1935年重立。中间一碑就是马哈只碑,碑高1.6米,宽0.93米,碑缘雕卷草纹饰,下为沙石龟(赑屃)座,驮碑之龟(赑屃)长约三尺。碑额呈半圆形,篆刻"故马公墓志铭"六字。碑文以红砂石刻制,因年代久远,石质粗劣,风雨侵蚀,碑体已见剥蚀，遍体蜂眼，今得修补，又以银粉摩字，碑文清晰可认。碑文14行，每行28字，历六百年风雨，依旧清晰可辨：

昆阳马哈只碑

公字哈只，姓马氏，世为云南昆阳州人。祖拜颜，妣马氏；父哈只，母温氏。公生而魁岸奇伟，风裁凛凛可畏，不肯枉己附人。人有过，辄面斥无隐，性尤好善，遇贫困及鳏寡无依者，恒保护赒给，未尝有倦容。以故，乡党靡不称公为长者。娶温氏，有妇德，子男二人，长文铭，次和；女四人。和自幼有才志，事今天子，赐姓郑，为官监太监。公勤明敏，谦恭谨密，不避劳勋，缙绅咸称誉焉。呜呼！观其子而公之积累于平日与义方之训可见矣。公生于甲申年十二月初九日，卒于洪武壬戌七月初三日，享年三十九岁。长子文铭，奉柩安厝于宝山乡和代村之原，礼也。铭曰：身处乎边陲，而服礼义之习，分安乎民庶，而存惠之施。宜其余庆深长，而有子显于当时也。

时

永乐三年端阳日，资善大夫，礼部尚书兼左春坊大学士李至刚撰

这里的"永乐三年"即1405年，正是郑和紧锣密鼓，准备率船队首下西洋之前，却奉旨回乡扫墓，不远千里，匆匆祭过亡父，就回京领命，率士卒27800多人，大船62艘，从福建五虎下海，开始了惊天动地的首次西洋远航。

马哈只碑后，又镌刻三行阴文：

马氏第二子太监郑和，奉命于永乐九年十一月二十二日，到祖家坟茔祭扫追荐，至闰十二月十二日吉日乃还，记耳。

这是1411年，郑和第二次"奉旨"回乡祭父时补刻的文字。

当时郑和刚刚"二下西洋"归来，便奉旨马不停蹄，不远千里，直奔昆阳，逗留20天之久，就为留下这三行碑文，似乎不好自圆其说。

有史家认为，郑和两次昆明之行都和明建文帝有关。明成祖朱棣攻破南京，击败建文帝，取而代之，传言建文帝逃到了云南（《明史．恭闵帝本纪》）。朱棣便让郑和明里回乡扫墓，暗中察访建文帝行踪。郑和第一次云南之行无功而返，朱棣怀疑建文帝逃亡海外，又命郑和下西洋寻找建文帝（《明史．郑和传》），同时派心腹胡濙"遍行天下"，明里寻访道士张三丰，暗中找的还是建文帝（《明史．胡

溁传》)。郑和二下西洋没有找到建文帝。朱棣再派郑和返滇侦察，在乡20天，郑和一无所获。第二年又三下西洋乃至五下西洋，建文帝仍不见踪影。直到永乐二十年（1422年），胡溁回朝夜见朱棣，把打听到的情况都说了。这下朱棣才打消了疑虑，召回四方暗中寻找建文帝的官员（《明史．胡溁传》）。胡溁说了什么？《明史》不载，按《新纂云南通志》之说，胡溁此番话是："建文帝虽然还在，但天命已去，时日已久，不可能有作为了。不如把建文置之度外，陛下可成就圣德，建文也得终其余年。"朱棣点头称是，建文帝得逃过一劫。

在马哈只碑后，历史的谜团真不少。

○凸字碑显现"长春"脉

明代皇帝多崇信道教，道教得以发展，几乎成了国教。当时道教有三大派：以吕洞宾为祖师的天仙派，以丘处机为祖师的龙门派，还有以刘渊然为祖师的长春派。而长春派的发源地就是昆明，祖师道观为长春观（在今昆明文庙址），还有城东的真庆观和黑龙潭的龙泉观。至今龙泉观中还有一方道符碑，据说就是根据刘渊然所书的符箓刻成的。

龙泉观建成于明洪武二十八年（1395年），其祖师殿东侧有座碑亭，里面藏有明代以来的碑刻20多方，其中之一就是道符碑。原碑已毁，现碑重立于清嘉庆三年（1798年），为道教重要文物。碑上所刻符章凹道，纠结交叉，龙飞蛇舞，一笔呵成，潇洒自如。仔细观察，原是"万物滋生"四字，蕴含"道生一，一生二，二生三，

龙泉观刘渊然道符碑

三生万物"之意。此碑刻工精良，凹字亮滑，光线折射，明暗变幻，观之既久，易生错觉，将阴刻凹道看成立体凸字，俗称"凸字碑"。常有人驻足关注，比肩继踵，叹为观止。昆明有民歌曰：

最是奇妙凸字碑，笔画游龙势若飞。

分明笔画凹下去，看去凸起如山堆。

这位"画符"道士刘渊然精通符箓，能做金火大丹之诀，传说还能呼风唤雨，

劾治鬼物。明洪武二十六年（1393年），朱元璋闻其名，召至京师试道，赐号"高道"，让他主持西山朝天宫。明永乐年间，成祖朱棣迁都，刘渊然从驾到北京。因为冒犯了权贵，被贬到昆明，此后得到镇守云南的沐氏帮助，在原来的元梁王宫建起道观，于明永乐十九年（1421年）开宗立派，自成一系，称为长春派，即"全真金丹符箓派"，刘渊然被尊为祖师，道观成为长春派的发源地和活动中心，称长春观。同时还修建了真庆祠、龙泉道院等，都是刘渊然传道之地。长春派注重符箓、驱邪赶魔、崇尚医术等，刘渊然所书符箓凸字碑，内藏玄机，堪称道教重要文物。

明洪熙元年（1425年），刘渊然被仁宗朱高炽召回北京，赐号"长春真人"，全称是"冲虚至道玄妙无为光范演教长春真人"，并给二品印号，管理天下道教事务。刘渊然奏请明仁宗改真武祠为真庆观，改龙泉道院为龙泉观，并在云南府（今昆明一带）、大理、金齿（今保山一带）分别设立管理道教事务的"道纪司"，以利于长春派道教的传播。刘渊然羽化后，龙泉观还为他建了一座"长春真人祠"，在今龙泉观后院。清康熙年间，云南巡抚王继文为龙泉观祖师殿题联称：

以真化大明开国五帝；

着意创南滇长春一脉。

○禹碑"蝌蚪文"解不开

安宁法华寺的禹碑侵蚀漫漶，已不可读

昆明安宁的洛阳山有红砂之岩，温泉的环云崖有青石之壁，皆铲石为碑，碑高2米，宽4米，镌刻碑文计9行77字，其字体似篆非篆、怪诞离奇、扑朔迷离，人莫能解，相传为大禹纪功碑，又叫"禹书""夏碑""禹王碑""神禹碑"等，简称"禹碑"。因碑文首先在湖南衡山之顶的岣嵝峰发现，还被称为"岣嵝碑"。又因其年代之早，更被誉为"中华第一碑"。除安宁的两处禹碑之外，云南大理、保山还各存一块，省外也有不少。民间视其字为"蝌蚪文"，又称"蝌蚪碑"。清康熙《云南府志》有载，称碑文为蝌蚪、古篆文，镌刻在法华寺高崖下的石壁门。

禹碑首刻于湖南衡山，后拓刻在长沙岳麓书院。明嘉靖年间，昆明安宁进士张素任四川巡抚，又分抚长沙，在岳麓山见此碑"文奇难辨"，十分惊异，便将拓片带回安宁，请教谪滇状元杨慎。杨慎得见，称奇不已，将碑文释出，认为是一篇大禹治水记功的文字，杨慎还作了一首《禹碑歌》，将诗文一起镌刻在今洛阳山的红石壁上，这就是"西南第一禹碑"。在原碑"蝌蚪文"旁，还刻有杨慎楷书译文。因此，洛阳山禹碑还是天下第一方禹碑的"译"碑。此后，禹碑更加受人推崇，作文的、为官的，都将其视为珍品，并争相传拓，流传全国摹刻，禹碑因此遍及名山胜地。

杨慎的禹碑译文为：

承帝曰咨："翼辅佐卿，州诸与登，鸟兽之门，参身洪流，而明发尔兴。"久旅忘家，宿岳麓庭。智营形折，心罔弗辰！往求平定，华岳泰衡。宗疏事裒，劳余伸冈，郁塞昏徒，南渎衍亭。衣制食备，万国其宁，窜舞永奔！

安宁洛阳山砂石质松，禹碑碑文年久剥蚀，字迹难辨。20世纪30年代，又拓刻到温泉环云崖的石壁上。此崖为花岗岩质，且坚且硬，"禹碑"得传至今。

看来杨慎坚信，碑文是大禹对近臣之言，回顾数年治水，离乡背井，长征不归，由北而南，登山涉水，历尽艰辛，洪水得平，万方安宁，百姓衣食得备，共享太平等等。

杨慎释文，颇费心力，堪称"顺适"。杨慎还称自己先前仅释出73字，还有4字难产，后来做了个梦，得到一位身穿黄衣、

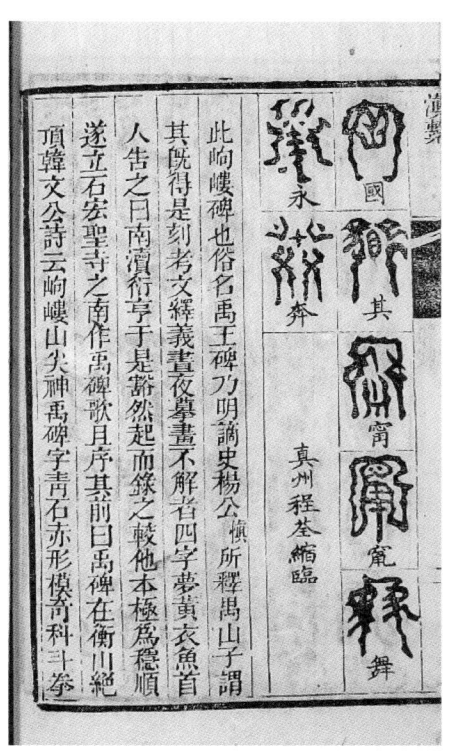

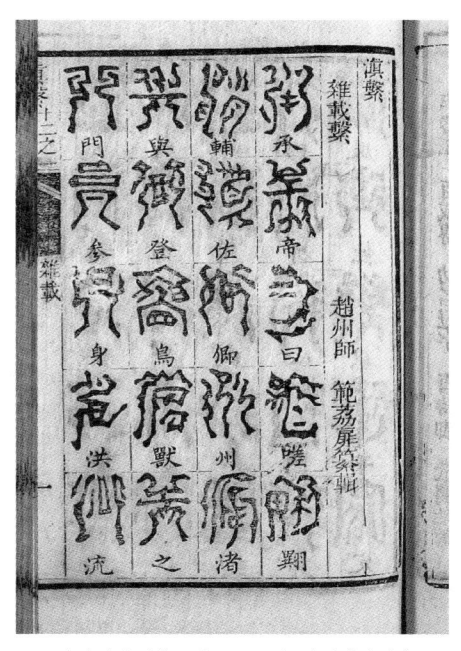

清代《滇系》所载明状元杨慎对《禹碑》"蝌蚪文"的解读

古碑古字多异彩

239

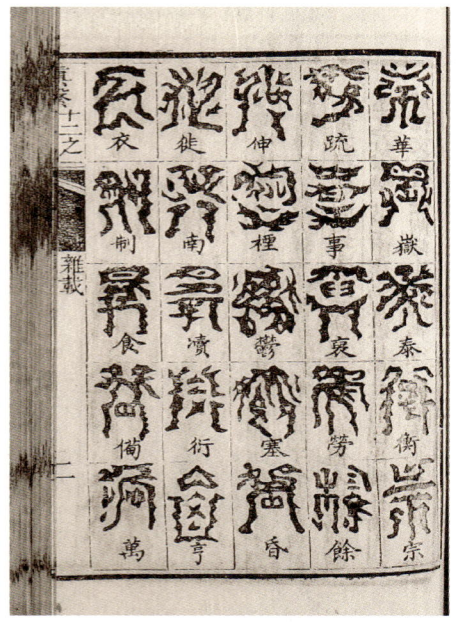

清代《滇系》所载明状元杨慎对《禹碑》"蝌蚪文"的解读

长着鱼头的人指点,才解释出了"南渎衍亨"四字,将禹碑全文译出。后来有人据此认定,杨慎有作伪之嫌。郭沫若有《水龙吟》诗,说"禹碑本是升庵(杨慎)造"。

由于"禹碑"之说到唐代才出现,真正发现已是南宋之时,加上这些"蝌蚪文"写得过于圆润成熟,不少学者都认为这只是一块"伪碑"。鲁迅的《门外文谈》说"夏禹的岣嵝碑是道士们假造的"。《辞海》在释禹碑时也说:"后人附会为夏禹治水时所刻。"《辞源》则明确提出:"出后人伪造。" 近年又有学者认为,此碑原非禹碑,而是先秦时越国太子的南岳祭词,还有人说是楚庄王攻灭庸国的纪功碑,那就更玄妙了。至于"蝌蚪文",一说是商周或商周以前的文字,一说是古代的巴蜀文字,一说是符篆,或称鸟篆,或称缪篆等等,还是众说纷纭。

其实,大禹一直被认为是传说中人,历代学者关注禹碑,意在"以碑证人"。但证来证去,又变成了"以人证碑",走进了一个循环证明的死胡同,难有真解。

有意思的是,相传昆明晋宁盘龙寺开山之祖觉照大师善于"咒蛟降龙",曾在盘龙山咒蛟降龙而建盘龙寺,又在螺峰山咒蛟降龙而筑咒蛟台,而觉照降龙降蛟之咒,就是"大禹治水时留下之岣嵝文",即禹碑之文也——这是不是也透出一点信息,那禹碑之岣嵝文就是民间符咒,即所谓符篆是也!

○水利碑警告恶霸莫使坏

昆明西郊车家壁有一块"水利碑",立于明代万历元年(1573年)。这块碑高1.6米,宽0.6米,碑文1000多字,全是正楷,没有碑额。明代车家壁叫"石鼻里",这块碑也被叫作"石鼻里水利碑",原来保存在马街小学,后来散失,幸而留有拓片,得以复制新碑,再立在原处。

明代的嘉靖、隆庆年间,世袭镇守云南的沐家权柄传到沐朝弼手上,此人大权在握,霸占民田,擅杀无辜,作恶多端。手下爪牙也倚仗权势,强占水利,倒卖自肥,称霸一方。明隆庆六年(1572年),当朝宰相是推行新政的张居正,云南巡抚是朝中名臣邹应龙。邹应龙曾弹劾、推倒一手遮天的权相严嵩。到云南以后,他又和张居正同心协力,把为非作歹的沐朝弼抓到京城治罪。因为祖上有功,沐朝弼得免一死,软禁在南京,几年后死去。

就在此时,昆明石鼻里、小邑村村民角应高等92人联名告到官府,控诉沐家恶仆霸占水源40年,独灌沐家300亩庄田,致使1500亩民田无水可浇,栽插失时,遇有大旱,十之八九被迫抛荒。村民要投告官府,又畏惧沐府权势,以致"含冤到今"。沐朝弼被惩处后,这桩"民告官"大案才得到公正处理。沐府爪牙张时泰等终于受到惩罚。水源按田地多少分配,保证村民饮用水,以纾民困。此案处理完毕,昆明知县胡崧年又刻石立碑,重申水利必须公平分配,"永为遵守"。此后沐府家人再有霸占之举,受害村民可以拓印此碑碑文,到官府控告。一经核实,官府必定"治罪不恕"。

石鼻里等村92个村民实名举报,据理力争,告倒权贵。记载此事的石鼻里水利碑为研究明代云南经济、政治提供了重要史料。二者都难能可贵,值得大书一笔。

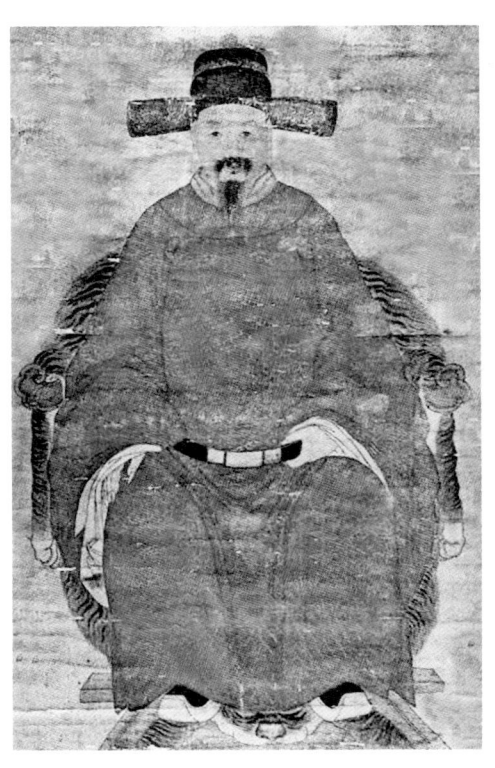

邹应龙画像

○"三绝碑"一抹胡椒味来

杨慎画像

曹溪寺位于昆明远郊的安宁葱茏山（又名葱山、凤城山）山间，为全国重点文物保护单位。寺中碑刻不少，名碑亦多。最尊贵的是崇祯皇帝朱由检御笔所书石匾，长约四尺，书"松风水月"四字。又有《重修曹溪寺碑记》五块等。而其中最有名的是明代谪滇状元杨慎所撰《重修曹溪寺记》碑。碑文撰于明嘉靖十二年（1533年），当时杨慎久住安宁，成为曹溪寺常客。方丈道成重修曹溪寺，宏愿完成，请杨慎为之作记，立碑寺中，以传后世。此碑刻有绝妙之文，记绝胜之地、又集书法大家绝佳之字连缀成文，被称为"三绝碑"：

杨慎所记曹溪寺，地处"连然金方，螳川宝地"，寺中"祀灯重耀，法鼓再朗"，行文辞章简约、华彩富丽，此为一绝。

杨慎行文，从地理环境、历史沿革写到寺庙兴衰，如落俗套，但拖尾一句突然崛起：因横遭流放而感慨；因遗情难了而愁哀；因应邀作记而钟情——可见真情流露，名家秉性，又是一绝。

曹溪寺"三绝碑"

此碑书法，集唐代书法名家李邕之字连缀而成。李邕是唐初高宗时的北海太守，李邕工于碑文，有"书中仙手"之誉。其词高行直，三次贬官，最后因罪被杀。萧枢摘取李邕书帖之字，联缀杨慎之文，似有深意。本碑缀其行书，流云飞水，遒劲有力，也堪称一绝。

"三绝碑"成之后，求拓者相继不绝。民间传说，如果用手摩擦此碑，手上会发出一股胡椒味，民间又称"胡椒碑"。

○殉难碑"清官"有记载

晋宁盘龙山宗教极盛于明代，其山中元和宫以南有清官堂，正中供奉黑包公，右立一泥像，为官员模样，是为明末晋宁知州冷阳春。殿前立有一碑，称《明末知州冷公阳春殉难碑》，碑文曰：

公贵州石阡人，顺治戊子，云南尚未底定，流寇李定国由省赴临安，百姓牛酒犒师，欢然而去。厥后驿使往来勒索，段豹子割其鼻子纵之。定国怒，屠临安回省，复经晋宁，屠州城，闭南北西门，东门为生路，百姓从西门出者，令各出其手以待截，男左女右，悟出者两手截之，惨不忍睹。公站城上大呼，百姓从东。定国止之，制公呼，公大骂，殉难城上。邑举人段伯美、诸生余继善、耿布哲、张孔铸助公守城，亦同时抗贼死。迄兹之百余年，忠义之气，凛然犹存，树石城下，俾过客知所凭吊焉。

此碑立于1926年，为"晋宁区县长石屏丁育德题并书"，而"阖县官绅士庶恭立"。

碑文中提到的李定国，是明末清初入滇的大西军将领，就是他把明永历帝朱由榔迎来昆明，以扶明抗清的壮剧开始，而以国破身亡的悲剧告终。李定国一生是谜，其生其死，扑朔迷离，历史功过，更难评说。

按清道光《晋宁州志·补遗志》记载，当初李定国从昆明南下作战，兵至晋宁时，百姓拿出牛肉美酒犒劳军士，李定国也"秋毫无犯"。后来李定国的驿使往来晋宁，有人勒索地方，当地举人段伯美率众杀了驿使，又割了驿使随从的鼻子，放了回去。而见之《新纂云南通志·大事记》，李定国南征班师行至晋宁，这回就无人"具牛酒犒军"了，有的只是据城而守的乡兵。李定国纵兵攻城，"复屠晋宁"——李

晋宁盘龙寺《明末知州冷公阳春殉难碑》

晋宁盘龙寺供有冷阳春塑像的清官堂

定国军和晋宁民众相得于前，段氏杀人割鼻在前、冷氏聚众"拒之"于后，末了才是李定国之"屠城"，一整个悲剧"三部曲"有因有果，就这样发生了。

再按《晋宁州志·补遗志》记载，晋宁之屠后，不少百姓乘船逃进滇池，又被李定国水军屠杀了几千人。而按《永历实录》的说法，当时李定国告示晋宁百姓，凡是逃进湖中、山中躲避者，"限三日内回家复业"，各安农事，就是"附逆者"也既往不咎。如不回者，则发兵围剿。当时出降者络绎不绝，李定国——"抚慰劳赏"，下令不许掳掠，"违者立斩"。李定国还将昆明附近田地、盐井，分给百姓经营（《滇

考》），又废除"差发"，减轻徭役，滇池地区居民聚集，生产迅速恢复（《李定国纪》《滇南纪略》），当年就获得好收成，"百姓丰足"，又不愁"养兵之需"，号称"滇南乐土"（《滇南纪略》）云云。

回看李定国"屠城"之说，有人认为是对大西军的诬蔑、对历史的篡改，有人说是对报复的直露、对悲剧的无奈，可见定论之难。

○ "永历碑"告慰故国情怀

1911年，昆明辛亥重九起义成功，推翻了清朝在云南的统治。领导起义的蔡锷马上以"三迤士民"的名义，在昆明华山西路南段的逼死坡头立起了一座石碑，碑高近2米，书刻"明永历帝殉国处"七个楷书大字，以示"驱除鞑虏，恢复中华"成功，告慰先人在天之灵。

这个"明永历帝"是明末清初的南明皇帝朱由榔。明末吴三桂引清军入关，占领中原。江南明朝势力拥立朱家宗室后裔为帝，进行抵抗。桂王朱由榔在肇庆登基，以永历为号，史称永历帝。永历十一年（1657年），原农民军将领李定国等把朱由榔迎到昆明，以昆明为滇都，以云南为基地，大兴"扶明抗清"之业。永历十三年（1659年），清军三路入滇，直逼昆明，朱由榔率军西走，逃到缅甸。吴三桂带领清军追击。永历十七年（1663年）三月，缅王迫于压力，交出朱由榔。吴三桂将朱由榔押回昆明，囚禁在篦子坡上的金蝉寺。同年四月，吴三桂用弓弦勒死朱由榔，同时被绞杀的还有太后王氏、皇次子朱慈煊等。朱由榔被害，标志着明王朝的最后灭亡。当时篦子坡脚有座妙法庵，庵内有18个尼姑，听说朱由榔殉国，全部在庵内自焚而亡，民间又称此庵为"火烧庵"。

朱由榔被害，昆明昏暗七天，不见天日。吴三桂将朱由榔等焚尸取灰，分赏诸将，一说朱由榔残骸被埋在昆明北门外莲花池畔。后来康熙皇帝削藩，命吴三桂"移镇关东"。吴三桂杀康熙使臣祭旗，又祭朱由榔墓，自封"天下都招讨兵马大元帅"，掀起"三藩之乱"，终于身败名裂，那是后话。

朱由榔死后，昆明人称篦子坡为"逼死坡"。清道光年间，云贵总督阮元以为逼死坡之名不雅，更名升平坡，并立碑为记，但民间仍称之逼死坡。蔡锷在坡头所立"明永历帝殉国处"碑，后来竟然失踪。据

立于逼死坡头的南明永历帝殉国碑

说此碑倒扑在一小巷内，白天太阳照晒，至夜仍有热气，附近小孩在巷中戏耍，还趴在碑上取暖。1983年此碑被找回，重立逼死坡头。后来坡头建起了花园，此碑被移到花园中，成为昆明一处重要的历史遗迹。

○贪官的"廉碑"刻高崖

安宁温泉螳螂川江边的环云崖是摩崖石刻富集区，汇集了明、清、民国时期大大小小的摩崖石刻134处，其中最大的是刻于清嘉庆四年（1799年）的一方"永革夫马碑记"。其高1米有余，宽近两米，楷书大字碑名，碑文达1692字，十分醒目。此碑虽大，却历来不受重视，大概立碑者既非名士，也非名宦，而是本地"众姓人等"，而且碑文书法一般，刻工一般，乏善可陈，所论之事又无关风月，了无雅趣，便被冷落了。

细读此碑，原来是一方由民众自发刻石的官方布告。签发布告者以大字刻出，为"兵部尚书、兼都察院右都御史、总督云贵二省等处地方军务、兼理粮饷"富纲。布告称"滇黔僻处边徼"，平时"有京差经过，需用夫马，本属无多"。"前因办事军需，运送粮饷，差务纷繁"，驿站夫马"不敷应付"，不得不向附近村镇征用乡马民夫。这本来只是应急的权宜之计，用兵结束"即当停止"。不料各级衙门竟把战时征用夫、马"视同成例"，"有加无已"。"督抚往来，夫马之外，又有酒席、门包、现礼"，即使督抚家人、亲兵、衙役、属员过往，也"无不用夫用马"，索取钱礼。当地官府则虚报驿站夫马，按定额吃"空饷"，冒领草料，卖给农户。有事则"借用夫马"，任意摊派。更有人设立差局，包揽驿站支应马夫，加倍盘剥地方乡民。

如此"层层朘削，民实难堪"。为此富纲规定了各级官员过往驿站的接待规模，核定驿站夫马定额，革除强征民夫乡马弊政，以"苏民困"。为此，富纲还放狠话称："若驿站、州县犹敢滥派折（钱），扰累百姓，或经查出，或被告发，官则严行参究，役则立毙杖下。本部堂言出法随，断不宽贷。"

安宁环云崖永革夫马碑

由此看来，这个布告原是廉政爱民的文告，可圈可点。温泉"众姓人等"集资刻石高崖，也是人心所向。但诡异的是，这位自喻"言出法随"的"部堂"大人富纲却是一个不折不扣的贪官，是清嘉庆年间有名的"富纲案"主角。此前在漕运总督任上时，富纲就以各种名目向江南各省粮道、属下官员强索摊派银子达数万两之多，调任云贵总督不久事发。就在这块"永革夫马碑"刻石后的第二年，清嘉庆五年（1800年）十月，富纲被处死。

应该说，富纲在云南也办过好事，"永革夫马"是其中之一。但他留在云南的丑事也不少。清人的《啸亭杂录》说富纲在云贵总督任上十分"贪婪"，而且此人"目不识丁"，"凡有文稿"，都要让属员"讲释"一番，"合省传为笑柄"。最后富纲"以贪婪正法，人皆快之"。另一位清人的《榆巢杂识》中有个"富纲之奢侈"专题，说"富纲任云贵总督，肆意奢侈"，花样百出，匪夷所思，"尤为意想所不及"。他让人用蓝细布缝成方形小包，内填棉花，制成"棉砖"，用来铺地，"官署房舍地面皆用"。为了保持弹性，每个月都要重铺一次，备用的"棉砖"堆了好几间屋子。《榆巢杂识》作者也感叹道，如此超限"享用"，不掉脑袋才是怪事。

○地震碑记载"毁屋倒宅"

史书记载的云南地震不少，其中最大的地震发生在清道光十三年（1833年）七月二十三日，震中在昆明以东的嵩明城到杨林一带，并沿东经103°线南下到宜良、澄江等地，地震破裂带全长约90公里，波及滇中30州县，滇池地区和昆明城也没能幸免，破坏极为严重。

今杨林镇小屯村观音寺中还保存有一块青石碑，详细记载了当时的地震情况。此碑高1米多，宽0.5米，保存基本完好。碑额阴刻"永垂后世"四个大字，碑文为七行楷书，共222个字，其中记述地震惨状曰：

道光十三年七月二十三日巳时，地忽大震，将寺震塌，被灾者嵩明等十州县，共倒瓦草房八万七千六百二十一间半，压毙男妇大小六千七百零七丁口，又大雨时行，洪水遍流，可怜上无栖身之所，下无糊口之资。

此碑由小屯上下两村百姓所立，立碑时间是清道光十六年（1836年）七月二十四日，正是嵩明大地震发生三周年之际，所记震灾详情，统计倒屋精确到"半"间，死亡人数精确到个位，应属可靠。由于此碑保留了详尽的地震灾害资料，被称为"地震碑"。由碑记可判断，此次地震震级达里氏8级，烈度更达≥10度，地震时间是清道光十三年七月二十三日巳时，即1833年9月6日上午10时左右。

在距小屯不远的大官渡村灯山房内墙壁上还发现了一块"灯棚碑",大小和小屯地震碑差不多,碑文记述"道光癸巳年(1833年)七月二十三日地震,灯棚落平,众姓住宅俱已落平,公私不得其所焉"。此碑又称"灯山碑",立于清道光二十七年(公元1847年)春,即地震发生13年之后,可以和小屯地震碑相互印证,有一定的史料价值。如今这两块碑都被列为嵩明县重点文物保护单位,以铭记地震之灾害,抗震之重要。

以上两碑均称地震发生于清道光十三年(1833年)七月二十三日。据清道光《昆明县志》称:"道光十三年七月二十三日地大震,迄九月末已,荡析民居无数,人多死者"。另据民国《续修昆明县志》载,此次地震延续了30天,其中3天地震最烈,"伤人及屋宇无算"。还有地方志记载:"震动之时,西山岩石崩倒,滇池洪水沸腾,地自裂,桥自开,旱地出水,水田变陆,平畴隔成坑,田野生黑烟,瓦能舞,砖能飞,石能跃,墙能弯"。此后余震频频,城垣衙署倾圮,庙宇仓监坍塌,山塌地裂,黑泉涌流,河流改道,桥崩路毁,高山陷落为谷,深渊隆起为山。"连绵逾月",昆明"城内城外房屋毁去千余所"〔《纪我所知集》(《云南掌故》)〕。计有昆明城南东寺塔、金汁河边昙华寺、长虫山准提庵、西山三清阁、金殿新修殿宇、牌坊、客座茶房和官渡妙湛寺西塔倾倒,大板桥山坡崩溃,西山高岩崩塌,盘龙江岸及巡津街、土桥、大板桥地裂而复合,凉亭村房屋倒塌近半,有统计说,在此次地震中,仅昆明城内外就

杨林观音寺碑

大官渡村灯棚碑

倒塌瓦房48888间，草房38733间，压死611人，受伤24856人。

据罗养儒的《纪我所知集》（《云南掌故》）所述，昆明城中最剧烈的地震发生在七月二十七日黄昏。此时大地颠簸了10多分钟，间隔很短，人多站立不稳，摔倒在地，躺在床上者也被掀到地下，靠在门上者也跌倒在台阶前，小孩子跌倒在地滚来滚去。家中案桌无不翻横，所搭木板无不塌落，锅炉碗盏也大半被摔坏。城里城外的寺庙一下子就倒塌了三四十座，民房倾倒六七百栋，死亡男女近500人。此后昆明城区余震不断，每天都有两三次甚至四五次大的余震。城中居民日夜不安，男女老幼都不敢住在屋里，都跑到街心，用桌凳搭成架子、盖上木板作为避难室。做饭吃饭都在街上解决。七月正是雨季，雨水下个不停，地面到处是积水，难以坐卧。有时大雨滂沱，人们衣裤全湿，只好把被盖搬到屋内，以免被雨淋湿。有时候被盖还没有放下，或者到屋内避雨还没坐下，又会发生余震，墙倒屋倾，稍不注意，就会被压死。做饭时发生余震，锅甑常常被打翻。连续20多天，昆明人坐卧不宁，饮食难咽，无不焦愁困苦万状。后来昆明人每逢七月二十七日，都要到土主庙烧香诵经，做"地动会"。

罗养儒还记载了此次地震中的奇事。当时昆明城东的长坡、杨林、板桥等处灾情严重。"大村小寨，有全倒平者，有倒去一半或三之一者"，房屋"被震垮者总不下二千栋，死伤之人亦必在三四百，至于牲畜之死伤，时则无人计及"。这一带的地面被震出不少巨大的裂缝。在"长坡出去之某一地处，地面震开裂缝三四条，俱长至里许"。而在"长坡北头之一小坝子中，则震开一条裂缝甚巨，似在二里以上长"。"每一裂缝又无不宽至丈许，或及二丈者"。当时由杨林进省城，都"须绕路而行"，以"避开一切裂缝"。更奇的是，"此数条裂缝，在过中秋节后，便渐次合拢"。

昆明地震多发，突兀而来，突兀而去，留下了巨大的灾难，也留下了不少神秘的传说。清代学者师范的《滇系》中有一条记录，说乾隆五十四年（1789年）六月七日夜，昆明"地微震"，有人看见大队仪仗、卫队自东而来，旌麾旗帜中还夹杂着灯火，列队"数里不绝"，地震"撼声"也为之停止。天亮以后，才知道城南竹子巷损坏民屋一间，压死二人，一个姓白、一个姓万。又据清道光年间云南进士何彤云的《赓缦堂矢音集》所载，清道光十三年（1833年）大地震后，有昆明人用锅做饭做菜，发现锅上出现了奇怪的纹路，形似古篆，难以分辨。此事传开，居民纷纷查看自家的铁锅，结果全都有些奇怪的纹路，其中三四成的纹路相同。城内城外的石上也有细纹，酷似针尖所绘，又类似墨画，来由全不清楚。地震之前几年，昆明一带小儿都在玩一种鸡毛游戏：把一根柔软的鸡毛放在手心，轻轻地搓热之后，用指头拈着竖起来，喊一声："东！"鸡毛就倒向东边，喊一声："西！"鸡毛就倒向西边，再喊一声"吃酒"，鸡毛就倒向人，如果把鸡毛向墙壁扔过去，大喊一声："抱壁！"鸡毛就粘到墙上去了，过好一阵都掉不下来，十分神奇。但是，地震之后再做鸡毛游戏，竟全都不灵验了。

○廉政碑规定鱼鸭都"免派"

呈贡海晏村石龙寺至今都是一个好去处。这里前临滇池，背靠悬崖，登高远望，湖波淼淼，渔帆点点，景观极佳。清末滇池应无污染，又有望海楼高高在上，风景自然更加宜人。当时往来官员，大多要到此风雅一番，观海之余，又难免摆酒设宴，把盏言欢。这本来是当地村民发展观光经济的机会，不料官员们不愿自掏腰包，却利用手中权力，向村民摊派湖中特产，强征鲜鱼肥鸭，充为酒桌佳肴。于是本地极佳景致，反为村民之累。真应了老子那句名言："福兮，祸所倚。"

天长日久，摊派不断，海晏村不再"海晏"，村民不堪剥削，由当地武举人肖一清领头，向当时的云贵总督王文韶举报此事，请求禁止摊派鱼鸭，纾解民困。王文韶也觉得鱼鸭原本不值多少钱，官员为求口福，竟以此扰民，实在有失体统，便批示禁止。海晏村民得此批示，奉为至宝，并刻碑为证，立在石龙寺中，以警告贪得无厌的官员。碑文开头把王文韶的官衔全都署了出来，号称"头品顶戴、兵部尚书兼都察院右都御史、总督云贵地方军务兼理粮饷王"，这最后一个"王"就是王文韶。接着是王文韶的批文：

据呈贡县海晏村武举肖一清等呈为：大人过境，派应鱼鸭，恳恩裁免由。批：差使过境，所需鱼鸭，能用几何？发价采办，需费亦属无多，况又另给津贴，何必派累民间，致使差役籍票索扰，实属有乖政体。仰呈贡县查明，出示豁免，以示体恤，并专案具报，切切如此。

碑刻批示时间为光绪十九年（1893年）二月

今天的海晏村石龙寺，免派鱼鸭碑已不可寻

二十八日。这就是有名的"免派鱼鸭碑",因为事涉官场政风,又被称为"廉政碑"。

旧日石龙寺名匾名碑不少,有明崇祯帝御笔所题"松风水月"大匾一块,有"国史纂修官昆明钱沣记""重修石龙寺青碑"等碑刻10方,但最出名的却是这块"免派鱼鸭碑",让人深思。

○"工程碑"决算证清白

公元1912年,昆明人在滇池出海口的螳螂川上建起了石龙坝水电站,这是中国的第一个水电站。其办公楼是一座典型的中式四合院土木建筑,坐北向南,分为前天井、中天井、后花园等。中天井立有六块大碑,引人注目。其中三块为1914年所立原碑,历经百年岁月剥蚀,字迹多已模糊,其旁又有三块新碑,完整地复制了老碑内容,分别为"永垂不朽碑""功建名垂碑"和"用实核明碑",碑文清晰,细读碑文,耐人寻味。

一是"永垂不朽碑"。碑文题为"商办云南耀龙电灯公司石龙坝工程记略",详记工程大事:宣统元年己酉冬十月(1909年冬农历十月)定名"商办耀龙电灯公司"。宣统二年七月(1910年农历七月)正式开工,"年余来不避雪雨风霜,亦不计年节星期,一鼓作气,锐意前驱,只期兼程并进,不辞险阻之艰难",到了"民国元年壬子四月"(1912年农历四月),耀龙公司终于"开灯","全功告竣"。统计工期为一年又九个月。细读此碑,除了石龙坝水电站兴建始末,清末到民国初年的社会历史画卷,

石龙坝电站"永垂不朽碑"　　石龙坝电站"功建名垂碑"　　石龙坝电站"用实核明碑"

也可略知一二。

一是"功建名垂碑"。大功告成，自然要有人留名，以名垂青史，这是中国人十分看重的。碑上留名的，除了总理和两位德国工程师，下为两位翻译及33位办事员，大量的是石工、泥工、铁工、木工、车工、搬运工、炸石工等各行"工头"和骨干共88人，清运河砂、量石头、催电杆、抬电杆、收砂和打草者也一个不漏，全数列出，有名有姓的共115人，各人籍贯也注明于后，国外的如德意志，国内的如贵州、广西、广东、云南、四川、江西、天津等等。虽然许多"草根"都踪迹难觅了，但刻碑者的"草根"精神，对中国第一代水电工人的尊重和激励，都是值得称道的。

一是"用实核明碑"。碑文"将电灯公司在石龙坝开河、建房、打坝、安设机器、采办电杆以及筑路、造桥、开井等项工程所支各工料银两逐款分列于后"，被称作一份珍贵的财务报表，又是一份公开的审计报告。碑上列出的主要是土建工程开支，细分3大项、24小项，大到材料、工薪、房租、文具、购地、赔偿、运输费用，小到招用了几个马夫、几个茶房、几个小工的花费，都清楚入目，非常详尽，每项支出又精确到小数点后4位，精确到几两几钱几厘几毫，每一分钱都对股东有所交代，又非常严谨。据碑文，"自前清宣统贰年陆月起至民国贰年阴历柒月底止"，"共合支银玖万叁仟叁佰玖拾贰两伍钱零贰厘陆毫"——从1910年农历六月到1913年农历七月，总计支出银子93392.5026两，清清楚楚，历历可计，表现出主管者经得起审查、对得起历史的自信。

"三碑"一块论事，一块褒人，一块理财。大功告成，留此存照，以昭后人，以示历史，以受检验，让今人受益匪浅。

○商埠碑见证"城门"主动开

清末中国对外开放商埠有两类：一类是被列强逼迫开放的，叫"约开商埠"，如云南的蒙自、河口等。一类是有了前车之鉴后，为自保权益而主动开放的，叫"自辟商埠"，如昆明所建商埠。

清末昆明自辟商埠，立有四块界碑，分布商埠东西南北，今仅存一碑，为商埠北界石碑，其高仅0.8米，宽0.3米，静静地立在旧日金牛街北端、今圆通高架桥南盘龙江绿化带中，成为当年昆明自辟商埠的历史见证。

这是昆明最早的"对外开放"。从清光绪三十一年（1905年）到宣统二年（1910年），经两任云贵总督两次奏请朝廷，历时5年之久，方才"申办"成功。经朝廷

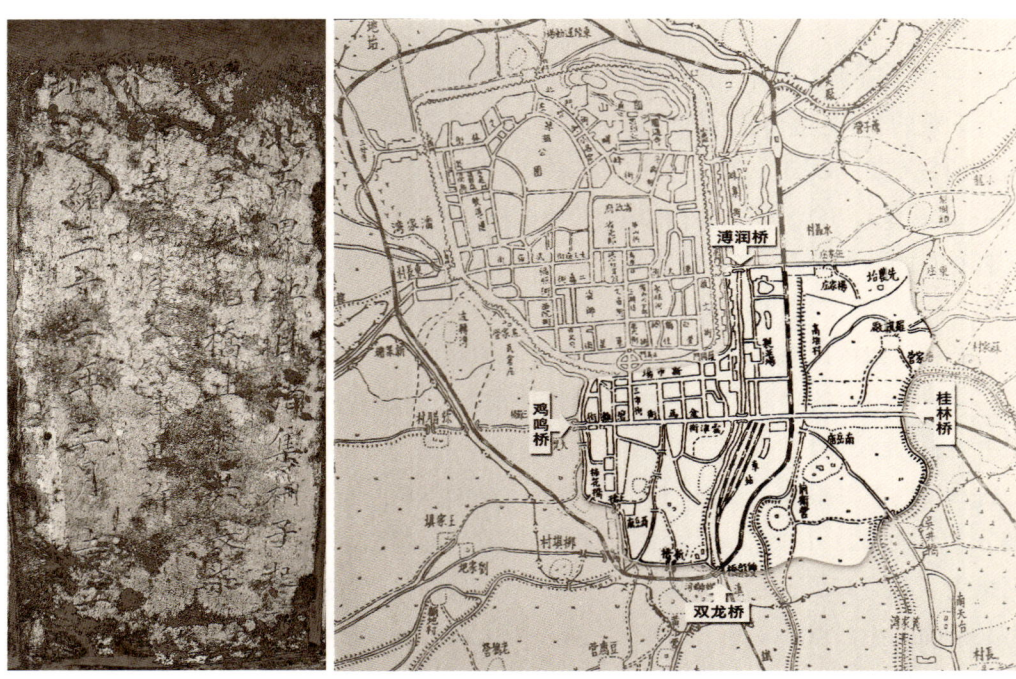

昆明商埠界址碑　　　　　　　　昆明市规划馆陈列的昆明商埠示意图

批准自辟商埠，成为西南唯一的自辟商埠和中国最早的自辟商埠之一。

据《昆明市志长编》记载，昆明商埠"东起重关（今拓东路岔街一带），西抵三级桥（三节桥，在鸡鸣桥与靖国桥之间），南起双龙桥，北抵东门外桃园口，并由官绘图为据"，"周围约十二里有奇"——比"周九里二分"的老昆明城还大得多。官府还绘制了地图，并在"本埠界址四周植立界碑"，作为依据。

此碑顶部横书五字，自明"身份"："商埠界址碑"。下面为竖排楷书小字："南北界自溥润桥起至双龙桥，共计长陆百贰拾丈，约三里许"，落款为"光绪三十二年三月吉立"——整碑共计34个字。

此碑证实了昆明商埠北到溥润桥，南至双龙桥之说，史籍所载无误，又证实早在清光绪三十二年（1906年），即昆明申办自辟商埠之后的第二年，不等朝廷批准，昆明就预先划出了商埠地界，大有时不我待之势，可见当时昆明人自辟商埠愿望之迫切。而自辟商埠之后，随之而来的是新的思想观念、新的政治力量、新的历史潮流、新的革命风暴。昆明商埠正式建立仅一年之后，就爆发了辛亥重九起义，清朝在云南的统治宣告结束，这又是清朝统治者始料不及的。

○朱德诗碑自述心意徘徊

民国初年,朱德在云南滇军任职,经常到昙华寺观赏兰花,与方丈映空和尚品茗对弈,多有接谈,对映空的人品十分看重,并引为知己。1922年初春,朱德游昙华寺时,撰写诗文赠给映空。映空刻石为碑,以志纪念。此碑至今仍立于大殿南侧原方丈室旁,其高1.22米,宽0.55米,已列为云南省重点文物保护单位。碑文为正楷,书法挺秀,计331字:

敬赠

映空大和尚雅鉴

昙华寺朱德诗碑

余素喜泉林,厌尘嚣。清末叶,内讧未息,外患频来,生当其时,若尽袖手旁观,必蹈越南覆辙,不得已奋身军界,共济时艰。初意扫除专制,恢复民权,即行告退。讵料国事日非,仔肩难卸,戎马连绵,转瞬千念。庚申冬,班师回滇,改膺宪兵司令,维持补救,百端待理。虽未获解甲归田,较之枪林弹雨,血战沙场时,劳逸奚啻天渊。公余尝携友游昙华寺,见夫花木亭亭,四时不谢,足以娱情养性,询皆映空大和尚手植,且慕修庙宇,清幽古雅,询属煞费苦心,与之接谈,词严义正,一尘不染,诚法门所罕见,爰为俚言,以志钦慕。

映空和尚,天真烂漫。豁然其度,超然想象。世事浮云,形骸放浪。栽花和竹,除邪涤荡。与野鸟为明,结孤云为伴。砌石作床眠,抄经月下看。身之荣辱兮茫茫,人之生死兮淡淡。寒依日兮暑依风,渴思饮兮饥思饭。不管国家存亡,焉知人间聚散。无人无我,有相无相,时局如斯,今人想象。

中华民国壬戌年孟春月西蜀

朱德敬赠

朱德赠映空诗文之中,自述奋身军界,投身辛亥革命、护国运动、护法战争,本为救国救民,结果却无济于时艰,眼见得国事日非,极为忧愤。后来朱德自述道:"由于辛亥革命及其以后的讨袁战争、护国战争、护法战争的失败,孙中山先生和一切仍然忠于中国革命事业的人们,包括我自己在内,都陷入了一种怀疑和苦闷状态,在黑暗中摸索而找不到真正的出路。"(《辛亥革命回忆录》)朱德说:"我当时担任云南军队的旅长驻防在四川,由于四川军队和云南军队之间的矛盾,我已认识到用老的军事斗争的办法不能达到革命的目的,加上受到十月革命的影响,我深深感到有必要学习俄国的新式革命理论和革命方法,来从头进行革命了。到了1921年滇军回滇时,我就在这年的八月离开了军队,第二年从四川到了上海,会见了景仰已久的孙中山先生。不久,我就动身到德国去了。我在德国研读马克思列宁主义的书籍,参加了中国共产党,从此开始走上了新的革命旅程。"——这是诗碑的一个重要注脚。

○联大碑"八百壮士"真慷慨

国立西南联大纪念碑

西南联大纪念碑在云南师范大学校园内,全称"国立西南联合大学纪念碑",碑置于券顶碑亭内,高3米,宽1米,1946年5月4日立,由西南联大教授中文系教授闻一多篆刻,联大文学院院长冯友兰撰文,联大中文系主任罗庸工笔楷书,有"三绝碑"之誉。碑文记叙联大创办始末,论述联大教育功绩,并据联大校歌歌词作碑铭曰:

痛南渡,辞宫阙,驻衡湘,又离别。更长征,经峣嶡,望中原,遍洒血。抵绝徼,继讲说,诗书卷,犹有舌。尽茹吹,情弥切。

千秋耻,终已雪,见仇寇,如烟灭。起朔北,迄南越,视金瓯,已无缺。大一统,无倾折,中兴业,继往烈。维三校,兄弟列,为一体,如胶结,同艰难,共欢悦。联合竟,使命彻,神京复,还燕碣。

1937年,卢沟桥炮响,平、津相继沦陷,清华、北大、南开三校师生辗转万里,在昆明成立"西南联合大学",于1938年5月4日开课。抗战胜利后,1946年5月4日,联大结束,三校复员北返,而师院留昆,发展为今天的云南师范大学——这就是中国教育史上著名的"南(开)清(华)北(大)合,联大花开"佳话。

联大在昆八年,毕业生2500名,多有栋梁之才,其中有诺贝尔奖获得者杨振宁、李政道等。在首批中国科学院学部委员中,西南联大师生几占其半。国难时艰,人才辈出,空前绝后,为教育史上一大奇迹,被称为"联大现象"。北返之际,西南联大竖立此碑,以为纪念。1989年和2007年,北京大学、南开大学、清华大学先后复制西南联大纪念碑,立于本校,以纪念那段难忘的历史。

此碑背面刻有"国立西南联合大学抗战以来从军学生题名","庶垂令闻及于久远"。碑中题名为联大校志委员会纂列、中国文学系教授唐兰

国立西南联合大学抗战以来从军学生题名碑

篆额,数学系教授刘晋年书写,都是名家。碑上共列投笔从戎的联大同学834人,被称为"八百壮士",如此碑正面碑文所记:"昆明本为后方名城,自日军入安南、陷缅甸,及成后方重镇,联合大学支持其间,先后毕业学生二千余人,从军旅者八百余人。"据学者考证,这个名单有二人重列,碑中实际人数应为832人。而在西南联大的前身长沙临时大学时期,还有295个同学投军参加抗战。按此计算,联大共有1100多学子从军抗日,约为先后进入西南联大求学的8000多学生的14%。在从军抗日的热潮中,清华大学校长、西南联大常委梅贻琦的独生子从军担任翻译,正在联大读书的两个女儿也争相报名参军,一时传为佳话。

从军抗日的联大学生多从事技术工作和翻译工作,也有学生参加了敌后抗战,到延安、山东参加八路军游击队。外文系四年级学生黄维随远征军出征缅甸,回撤横渡怒江时牺牲,成为联大纪念碑"从军学生题名"中第一个为国捐躯者。联大外文系二年级学生缪弘参加了中美特混伞兵突击队,在缅甸战场冲锋陷阵,英勇牺牲。联大学生戴荣钜、王文、吴坚加入空军,在对日空战中先后捐躯。虽然"从军学生题名"中没有他们的名字,但他们仍然站在联大从军抗日"八百壮士"的行列中,成为中国一代大学生的优秀代表。

○ "贪官碑"全国唯一块

中国自古有为清官立"清官碑"之例,而为贪官立贪官碑而且保留到今天的只有一块,就在今天昆明石林县文化馆内,全称是"路南县贪官许良安遗臭碑",为昆明市重点文物保护单位。

那是1943年5月底,国民党军官许良安弃武从政,被委派到路南县(今石林县)任县长。当时路南经济凋敝,被划为三等小县。许良安到此上任,即烧了两把火:一是大肆敛财肥私,二是打击民主力量。不到半年,许良安就以贪污、乱收费、乱罚款等手段将多达150多万的钱财装进腰包,约为当时县财政收入的一半,激起全县民众的义愤。11月23日,许良安又以县中学有"奸党分子"为名,率领政警队到学校绑架进步教师,终于激起全县各界参与的"倒许运动"。许良安一反狐假虎威之势,如坐针毡,两次出逃未遂,又深夜化装潜逃,路南群众分两路追赶,没有追到。后来当局迫于民心,不得不罢免许良安,但许良安已不知去向。此事被闻一多称为"小五四运动"。时人撰"贪官遗臭联"论此事曰:

耳闻群怨载道,足乱手忙,已觉置身无所,易服以行,冥冥如脱网之獐。三只脚本领非常,不畏长途之苦,倘曹孟德能遇此人,潼关一役,何庸割须弃袍?方其下车伊始,耀武扬威,县长俨同省长;

目睹众怒行色,心惊胆战,不免负隅窥伺,饱囊落荒,累累如丧家之犬。两条腿功夫出众,堪称斯世之冠,使孟尝君得豢此辈,函谷三更,焉用鸡鸣狗盗?及至出城遁走,销声藏迹,

石林"路南县贪官许良安遗臭碑"

大人竟是小人。

横批：

许多劣迹，良心安在？

1944年1月10日，路南人民在县民众教育馆（原路南文庙）内立下了"贪官碑"——"路南县贪官许良安遗臭碑"，碑文为李权之先生撰书，全文如下：

古无有为贪官立碑者，有之，自路南始。夫流芳遗臭，皆自为人，分道扬镳，亦各有别，其人而为流芳也，则碑从而芳之，其人而为遗臭也，则碑从而臭之。其碑同，其所以利民害民者则各异。路南县县长许良安者，实我邑空前绝后之贪官，去不有迹，何以惩前，臭既永遗，允堪惩后。该反动贪官，自到任后，巧取豪夺，恣意挟持，窒息民生，借端敲搕。到县甫及半载，搜刮已达数百万金。下乡流连二月，受害尽遍十三乡镇，除旅费供张极端摊派外，其虎狼爪牙李国钧、许恒安，一驱膻鹰犬万云程、魏光祖，逐臭蚊蝇潘小巫等，复为之推波助澜，聚敛苛罚。如违收酒税，勒索旅费，鲸吞田赋碾余，种种贪赃枉法事实，指不胜屈。复于去岁十一月二十三日亲率武装政警，蹂躏县中，诬捕教员。学生以士可杀不可辱，情深师长，同至县府请愿，竟被杀伤至十余人之多。其摧残教育，杀害青年，实属丧心病狂，不复知世间有羞耻事。殊知物极必反，不平则鸣，吾乡民风古朴，凤安耕作，从未有控官之恶习，兹迫于反动贪官淫威之下，忍无可忍，不得已而激成全县一致之控告，其赃证查有实据者已达四十八件之多。兹蒙上峰洞悉民隐，委员到县详查，该贪官所括赃款，确实无虚，特予以撤换。然其在县一切卑污阴险劣迹，实有足以遗臭万年者，若不为之刊碑勒石，使垂永久，何以抒众愤而戒后人也，爰为之记。

碑后还列出许良安贪污事实纪要五条，皆铁证如山。

该碑现存于石林县文化馆内，碑体完好，碑文清晰。有趣的是，在此之前55年的清光绪年间，路南人民还立过一块"去思碑"，纪念清代路南知州陈先溶的功德，民间俗称"香碑"。该碑原立于州城北门外，1958年拆除，后被移为碾坊垫石，今字迹已无法辨认。2007年又重立在县文化馆内，一"香"一"臭"，与许良安贪官碑形成鲜明的对比。

民间传奇排对排

昆明人自来"喜谈论古人轶事",茶余饭后,老人好摆古,如诸葛武侯南征、赛典赤疏河、沐国公镇滇,交趾王"发坟",希望儿孙辈"移孝作忠,赤心报国"(民国《昆明市志》)。而至于坊间小儿,杂院顽童,夜聚街头巷尾,门前坎上,路灯杆下,冬火炉旁,最迷人、最勾魂、最怕听又最爱听的却是鬼公馆、白脚迹、吊死鬼、"卖呕吼""老背儿伎""三牌坊移尸"等故事,而以三大传奇最为有名:一是张三丰行道,二是徐文长"治雀"(恶作剧),三是沙朗巷闹鬼。这些传奇都从一个侧面反映了当时的世道人心,可以一读。

○从"张三疯"到"张邋遢"

张三丰是辽东人,平时不修边幅,行事狂放,又号张邋遢。在昆明本地传说中,这个张邋遢是昆明人,小东门人氏,排行第三,称张三,因为行为异常,得名张三疯,雅称张三丰。这位张三丰个头高伟,龟形鹤背,大耳圆眼,须髯如戟,无论四季寒暑,只穿一件道袍,一件蓑衣。其之吃食,全靠一个橡皮肚子,或者几天吃一顿,或者几天不吃一顿,升斗之米,一顿吃光;其之读书,过目不忘;其之漫游,可以一日千里;其之谐谑,更旁若无人。早先明太祖朱元璋听说此人,想召其进京,却寻找不到。明永乐五年(1407年),明成祖朱棣要搜寻被他赶下台的建文帝,派人以寻访"仙人张邋遢"为名,走遍了天下郡县乡邑。事也奇怪,据说建文帝从南京逃到了云南,张三丰也从武当游到了云南,但明成祖谁也没找到,此事不了了之。明天顺二年(1458年),明英宗朱祁镇赐张三丰为"通微显化真人",如此而已。

据说张三丰到昆明的时间大约是明洪武二十五年(1392年)秋季,在昆明留下了一些或虚或实的遗迹。圆通寺后石壁上刻有张三丰像,金殿紫禁城南门外有三丰殿。早年南城外书林街还有座瞻化桥,坊间传说也是张三丰真人用法术点化出来的。昆明有口吴井,传说张三丰先把它变成酒井,因为酒家太贪婪,又被张三丰变回水井。旧时昆明三、四牌坊间有家酒店,据说张三丰每天都到那里喝酒。有一天,有人挑着担子跌倒在店前,当街死亡。酒家怕惹出祸来,张三丰说:"不要慌,我帮你送走他。我先睡一小下,别叫我。"张三丰刚睡下,死者即刻还生,挑着担子走出北城门,可惜还没有到家,这边酒小二沉不住气,大叫一声,张三丰被叫醒,结果挑担者又死在路上。后来就在这家酒店所在的地方建起了三丰祠(旧址在今正义路中段),门上挂着一块大匾,上面写着"游仙旧馆"四个字,记的就是这件事。

类似的故事还有一个,说昆明城钟楼上的大铜钟也是张三丰帮忙铸成的,因为大钟太重,如何吊上钟楼,众人无计可施。张三丰用刨花木屑搓成绳子,不费吹灰之力,就把铜钟提上城楼,高高挂起。临别之时,张三

昆明金殿有座三丰殿,为拜张三丰而建

金殿三丰殿里的张三丰刻像

三丰殿前的三棵大柏树,状如3个巨大的"丰"字,据说为张三丰手植

丰对撞钟人说:"三天之后,等我走到百里之外,再敲此钟。"张三丰走后不到两天,撞钟人性急,想试试大钟到底响得如何,于是撞起钟来。不料张三丰才出城就喝醉了,此时才走出40里地,听见钟声,不禁搓手叹息。于是,铜钟之声,只能传40里而止,到大板桥就听不见了。(见民国《续修昆明县志》等)

昆明黑龙潭北潭边那棵高高的楸木树,传说也和张三丰有关。早年有人在此闲逛,见张三丰在小树下煮洋芋,就上前讨吃。张三丰也不答话,连锅一起端给此人,扬长而去。此人捡起洋芋,个个都硬得咬不动,仔细一看,全是鹅卵石,慌得全部倒进潭中,却把锅往小树上一挂。不料小树"唰"的一声,长得几丈高,锅再也拿不下来了,至今仍然挂在树上。据说那锅是张三丰煮狗肉用的,张三丰吃饱喝足,到北潭洗锅,结果弄混了北潭。张三丰又将锅挂在树上,树猛长高,张三丰一笑,扬长而去——其实,此之"高树挂锅",说白了,一个树瘤而已。

在传说中,张三丰简直就是昆明人的济公和尚。有人说张三丰曾在莲花池边用三块石头支起一口土锅,从池中舀水烧开,暴煮死猫死狗,并请围观者自取自食。大家被熏得恶心想吐,都不敢上前。张三丰叹了口气,径自捞起来吃了,把残汤往石上一倒,卷起土锅走了。一只流浪狗跑来舔了舔石上的残汤,顿时成仙,飞升而去。那残汤泼过的石板也成了"仙",附近村民身子骨疼了,只要往上面一站,疼痛就烟消云散了。

张三丰还曾挤出自己身上的烂疮脓水浇开了昆明大南城外丰华园饭馆的山茶。丰华园的堂倌想拜师张三丰学道,张三丰令其取来一个大碗,拉满了稀屎让堂倌吃。堂倌鼓起勇气,伸出手指在碗里搅了搅,顿时恶心不已,只好放弃,仙道也没学成。不过堂倌的手指却沾了仙气,人或有病,一拂即愈,堂倌由此成为神医。

在昆明人的眼里,张三丰和娃娃有缘,被娃娃称为"三老爹"。他喜欢和娃娃

玩耍，曾经让上马村的娃娃闭上眼睛，坐着草龙到北京耍了一转，当天就赶回村子，赶上了家里的晚饭。

老昆明人遇到旱年，有迎神求雨的习俗，传说也是从张三丰开始的。旱年天旱，张三丰编了一首"小小童子苦哀哀"的求雨童谣，教街上的童子念诵，一试就灵。后来昆明遇到天旱，都要让娃娃打头阵，念诵张三丰歌谣。求雨之时，昆明城各街段要"晒菩萨"，而从马市口到三牌坊一段，"晒"的就是张三丰。

传说张三丰到昆明小巷穷人家讨水喝，有个小男孩把最后一碗水递给了他。张三丰走时在墙上画了道门，让小男孩半夜闭上眼睛，通过此门去取银子，但以三坨为限，用完可以再去取。小男孩半信半疑，没想到夜里真能穿墙而过，进入一个大金库。小男孩只取回三坨银子，用完再取，源源不断。后来小男孩的母亲得知，逼着他抬一箩金银回来，小男孩只好照办。不料箩筐装满，那墙门却不会开了，小男孩撞得鼻青脸肿也回不来。睁眼一看，是京城皇宫金库，小男孩吓了一跳，双眼紧闭，手中箩筐掉在地上。这时墙门突然重开，小男孩这才得回家。但从此以后，那墙门就再也过不去了。

张三丰又好戏谑。寒冬腊月，他常在穷人家墙上画许多炭火，满屋子都温暖起来——可谓"画炭取暖"。他还曾为人画鸟，画得百鸟满墙，但都有嘴而无眼。不少人路过房前，听见百鸟争鸣，进屋一看，只见一墙的瞎鸟，无不扫兴而去。主人也觉得美中不足，便请人为鸟点睛。第二天再看，墙上如水洗过一般，百鸟全无。主人忙请来张三丰，张三丰问明缘由，大笑道："鸟长了眼，怎么能不远飞！"

（见民国《新纂云南通志》、马子华《云南历史人物遗事》等）

○ "提脚道士" "爱铁道人" "向和尚"

张三丰之外，昆明传说中的奇异"布衣道士"还有几位。

据说明代黑龙潭有个道人，姓名无考。因为他总是拿绳索拴住左脚指趾，用手提着绳子走路，走一步提一下，笑谑不已，人称"提脚道人"。明万历初年，提脚道人来到昆明，住在黑龙潭的龙王庙，平时天一亮就进城乞食，天黑才回到庙里。守庙人不耐烦了，天还没黑就要关上庙门，想给他一个难堪。不料提脚道人候时站在门前，让守门人哭笑不得。

提脚道人总是穿着一件道袍，一年到头都不洗，也不会脏，这是一奇。他还不时跑到莲花池，把肠子吐出来洗得干干净净，更是一奇。后来提脚道人自己走进坟场，羽化而去，就葬在龙王庙旁。此后有云南人到武当山游玩，又在南岩宫见到了提脚道人，音容笑貌、所穿衣物一如旧时，堪称奇中之奇——传说如此，信不信由你。

只是今天的黑龙宫外,也找不到那个提脚道人墓了。

明末昆明还出了个"铁道士",又称"爱铁道人",虽然谁也不知道他姓甚名谁,却也是昆明的"名道士"之一。铁道人本来是个秀才,南明永历帝西逃缅甸之后,他才弃家学道。铁道人生性爱铁,见铁必拜。他把脚镣当帽子戴在头上,平时吃的是生食,嗜好饮酒——有人送酒给他,酒少就一口吞下,酒多就从头上取下脚镣,恭恭敬敬地接过来,边走边喝,又唱又哭。如果有妇女赠酒,铁道人会大睁两眼,说:"男女之间也可授受吗?"然后拂袖而去。铁道人每到一地,就向人乞讨铁片,无论小大,都披挂起来,从头顶、脖颈、肩膀、胸背到手臂、腿脚,全身披满铁片,如同鱼鳞,负重百余斤而若无其事,健步如飞,铮铮作响。铁道人曾和四川的铜袍道人张闲善相遇,两人击掌狂笑,饮酒市中,喝醉了一会儿高唱呼叫,一会儿呜呜恸哭,然后一散而去——其之伤时如此。

在昆明传说中,道士多能预知祸福。

清代有个萧道人,是昆明人,经常来往弥勒,说话疯疯癫癫,但事后都有应验,令人惊奇不已。萧道人曾偶然游历到铜厂,捧起烧化的铜水洗脸,让人惊诧不已。几年后,萧道人不知所终。有好事者去找他,只见他平时睡卧的石上,仍然汗迹淋漓。清咸丰七年(1857年),一个赤脚道人跑进宜良城,大叫"好饿!好饿!"城里人送食物给他,他却不接受。人们都不知道他的姓名,管他叫"赤脚仙"。几天之后,这个赤脚仙人就不见了。过了一年,城中米价飞涨,民不聊生。大家都说,赤脚仙人是来预告灾祸的,可惜无人能解,终于灾祸临头,这叫"是祸躲不脱"。

传说中的道士来无踪,去无影,却总让人得到报应。前面提到的吴井道士就是一例。民国《续修昆明县志》记有一个传说:清代后期,昆明城南鬼宿祠附近有个烧瓦器的灰土窑,窑主叫范翁,经常做善事,却从不声张。冬季昆明天降大雪,范翁有事出门,只见雪地上躺着一个道人,50多岁的样子,衣服褴褛,胡须一尺多长,已经快冻僵了。范翁心生怜悯,急忙把道人背到土窑门洞前取暖。过了好久,道人渐渐苏醒过来。范翁送上饭食,道人却向范翁要酒喝,自言自语地

早年的"老道"十分神秘

说："我是萨道人，素来喜欢喝酒。"范翁让人拿来一大瓶酒递过去，道人一饮而尽。范翁要把他搬进屋里，他却坚持躺在窑门前。过了一阵，道人的脚被火气吸进窑中。等到范翁赶来，道人全身都被吸入土窑，烧成了灰。范翁为道士之死伤心，又担心蒙上偿命之冤，心中七上八下，十分不安。不料过了好久，竟然无人过问。而一窑瓦器烧成，品质非常，赛过金玉之宝。范翁从此暴富，并活到了90多岁。土窑也成为昆明名窑，所出器物，贵重如玉璧，还一器难求。据说这个灰土窑在昆明鬼宿祠南一里左右，大概就在今天的南窑附近吧。

除了"仙道"，昆明还有不少"圣僧"传说。

元代有个向和尚，几天进一次城，沿街乞讨钱米，回到寺中，每吃一颗饭，就下跪念一声佛，念佛多少次，就吃饭多少颗，这样坚持了10多年。有一天，向和尚到城里告别众人，说："明天贫僧要走了。"第二天，向和尚果然端坐而逝。

清代还有个明法和尚，是富民人，7岁出家白云山寺，苦心修持。他念诵《华严经》的时候，念一句就跪拜一次，坚持了几十年，再改为念一个字跪拜一次，又坚持了几十年，直到97岁无疾而终。佛殿前的拜石上，留有深达几分的印迹，据说就是明法和尚跪拜诵经留下来的。

僧道之外，昆明民间还有不少奇人。

元代安宁有个苏忠先，对母亲极孝，又好饮酒，家贫而致学，诸子百家，无所不通。后来背着母亲到岱晟山中隐居，自耕而食。据说苏忠先有驾驭水龙之术，山中农田缺水，他就开凿龙泉，引出清冽的山水，灌溉数十顷山田。官府派人带着金银财宝进山召苏忠先为官，苏忠先在山中款待来人夜半三更，山屋四周突然金龙旋绕，张牙舞爪，要吞噬来人，来人吓得落荒而逃。人们都称苏忠先是"真隐先生"。

元代还有个李破罐，住在宜良岩泉山的石洞里。他常常带着一个破罐在街市乞讨，讨到食物就放进破罐煮吃。如果什么都讨不到，就捡地上的鹅卵石去煮。有人奇怪，他说自己煮的是芋头，从破罐里取出来就吃，旁人一看，果然是芋头。李破罐每天都要到龙泉洗罐子，先把罐子的里子翻出来洗净，洗好后再翻回去。"李破罐"的称呼就由此而来，真名反而没有人知道了。

（见民国《新纂云南通志·释道传》、清康熙《云南府志》等）

○ "徐文长卖呕吼，一卖就是一背篼"

昆明有童谣曰：

徐文长卖呕吼，一卖就是一背篼。

这位徐文长就是徐渭，浙江绍兴人，字文长，是明嘉靖年间著名书画家、文学家，与解缙、杨慎并称"明代三大才子"。其虽才高过人,却连举人也没考上,只好去做官府的幕僚。徐文长中年发狂杀妻,被下狱7年,晚年贫困孤独,时而清醒,时而反常,以卖字卖画、卖书卖衣度日,终于潦倒而死。徐文长的故事始传于明代中晚期,在民间广为流传,并随着江南移民进入昆明,数百年相传不衰,广受昆明坊间娃娃欢迎。

徐文长画像

徐文长没有到过昆明,但他的故事早就被昆明人"本土化"了。"徐文长治雀"故事最受欢迎,代表作是"卖呕吼"——而至于"一背箩",可见故事不少。

"呕吼"是昆明方言,是个感叹词,极遗憾、极惋惜之时,就叹一声甚至喊一声"呕吼——"声音大而且短促,有可惜之意;尾音拖得长,以音调上滑结束,如此就有点儿幸灾乐祸的味道了。据说有个富家子听说徐文长无所不能,就出高价向徐文长买"呕吼"。徐文长一口应承,收了钱,说第二天交货。第二天,富家子约了一班人要看徐文长的笑话。徐文长递给富家子一个火柴盒。富家子将信将疑地打开,但听"嗡"的一声,一只苍蝇远飞而去,富家子没看清楚,不禁"呕吼"了一声,再看盒内,空空如也,便说徐文长用虫子骗人。徐文长说那苍蝇就是"呕吼",你刚才不是叫了它一声吗?富家子无语,吃了个哑巴亏——这叫"徐文长卖'呕吼'"。

后来富家子不服气,找来个大汉要和徐文长"比架"。徐文长说先比丢稻草,谁把稻草丢过墙谁赢。那大汉抓根稻草就扔,迎面有风,稻草轻,一扔就吹回来。大汉使多大的力也扔不过去,累得满头大汗。徐文长说:"你连一根草都丢不过去,我可以丢一捆。"说完提起一捆稻草,一甩就过了墙。富家子又提出要比拳头。徐文长说行,看谁能把土墙上的蚂蚁揍死。大汉先动手,一拳没击中,蚂蚁藏到墙缝里,大汉又一拳,拳头都砸肿了,蚂蚁却平安无事。徐文长右手握拳,伸出小指头,不费吹灰之力,用指尖按死蚂蚁,富家子和大汉只有干瞪眼。

昆明人口中的徐文长总是和富人过不去。传说徐文长的一个朋友向富家子借5两银子,富家子提了个条件,要他请徐文长来漆大门,想趁机羞辱徐文长。不料徐文长满口答应,拎着一小桶油漆就来了,说漆大门不要工钱可以,但这漆是借来的,得给钱。富家子一称有七两,满口答应。徐文长漆完大门,衣服上都是漆,富家子在一旁偷笑。不料徐文长让富家子还七两八银子,富家子傻了眼。两人请县官来断案。富家子说:"明明我只借了七两漆,为何要还七两八银子?"县官把"七两漆"

听成了"七两七",就对徐文长说:"他只借了七两七,你要七两八,成何体统?"徐文长说:"既然老爷发话,让他还我七两七银子也行。"县官点点头,对富家子说:"你还他七两七银子就是了。"徐文长拿到银子,给了朋友五两,剩下的自己拿着买新衣服去了。

又说徐文长到街上买水缸,问多少钱一口?那老板见他人小,料他没有钱,就说:"一块钱一斤。"徐文长也不答话,找来砖头"哐"的一声砸碎水缸,拃着一地的陶片说:"我要两斤。"——老板愣了,一句话也说不出来。这叫"缸缸打烂"。

还说徐文长走在街上,遇到一个富人假装盲人,急着找地方拉屎。徐文长把他带到小巷背静处。那人蹲了下来,又说没有擦屁股的纸,徐文长答应去找。那人怕徐文长不回来,要他留下名字。徐文长说自己叫"都来看",然后一去不复返。那人方便完了,等不来手纸,大叫"都来看、都来看",结果引来不少人围观——这就叫"都来看"。

有朋友到徐文长家做客,眼见得吃饭时间已到,天下大雨。朋友用手蘸着茶水在桌上写道:"下雨天,留客天,留我不留?"徐文长笑着抹去标点,重新断句,重加了个逗号,结果就成了"下雨天留客,天留我不留"。客人讪讪而去。

徐文长也有吃亏的时候,徐文长家贫,买不起鞋子,只好和哥哥同买一双鞋,谁有事外出谁穿。徐文长在家读书,自然穿得少,哥哥在外做事,穿的时间就多。徐文长心里不平,常常半夜起床,穿上鞋到处走动。鞋很快就穿通了洞,哥哥说再"搭伙"买一双,徐文长不干了,说:"为了这双鞋,我已经两个月没睡好觉了。"

直到20世纪六七十年代,徐文长还是昆明娃娃心目中的机智偶像,民间称"北有阿凡提,南有徐文长"。

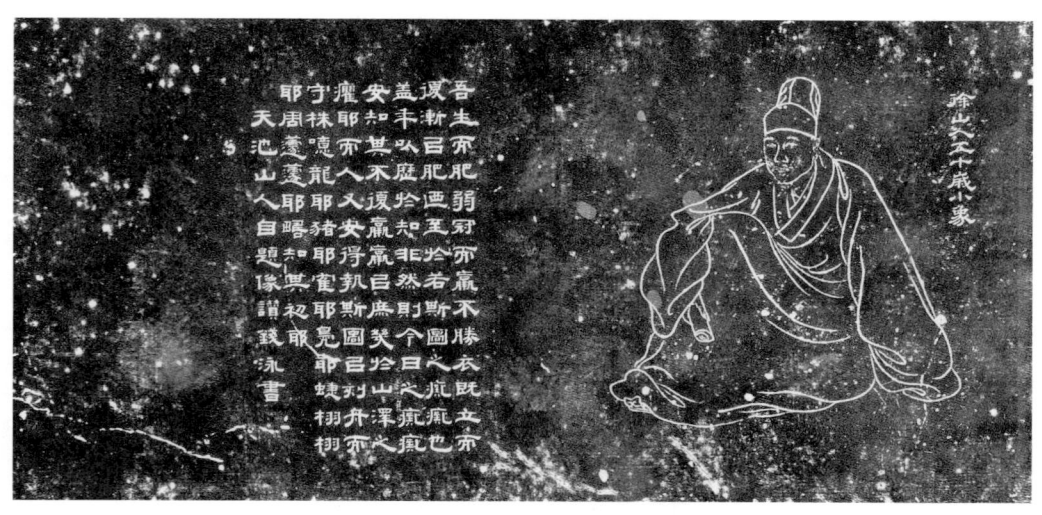

徐文长刻像

○ "三大鬼巷"的灵异鬼故事

昆明坊间娃娃最爱听鬼故事,每晚玩"打死救活"累了,跑不动了,小伙伴们就聚在小巷拐角,顶着路灯,围坐在电线杆下、花台石上,听侃家大讲鬼故事。这些故事联想生动、有根有据、现场感强、情景交融、恐怖刺激、匪夷所思、神奇怪诞,让人又怕听,又想听,欲罢不能,百听不厌。当时要当娃娃头除了"博架"要狠,讲故事也要狠。而讲好鬼故事,还是长大后谈女朋友的"必杀技",那是后事了。

昆明娃娃最早听说的鬼,大概就是外婆、奶奶口中的"老背儿伎"。小娃娃一哭一闹,老人就会把娃娃紧紧抱在怀里,煞有介事地说:"狗狗莫哭,老背儿伎来了!狗狗莫闹,老背儿伎来了!"娃娃大了不听话,到处乱跑,老人也会追着喊:"赶紧回来,小心老背儿伎来背娃娃!"

为了证明"老背儿伎"的可怕,让娃娃深信不疑,外婆、奶奶还会给娃娃讲鬼故事:从前有一家人,妈妈带着两个小娃娃过日子。妈妈出门卖鸡蛋,被"老背儿伎"吃掉了。天黑以后,"老背儿伎"装作妈妈回到家里,让两个娃娃把脚洗干净睡觉。小哥哥半夜听见"妈妈"在吃什么,就嚷着也要吃。"老背儿伎"说吃的是"炒豆",还递给小哥哥一颗。小哥哥接过来,却是一个脚趾头。他知道小妹妹被吃了,吓得哭起来。"老背儿伎"说:"哭哪样哭,赶紧去烧开水给我喝。"小哥哥烧好开水,提着茶壶进来。"老背儿伎"一张嘴,小哥哥把一大壶滚烫的开水倒"老背儿伎"的嘴里。"老背儿伎"大叫一声,化作一摊血水……故事讲完,娃娃半天回不过神来。老人问:"怕不怕?"娃娃说:"怕。"老人再问:"以后听不听大人的话?"娃娃说:"听。"效果达到,老人就会抱紧娃娃说:"狗狗不怕,有奶奶在,老背儿伎不敢来!"昆明娃娃有首儿歌这样唱道:

小娃娃,哭兮兮,小心门外老背儿伎。

你要再敢哭一声,挨你送给老背儿伎。

昆明鬼故事讲究现场感,都出在昆明城。清末民初,昆明鬼故事讲的是地藏寺的地狱、城隍庙的恶报、南教场刑场的杀人变鬼等等。民国以后,鬼故事又多出在华山西路的沙朗巷、如安街的三转湾、武成路的沈官坡,号称"三大鬼巷"。这些"鬼巷"都很背静,巷窄且深,拐弯多,岔道多,断头路也多,老屋多,阴影多,闹鬼事也多。旧时昆明男孩打赌,最狠的就是夜里瞒着大人到"三大鬼巷"走一圈。

"三大鬼巷"中以沙朗巷最有名。此巷附近的民生街排列着好几家棺材铺,棺

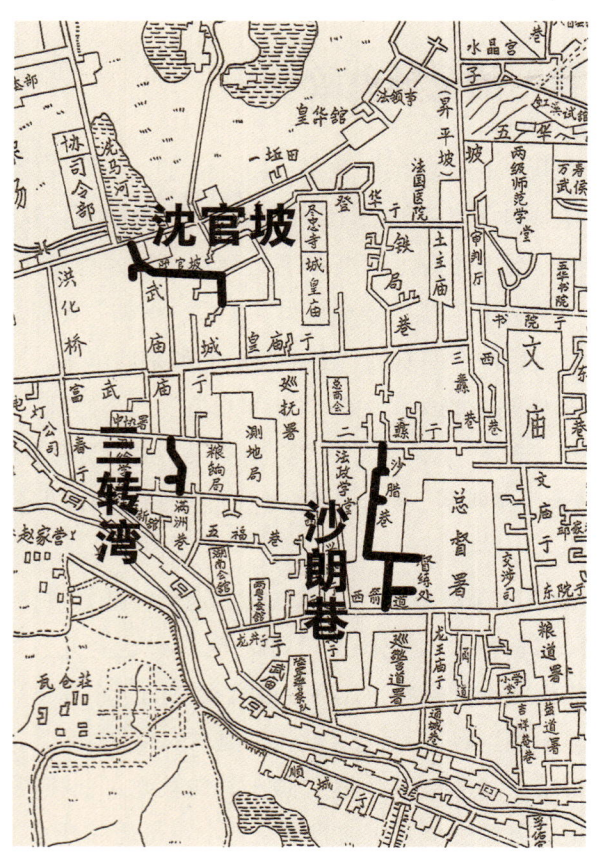

旧时民间所谓"昆明三大鬼巷"都分布在城中大衙门附近

堆棺,材垒材,大白晴天也阴森可怕,夜晚棺材堆前点盏小油灯,更有"鬼来了"的感觉。因为街上热闹,闹鬼多在街旁冷僻的沙朗巷中,相传巷里有吊死鬼、冤死鬼、鬼公馆、鬼门关、鬼铺子等等,都说得活灵活现,还说是本人老爹见过,甚至是亲眼见过,前几天见过,不由得你不信。如某个夜黑风高的晚上,深巷背风之处,路灯昏暗,阴影隐约,有人挑担卖饺面,路过此处时,一个大宅门里跑出不少人来吃宵夜,个个一吃就是10多碗,入口即咽,出手阔绰,不让找补。天亮之后,卖饺者发现手里捏着的是一把冥币,慌跑到巷中卖饺处,又发现一堆饺面堆在墙角,想起传说中的鬼没有下巴,吃什么掉出什么,马上吓瘫。再去敲大宅门,半天无人应答,才知道撞上了"鬼宅"。还有人说半夜路过此地,看见前面有个披头散发之人,不知是男是女,飘飘忽忽地往前走,拐进深巷的一道门里。后来者走过那里,歪头看了一眼,哪里有什么门,就是半截断墙,吓得气也不敢喘,慌忙狂奔而去。

这些鬼故事编得一个比一个吓人,有的还很长,如流传很广的《鬼公馆》。传说有个姓张的老板在沙朗巷买下一座公馆,先后请人看守。第一夜守夜人听见楼板怪响,笑声疯狂,吓得心惊肉跳,第二天就不敢守了。张老板换手下的伙计去守夜,似乎一夜无事,第二天醒来却见枕上、被上都是纸钱灰,脸上都是灶灰手印,也吓跑了。第三天有个卖饺掺面的老倌在公馆前放下担子,就有女人从楼窗放下绳子提篮要买面吃,但见那女人青面獠牙,舌垂胸前,老倌吓得跌坐在地,不省人事,醒来只见一地纸钱灰,慌忙起身,落荒而逃。后来张老板得知此前公馆里曾有几个女人上吊、吞鸦片自杀等等,想必有冤魂,阴魂不散,又请尼姑来念经超度。不料尼姑夜里如厕时又遇女鬼，吓得魂不附体，也不敢再念经了。最后，一个滇剧票友扮作钟馗，守在公馆楼上，夜里镇住女鬼，方知是一个逃婚的外地女子，因夫家追来，藏进公馆扮鬼躲避。接下来是大团圆结局：票友和逃婚女结为夫妻，官府为二人做主，成其之美，并布告全城，以正视听，张老板也得安心搬入新公馆云云——这个故事显然已经过雅化处理，有"劝世"之意。正是：

谈人人本无魂魄；

信鬼鬼才有故事。

三转湾从如安街通向富春街，因巷道狭窄弯曲得名。因地处僻静，夜晚更甚，也成为昆明坊间鬼故事的一大背景地。只是故事多与沙朗巷鬼故事大同小异，二者常常被混在一起。

沈官坡的鬼故事则另外有特点，多与财富有关。据说明代初期，江南首富沈万三炫富惹恼了明太祖朱元璋，招来杀身之祸，幸亏马皇后说情，才得以免死，流放到昆明后，又得到镇守云南的沐英善待，安置在沐氏柳营别墅（今翠湖西岸）附近，在缓坡上建房而居。沈万三到昆明后十分低调，做的是小生意，赚了钱就周济贫困，兴办义学，民间称其为"沈大官人"，其所居之地也称"沈官坡"，这个地名一直保留到今天，不料成了昆明鬼故事的一大"原产地"，而且仍然和沈万三有关。

传说沈万三当年致富，全靠道士张三丰的点化。被贬到云南后，沈万三又跟着张三丰学道，号称三山道士，在昆明城旁的滇池炼丹。后来沈万三的长女沈线阳也来到云南，张三丰吟诗："服我天元药，飞升昆明池。"沈线阳全家服食丹药，果然全家飞升为仙。沈万三的外孙女叫余飞霞，也是张三丰的弟子，后嫁为西平侯沐

如今沙朗巷

如今三转湾

如今沈官坡

春的夫人。因为沈家败落，陪嫁稍薄，沐家不满。余飞霞说："你们想要的不过就是钱财，那太容易了。"她烧熔铅和水银，脱下金耳环投入其中，锅中声响如蝉鸣，结果炼成真汞，而金耳环仍然如故。余飞霞用真汞点化铜铁，得到无数金宝，让沐家大开眼界。

昆明还有传说，很久之后，沈万三后代重又没落，沈家老宅重又破败，而且闹鬼。沈家后人几次半夜遇到有鬼披头散发，破墙而入，吓得魂飞魄散，也不敢住了，想卖也无人敢买，想租也无人敢租。正在着急，有个小贩做生意亏了本，被房东赶出来，只好到沈官坡来租房，沈家后代大喜，让他先白住几天，不收租金。小贩也知道沈宅闹鬼，预先准备了一把斧子，真碰上了就和鬼拼命。半夜果然有鬼破壁而入，小贩有了准备，一斧头劈过去，不料那鬼一闪而逝，斧头劈中墙壁，壁内堆满了金银财宝。小贩大喜，却也不声张，自称有驱鬼之术，买下沈宅，用深藏其中的财宝开办当铺，成了大财主。据说后来沈官坡的大当铺就是这样开办起来的。

后来流传的昆明"鬼巷"故事，大多是从这"三大鬼巷"传说发酵、演化出来的。如有人夜半三更走进吹箫巷，但见一伙披头散发、不知男女者吹着箫进入巷内一道院门。天亮再去看时，那里并无院门，一片残墙废墟而已。又有人在北门外的商山、东门外的一窝羊等地卖吃卖喝，有蒙面人拿着大票来购买，也不用找补。回家一看却是冥币：那商山和一窝羊原来可是乱葬岗啊！

（见民国《新纂云南通志·释道传》、马子华《云南历史人物遗事》《老昆明的故事》等）

○滇版"杨状元"传奇

明嘉靖年间，四川状元杨慎（谥号"文宪"）被充军到云南，在云南度过了后半生，完成了大量著作，对云南影响很大。无论在文人圈还是在民间，杨状元都深受尊敬与爱戴，留下了不少传说。有人说，古代对云南影响最大的"外宾"有三个：一是观音菩萨，一是诸葛亮，还有一个就是这位杨状元。

在民间传说中，杨状元就是个云南人。据说杨慎的父亲杨廷和考中进士之后，到云南来迎娶恩师的女儿。小两口回京时，住在一个寺庙里，晚上来了一只猿猴，陪着杨廷和读书，赶也赶不走。杨廷和就在猿猴左手心写了一个"走"字，猿猴马上化作一缕青烟飘走了。后来杨夫人生下杨慎，左手心上就有一个"走"字——杨慎就是云南佛寺的猿猴投胎转世的。杨廷和担心这孩子长大后像孙猴子一样惹是生非，为他取名为"慎"，又因为杨慎出生与云南佛寺有关，杨慎又号"升庵"——有理有据，顺理成章。

杨慎被贬到云南是因为"议大礼"案得罪了皇帝。"议大礼"事关皇室宗法，云南老百姓一下子也搞不清楚，于是有了自己的传说，杨状元被充军云南，是因为三件事得罪了皇帝：

其一，有个贪官送给皇帝一对玉桶，是精雕细刻的无价之宝。皇帝非常高兴，摆到金銮宝殿上大加炫耀。杨状元和朝臣打赌，上前举起一只玉桶，砸碎在地上。皇帝大怒，叫卫士拿下杨状元。杨状元不慌不忙，大声说："大明天下是一统（桶）天下，岂能容忍两统（桶）朝廷？"皇帝一听，也有道理，便绕过

杨慎画像

了杨状元。不料第二天，杨状元又和朝臣打赌，把剩下的那只玉桶又砸了。皇帝脸色铁青，问他这回怎么解释。杨慎搬来一只铁桶放在朝堂上，对皇帝说："大明江山坚如铁桶，岂能像这只玉桶，一摔就碎。臣准备了这只铁桶，谨此献给皇上，保证千秋万代，颠扑不破。"皇帝只好干瞪眼。

其二，为了捉弄在皇帝面前讨好卖乖的奸臣，杨状元悄悄在朝堂的龙椅上放了一个烤红薯。上朝之时，杨慎主动上前，把那烤红薯吃了，得到皇帝的夸奖，奸臣在一旁十分眼红。第二天，杨慎又趁人不注意在龙椅上放了一坨干屎。上朝时，奸臣一眼看见，急忙抢上前去，捧起干屎塞进嘴里。结果皇帝还没有发话，奸臣就跑下殿去，呕吐不止。皇帝和朝臣都忍俊不禁，笑得前俯后仰。

其三，皇帝和皇嫂关系暧昧，影响很坏。杨状元扎了一把比人的腰杆还粗的大扫把，抬到金銮殿上。皇帝见了很奇怪，问道："如此粗的扫帚如何扫地？"杨状元说："这有何难？搂着扫（嫂）不行，抱着扫（嫂）就是了。"皇帝一听，脸上憋得白一阵、红一阵，但又不好发作。

一而再，再而三，皇帝也容不得杨慎了，给他安了个罪名，要把他流放到生不如死地方。皇帝又让杨慎自选流放之地，表示宽大处理。杨状元是南方人，如果充军东北或西北，不饿死也要冻死。对于杨慎来说，最理想的流放地是云南，那里离老家四川不远，而且小时候就听父亲说过，云南山川壮丽，气候温和，物产丰富，

在昆明高峣杨慎旧居处建起来的杨慎祠堂

是个好地方。主意拿定,杨状元就对皇帝说:"罪臣愿充塞外三千里,不充云南碧鸡关。云南是烟瘴之区,蛮荒之地,穷山恶水,壁虱有半斤,蚊子有四两,罪臣一去,必死无疑。"

皇帝一听,心中暗喜,打定主意要把杨慎充军到云南。但他又不放心,怕上杨慎的当,就暗中派差人先到碧鸡关查访实情。差人急匆匆地赶到碧鸡关,只见几个老农割了一大堆草,就问:"你们割的是什么草?"老农回答:"蚊子草!"差人吓得张大了嘴,话也说不出来,心想:"碧鸡关的蚊子果然大,要喂草。"差人又看见两个农妇在撬野菜,又问:"你们在撬什么菜?"农妇回答:"壁虱菜。"差人又吓了一跳,以为碧鸡关的壁虱大得要喂菜。走下碧鸡关,差人突然内急,就在草丛中就地解决,完了顺手抓把叶子揩屁股,没想到抓到了一把荨麻叶,辣得屁眼毛焦火燎,又痒又疼。回到宫中,差人向皇帝禀报碧鸡关的蚊子、壁虱果然了得,连叶子都会咬屁股!皇帝一听就笑了,马上下旨,把杨状元充军到云南碧鸡关。

杨状元接了皇帝的圣旨,心里暗自高兴,表面却装得十分害怕。他马上备了几十匹骡马,赶到银庄装上几十驮黄金白银。第二天出城时,皇帝早已得到奸臣举报,说杨慎贪污受贿,要带走大量金银财宝。皇帝派人守住城门,检查杨慎的驮子。谁知撬开一看,全是黄土、白泥。杨状元对皇帝说:"罪臣到了云南,山高水长,想见皇上就难了。我把京城的黄土白泥驮到云南,塑成皇上金身,以便天天朝拜。"

皇帝老倌一听就哑了,只好放杨慎出城。

在民间传说中,杨状元在云南的生活贫困而丰富多彩,和云南百姓结下了深情厚谊。有的说杨状元寄居在深山寺庙中,过年无米,书童也不好问他,就编了首歌唱道:

可怜可怜真可怜,可怜不过杨状元。

孤身独人居破庙,缺米无柴过新年。

杨状元听了一笑,手书一个"米"字,让书童送给友人。友人马上送来一担大米,为杨慎解了燃眉之急。

传说昆明营盘村的汉族和尖山寨的彝族因为争水而械斗"打冤家",杨状元不顾安危,调解息事,并指导开沟引来滇池水,彻底解决了两寨用水问题。杨慎还撮合两寨领头的男女青年结成夫妻,从此两寨成了亲家,更加和好。在另一个传说中,石林撒尼小伙在摔跤场上赢了土司的儿子,却被土司抓了起来。杨状元和土司讲理,土司说只要杨状元能进出石林的飞蝠洞,他就放了小伙子。杨状元历经艰险,最后走出了飞蝠洞,撒尼小伙得救了,杨状元走过的石峰也被命名为"状元峰"。民间还传说,有一个青年人好吃懒做,认为杨状元的隐居生活最舒服,就来找杨状元。结果跟着杨状元早出晚归,挖地种菜,晚上还要读书著书。这个青年深受感动,终于改过自新,过上了幸福生活。

云南人还为杨状元安排了一个圆满的结局。杨状元老迈之时,假装病死,穿上一身官服,躺进一口抽底棺材里。罪人穿着官服下葬,这还了得?几个奸臣跑来检查,揭开棺盖一看,杨状元穿的又成了青衣长袍。大家抓着奸臣要讨个说法,奸臣落荒而逃。杨状元暗中爬出抽底棺木,一众百姓按照云南习俗埋了空棺材,那边杨状元却改头换面,摆脱奸臣的控制,悄悄回到四川老家,活到了很高的寿数。

明人"升庵簪花"图中无奈至极的杨升庵

参考书目

〔明〕谢肇淛撰：《滇略》，载《云南史料丛刊》第六卷，云南大学出版社，2000年1月第一版

〔明〕刘文征撰、古永继点校：《滇志》，云南教育出版社，1991年12月第一版

〔清〕张廷玉等修：《明史》，上海古籍出版社、上海书店，1986年12月第一版

〔清〕谢俨纂：《康熙云南府志》，载《中国地方志集成·云南府县志辑》，凤凰出版社，2009年3月第一版

〔清〕戴絅孙辑：《道光昆明县志》，载《中国地方志集成·云南府县志辑》，凤凰出版社，2009年3月第一版

〔清〕檀萃辑，宋文熙、李东平校注：《滇海虞衡志校注》，云南人民出版社，1990年12月第一版

〔清〕师范纂辑：《滇系》，见《中国方志丛书》，成文出版社，1968年12月第一版

〔民国〕赵尔巽主编：《清史稿》，上海古籍出版社、上海书店，1986年12月第一版

〔民国〕昆明市政公所编、字应军校注：《昆明市志校注》，云南民族出版社，2011年7月第一版

李春龙主编：《正续云南备征志精选点校》，云南民族出版社，2000年3月第一版

〔民国〕云南通志馆纂：《新纂云南通志》，云南人民出版社，2007年3月第一版

〔民国〕云南通志馆纂：《续云南通志长编》，云南省志编纂委员会办公室，1985年12月印行

〔民国〕昆明县教育局乡土教材编辑委员会编：《修订昆明县小学乡土教材》，昆明实验县教育局，1938年印行

方树梅纂集：《滇南碑传集》，云南民族出版社，1903年7月第一版

昆明市志编纂委员会编：《昆明市志长编》，1984年3月印行

罗养儒著：《云南掌故》，云南民族出版社，1996年3月第一版

陆复初著：《昆明简史》，昆明市志编纂委员会，1983年12月印行

昆明市地名办公室编：《昆明市地名志》，1987年12月印行

昆明市地方志编纂委员会编：《昆明市志》，人民出版社，2002年8月第一版

谢本书、李江主编：《昆明城市史》，云南大学出版社，2009年12月第二版

［法］奥古斯特·弗朗索瓦等摄影：《历史的凝眸——清末民初昆明社会风貌摄影纪实》，云南美术出版社，2000年4月第一版

张增祺著：《滇国与滇文化》，云南美术出版社，1997年10月第一版

万揆一著：《昆明掌故》，云南民族出版社，1998年3月第一版

昆明日报编：《老昆明》，云南人民出版社，1997年12月第二版

秦桂珍主编：《昆明民俗》，中国文史出版社，2006年3月第一版

徐刚著：《根究昆明》，云南民族出版社，2004年8月第一版

龙东林主编：《昆明历史文化寻踪》，云南科技出版社，2008年8月第一版

王海涛著：《昆明文物古迹》，云南人民出版社，1989年3月第一版

何兴庚主编：《五华园林史话》，云南大学出版社，2002年5月第一版

吴光范著：《云南地名探源》，云南人民出版社，1988年8月第一版

于希贤著：《滇池地区历史地理》，云南人民出版社，1981年1月第一版

张兴永、阎庆桐主编：《昆明探奇》，云南人民出版社，1987年8月第一版

余嘉华著：《大观楼长联及作者孙髯》，云南人民出版社，1980年6月第一版

王定明主编：《昆明人物传说》，云南民族出版社，1999年6月第一版

周忻、叶铸、徐刚编著：《文化昆明》，云南美术出版社，2008年12月第一版

陈子云、田文主编：《中国民间故事全书·云南昆明五华卷》，知识产权出版社，2012年8月第一版

刘学主编：《春城昆明 历史·现在·未来》，云南美术出版社，2003年1月第一版

后 记

二十载心事，千余日行笔，故纸与故土并重，苦行共苦乐一体，终于某日凌晨完稿，点了个存盘，突然发现自己如此幸运，一时毫无睡意，"幸"思泉涌，于是开列"幸事"如下：

幸逢古今贤士

行路遇仁人，行笔逢高士，成事之幸，莫过于此。今必谢者，如明代的刘文征先生（纂《滇志》）、谢肇淛先生（纂《滇略》），如清代的谢俨先生（纂《康熙云南府志》）、师范先生（纂《滇系》）、檀萃先生（辑《滇海虞衡志》）、戴䌹孙先生（纂《道光昆明县志》），如近代的袁嘉穀先生（纂《滇绎》等）、周钟岳、赵式铭、秦光玉诸先生（编纂《新纂云南通志》《续云南通志长编》）、童振藻先生（纂修《昆明市志》）、梁继先生（修《昆明县小学乡土教材》），如现代的罗养儒先生（著《纪我所知集》）、陆复初先生（主编《昆明市志长编》）、邓广琼先生（主编《昆明市地名志》）、万揆一先生（著《昆明掌故》等）、张增祺先生（著《滇国与滇文化》等）、王海涛先生（著《昆明文物古迹》）等。至于摄影，清末的法国驻云南总领事奥古斯特·弗朗索瓦（方苏雅）先生（见《历史的凝眸》）、抗战时的飞虎队美国大兵伯特·克拉夫奇克（见《一个美国人难忘的云南印象》）都提供了大量的"真相"——伯特·克拉夫奇克当然是"洋贤士"，奥古斯特·弗朗索瓦（方苏雅）作为一个摄影家，也留下了不少"贤照"。当然还离不开云南美术出版社的编辑和出版人，有了他们的策划、组织和运作，才"天降大任于斯人"，于是"苦其心志"于故纸，"劳其筋骨"于田野，于是有了乐在其中的5年，有了这套丛书。笔者还期待更多的贤士不吝赐教，指正错误，弥补缺失，乐吾乐，以及人之乐，大乐哉！

幸逢互联网时代

一个"互联网+"阅读，让人在数年之间，可以做过去可能要耗费数十年甚至穷尽一生才能完成之事。一敲键盘，一点鼠标，世间万象，上下千年，皆可秒现眼前；求诸古籍，求证正误，不过举手之劳。无论查图书馆藏书，读前人原著，览硕博论文，都不在话下。就是一些稀缺古籍，也可以从网上下载影印本，或从网上淘购得来。

于是坐拥书城，从容敲字：足不出户而眼观六路，耳听八方；行程二万而上天有路，入地有门。难禁惊喜连连，令人直呼过瘾。还有无数网友高手，在网上大"晒"图文，有线索，有资料，拜读之余，脑洞大开，顿起"原来如此"之慨——感谢信息时代，感谢互联网，感谢知名和不知名的网友。

幸逢故土好人

本人有幸，且不说亲人好友都理解并容忍了我的选择和放弃，就是上山下乡，田野调查，从未迷途，也多亏了好心的指路人、引路者：小桃源村的娃娃、海晏村的钓鱼人、太华峰气象站的清洁工、安江村的父老、棕皮营的乡民、圆通山的网恋青年……出入庙堂，"精神考古"，多次享受破例，关照多多，又亏了省图书馆的管理员、古旧书店为我打折的老板、翠湖讲武堂的保安、红花巷朱德故居的主管、节孝巷地下党活动旧址小院的执事、抗战昆明广播电台旧楼的录音总监、玉案山筇竹寺的僧人、海源村龙王庙的算卦大妈、海晏村石龙寺的持斋大嫫、沙朗巷大院的看门人和水晶宫社区的小哥……帮忙的还有老天：大雨不期而至，洗刷螺峰山石刻上的拓印墨迹；白云如期而来，抹去东寺街更夫雕像额前的阴影；轻风翩然而起，掀起圆通寺后山摩崖题字前的经幡；太阳及时露面，照亮文明街小巷的"一颗印"民居……吉人天相，莫过于此。

幸逢劝学巷的小伙伴

当年一班熊孩子上天入地，打架干仗、无知无畏、无所不为：翻墙到隔壁后院扯桑子，到文庙"梭坡"，钻进圆通山到接引殿打乒乓球，到飞机场"描蛐蛐儿"，到八大河"闷老姆"，到海埂"拄老埂登"，到"二道铁路"钓鱼，到大观楼外草海捞"歪儿歪儿"，到南太桥跳水"洗澡"，到翠湖放风筝，到金殿"桃园三结义"，到南窑抠窑泥掼手枪，逃学到长春路茶铺"旁听"评书《三侠五义》，偷爬到青年路昆明剧院后台高桥上看京戏，从侧门混进长春路云南大戏院看滇剧，在自家"一颗印"小院里吹"青蛙"、刻人人、扯喻、叠纸火箭、玩花绷绷、下仙人针、斗将军草，在岔巷"挺排坨""封缸"，玩"拉人"、滚铁环、"躲猫猫""打死救活"、跳小黄牛，在电线杆下讲鬼故事、打"豆腐块儿"、弹"玻得儿"、丢"炸弹"……直到天黑很久，家家大人喊归，小伙伴们身子一扭，有节奏地把屁股拍得山响，大吼"扁担开花，各回各的家"，悻悻而归，而意犹未尽。如此等等，皆可入书，岂不幸哉？

幸逢温厚长者

在劝学巷那头的长春小学，有几次起意要收养我的女教师，在劝学巷这头的42号小院里，有没结婚、没孩子却把院子里我们这群淘气鬼当子女的房东三孃。三孃出身医生世家，父亲去世后多年，还有乡间农民来找老医生看病。她说得一口纯正的昆明话，如"藩头儿（藩台）衙门"，如"早期（早上）"和"晚期（晚上）"等等。劝学巷42号是典型的一颗印小院，单层土基房，屋顶下有暗楼，木窗糊绵纸，院里有花坛，还有石缸、盆景。三孃的堂屋里有供桌和佛龛，天天早上都要敬香，我们总是好奇地在一边静静地看。老昆明的风俗在她那里几乎全了：清明上坟、七月半烧纸、中秋敬月等等。我们喜欢跟着她去上坟，走到昙华寺后山，供上七八个菜，然后一起就地坐下野餐，那黄焖鸡的味道好极。三孃是腌菜高手，她做的腌菜鲊、茄子鲊特别好，做成后要给院子里每家送一碗。我们不好意思，以后就会帮着她洗苦菜、晒茄子，不亦乐乎。三孃读过昆女中高中，我们跟她上街，她会给你两分钱让你看一本小人书；自己家太窄，我们喜欢跑到她的堂屋跪上板凳伏桌做作业，她会讲几个老昆明的故事，还会教我们唱抗日歌和学生运动歌，如聂耳的《毕业歌》，唱"同学们，大家起来"，如麦新的《牺牲已到最后关头》，唱"向前走，别退后，生死已到最后关头"等等。

幸逢我的娭馳（奶奶）

娭馳老家湖南浏阳，18岁守寡，纺着石棉线把我拉扯大。娭馳以外省"移民"的角度，给我讲了不少老昆明的人情世故。她牵着我去藩台衙门菜市买菜，到护国路粮店买米，到书林街的东寺塔数砖头，到财盛巷的大坡和小坡"梭石头坡"，到钱局街、文林街、登华街走亲戚。从小和娭馳相依为命，她辞世时我还远在千里之外的遮放插队。后来三孃告诉我，娭馳走前说过："伊爪伢崽（这个娃娃）肯定会写出点麻列（什么）来。"再做梦时，我会把这套书送给娭馳，告诉她哪些是她给我讲过的故事，哪些是她牵我走过的地方……

朱净宇

2020年5月4日